黄守宏 主编

打赢脱贫攻坚战
定点观察与政策建议

国务院研究室三赴淅川扶贫调研成果集

SH 中国言实出版社

本 书 编 委 会

主　编：黄守宏

副主编：郭　玮　孙国君　肖炎舜

执行副主编：贺达水

编　委：牛发亮　张军立　张顺喜　乔尚奎
　　　　侯万军　姜秀谦　李攀辉　杨春悦
　　　　方　华　王敏瑶　张凯竣　杨慧磊
　　　　李传方　刘一鸣

前　言

　　河南省南阳市淅川县位于豫鄂陕三省接合部，国土面积2820平方公里，辖17个乡镇、街道，514个村社，67万人。千里调水，始于淅川。淅川是南水北调中线工程核心水源区和渠首所在地。丹江口水库1050平方公里，其中淅川境内面积506平方公里。2014年12月通水至今，中线工程已累计调水330多亿立方米。为服务南水北调工程，淅川在半个多世纪内先后经历了修建丹江口水库、实施中线工程两次大移民，共移民36.7万，是全国第一移民大县。

　　淅川县于1986年被确定为国家扶贫开发工作重点县，1994年被确定为"八七"扶贫攻坚重点县，同年明确为国务院研究室定点扶贫县。党的十八大以来，淅川县干部群众坚持以习近平新时代中国特色社会主义思想为指导，深入学习贯彻习近平总书记关于扶贫工作的重要论述和党中央决策部署，在各方面关心支持帮助下，奋发进取、真抓实干，脱贫攻坚工作取得决定性成就。截至2019年底，淅川全县159个建档立卡贫困村全部出列，贫困发生率由2014年底的13.89%降至0.9%，脱贫攻坚综合评估连续多年居河南省前列。2020年2月，淅川县正式实现脱贫摘帽。

　　国务院研究室深入学习贯彻习近平新时代中国特色社会主义思想特别是习近平总书记关于扶贫工作重要论述，始终把定点帮扶淅川作为重大政治任务，立足以文辅政职责，发挥政策研究、决策咨询优势，积极探索具有自身特点的定点扶贫方式方法。从2018年到2020年，连续三年利用暑休时间，由室主要负责同志带队赴淅川开展集中调研督导，对标对表党中央关于打赢脱贫攻坚战决策部署，坚持"从全国看淅川、从淅川看全国"，既从脱贫攻坚全国总体态势和各地经验做法出发，对淅川帮扶工作进行集中把脉会诊，又通过全方位解剖淅川这只"麻雀"，掌握大量第一手资料，提炼面上政策建议，为党中央、国务院提供决策参考。

　　本书汇集了国务院研究室三赴淅川扶贫调研成果，记录了调研者参与脱贫攻坚这场伟大实践的所见所闻所思，从一个侧面反映了波澜壮阔的脱贫攻坚战不平凡历程，供读者参阅和指正。

目　录

2018 · 凝心聚力

2019 · 攻坚克难

2020·决战决胜

附录　2016—2017 年赴淅川调研报告选编

目 录

深入学习领会
习近平总书记扶贫工作重要论述的
创新思想和核心要义 *

（代　序）

国务院研究室党组书记、主任　黄 守 宏

在人类社会发展的历史长河中，贫困的梦魇一直如影随形、挥之不去，直到 21 世纪的今天，消除贫困依然是最大的全球性挑战之一。作为世界上人口最多的发展中国家，我国的减贫任务更为艰巨繁重。新中国成立以来特别是改革开放以来，我们党带领人民为摆脱贫困进行了不懈努力，取得了重大成就。党的十八大以来，以习近平同志为核心的党中央把脱贫攻坚摆在治国

---

*　本文所引用的习近平总书记重要论述，均出自中共中央党史和文献研究院编辑的《习近平扶贫论述摘编》（中央文献出版社，2018 年）及公开报道。

理政的突出位置，作出一系列重大部署和安排，交出了一份让人民满意、令世界惊艳的减贫成绩单。我国现行标准下农村贫困人口实现脱贫、贫困县全部摘帽、区域性整体贫困得到解决的历史任务如期完成，决战脱贫攻坚取得全面胜利，困扰中华民族几千年的绝对贫困问题得到历史性解决，提前10年实现联合国《2030年可持续发展议程》减贫目标。这不仅在中华民族发展史上具有重要里程碑意义，更是中国人民对人类文明和全球反贫困事业的重大贡献，创造了人类减贫史上的"中国奇迹"。

在推进脱贫攻坚中，习近平总书记创造性地提出一系列新思想新观点，作出一系列新决策新部署，有力促进了扶贫工作理论创新、实践创新、制度创新。习近平总书记关于扶贫工作的重要论述，从根本指引、总体框架、核心要求、基本方略、力量之源等方面，深刻揭示了新时代扶贫开发工作的基本特征和科学规律，精辟阐述了扶贫开发工作的发展方向和实现途径，是习近平新时代中国特色社会主义思想的重要组成部分，是马克思主义反贫困理论中国化的最新成果，是打赢脱贫攻坚战、全面建成小康社会的根本遵循和行动指南，为全球减贫事业发展和理论创新贡献了中国智慧和中国方案。认真学习习近平总书记关于扶贫工作的重要论述，对巩固拓展脱贫攻坚成果、全面推进乡村振兴、加快农业农村现代化、推动全体人民共同富裕取得更为明显的实质性进展，对在全面建成小康社会、实现第一个百年奋斗目标之后，乘势而上开启全面建设社会主义现代化国家新征程、向第二个百年奋斗目标进军、实现中华民族伟大复兴的中国梦，具有重大现实意义和深远历史意义。

一、深刻学习领会习近平总书记扶贫工作重要论述中体现的党的初心使命和中国特色社会主义本质要求

习近平总书记站在实现党的历史使命、体现中国特色社会主义本质要求、巩固党长期执政基础、实现中华民族伟大复兴的战略高度，深刻阐释了扶贫工作在党和国家事业发展中的战略地位。

习近平总书记指出：“我们中国共产党人从党成立之日起就确立了为天下劳苦人民谋幸福的目标。这就是我们的初心。”在我们国家几千年的历史上，贫困与饥饿长期普遍存在，战乱、瘟疫导致饿殍遍地的记载不胜枚

举。历代黎民百姓憧憬"仓廪实、衣食足"、"民亦劳止，汔可小康"，无数仁人志士期盼"但愿苍生俱饱暖"、"安得广厦千万间，大庇天下寒士俱欢颜"，但都没有成为现实。中国共产党成立以来，始终不渝为实现民族独立、人民解放和国家富强、人民幸福而奋斗。新中国成立后，面对"一穷二白"的落后面貌，我们党团结带领人民完成社会主义革命，确立社会主义基本制度，建立起独立的比较完整的工业体系和国民经济体系，大力发展农业生产，人民生活不断改善。

改革开放开启了中国历史的新纪元，也开创了中国人民奔向共同富裕的新征程。我们党对我国社会主义现代化建设作出战略安排，提出"三步走"战略目标。这其中既包括通过发展经济提高人民生活水平、促进普遍性贫困问题解决的部署，也包括通过开展扶贫开发推动解决重点地区、重点人群贫困问题的安排。随着我国经济持续快速发展、社会生产力水平显著提高，解决人民温饱问题、人民生活总体上达到小康水平这两个目标提前实现，在此基础上，我们党又提出"两个一百年"奋斗目标。习近平总书记指出："全面建成小康社会，最艰巨最繁重的任务在农村、特别是在贫困地区。没有农村的小康，特别是没有贫困地区的小康，就没有全面建成小康社会。""农村贫困人口全部脱贫是一个标志性指标。"党的十八大以来，以习近平同志为核心的党中央统揽全局，把脱贫攻坚作为实现第一个百年奋斗目标的重点任务，纳入"五位一体"总体布局和"四个全面"战略布局，举全党全社会之力，全面打响脱贫攻坚战，开创了中国特色扶贫开发事业新局面。

习近平总书记指出，"消除贫困、改善民生、逐步实现共同富裕，是社会主义的本质要求，是我们党的重要使命。""贫困不是社会主义。如果贫困地区长期贫困，面貌长期得不到改变，群众生活长期得不到明显提高，那就没有体现我国社会主义制度的优越性，那也不是社会主义"。他强调，"得民心者得天下。从政治上说，我们党领导人民开展大规模反贫困工作，巩固了我们党的执政基础，巩固了中国特色社会主义制度……中国共产党在中国执政就是要为民造福，而只有做到为民造福，我们党的执政基础才能坚如磐石"。这就把扶贫工作提升到一个新的战略高度，摆到更加重要的位置，为推动贫困地区加快发展和贫困群众脱贫致富提供了根本保障。

二、深刻学习领会习近平总书记扶贫工作重要论述中贯穿的党的思想路线

党的思想路线是党的旗帜和引领，是中国共产党人认识世界和改造世界的锐利武器，是我们党领导人民推动中国革命、建设、改革事业不断取得胜利的重要法宝。这一思想路线要求我们积极探索，大胆试验，开拓创新，创造性地开展工作，不断研究新情况，总结新经验，解决新问题，在实践中丰富和发展马克思主义。党的十八大以来，以习近平同志为核心的党中央深入贯彻党的思想路线，坚持解放思想，实事求是，与时俱进，求真务实，全面总结我国扶贫开发取得的历史成就和经验，准确把握扶贫工作新形势新任务，提出了精准扶贫、精准脱贫基本方略。这一基本方略，是习近平总书记扶贫工作重要论述中最为重要的创新之一。

长期以来，扶贫工作中存在的一个突出问题，就是底数不清、指向不准、针对性不强。贫困人口数量是根据统计抽样调查数据推算出来的，至于谁是贫困人口、分布在哪里、致贫原因何在、怎么才算脱贫，并不是很清晰。同时，随着帮扶工作的不断推进，扶贫形势和情况也发生了很大变化。不仅与改革开放初期不一样，

1978 年我国农村贫困发生率为 97.5%，基本都是贫困人口；与上个世纪末也不同，那时候中西部很多农村地区贫困发生率都在 60% 以上，贫困人口占大头，搞普惠式扶贫，受益的也基本都是贫困人口。2013 年我国农村贫困发生率下降到 8.5%，即使是在贫困的县、乡、村，贫困发生率与过去比也明显降低，少数人、少数地方贫困和"插花"式贫困逐渐成为矛盾的主要方面。明者因时而变，知者随事而制。习近平总书记高瞻远瞩、审时度势，基于他从县、市、省到中央 40 多年工作实践基础，坚持从农村贫困变化的主要矛盾出发，于 2013 年 11 月提出了"实事求是、因地制宜、分类指导、精准扶贫"要求。此后，习近平总书记反复强调："扶贫开发贵在精准、重在精准，成败之举在于精准。""关键是要找准路子、构建好的体制机制，在精准施策上出实招、在精准推进上下实功、在精准落地上见实效。"

脱贫攻坚直接面对十几万个情况各异的贫困村，面对数千万不同致贫原因的贫困人口，要实施到村到户到人的精准帮扶，不是件容易的事。必须从客观实际出发，拿出真办法、实措施、硬功夫，让贫困群众真正得到实惠。习近平总书记指出："每个贫困户的致贫原因、发展能力、发展需求是不同的。所谓贫有百样、困有千种。过去那种大水漫灌式扶贫很难奏效，必须采取更精准的措施。""因人因户因村施策，对症下药、精准滴灌、靶向治疗，扶贫扶到点上扶到根上。""要解决好'怎么扶'的问题，按照贫困地区和贫困人口的具体情况，实施发展生产、易地扶贫搬迁、生态补偿、发展教育、社会保障兜底等'五个一批'工程。"习近平总书记对做好脱贫攻坚工作提出了扶持对象、项目安排、资金使用、措施到户、因村派人、脱贫成效等"六个精准"的明确要求，把精准扶贫精准脱贫方略推到细处、落到实处、引向深处。各地区各部门紧扣"两不愁三保障"目标，从贫困地区具体实际出发，针对贫困人口的致贫原因和资源能力，积极探索多渠道、多元化的精准扶贫路径，因地制宜推进因村因户因人施策，通过精准帮扶举措，加强贫困地区交通、水利、电力等基础设施建设，加大"互联网+"扶贫力度，加快农村危房改造，强化教育、医疗卫生等基本公共服务，有力有效破除了脱贫瓶颈制约。

2020年突如其来的新冠肺炎疫情，对我国经济社会发展带来严重冲击，决战脱贫攻坚面临新的困难和挑战。2020年3月6日，习近平总书记亲自出席决战决胜脱贫攻坚座谈会，这是党的十八大以来脱贫攻坚方面最大规

模的会议，是新冠肺炎疫情发生以来党中央召开的第一
个专题部署具体工作的会议。习近平总书记发表的重要
讲话中，要求以更大决心、更强力度推进脱贫攻坚，坚
决克服新冠肺炎疫情影响，坚决夺取脱贫攻坚战全面胜
利，并对优先支持贫困劳动力务工就业、切实解决扶贫
农畜牧产品滞销问题、支持扶贫产业恢复生产、加快扶
贫项目开工复工、做好对因疫致贫返贫人口帮扶等作出
明确部署，为统筹推进疫情防控和脱贫攻坚提供了遵循。
经过各方面共同努力，有效降低了疫情对脱贫攻坚的不
利影响，年初剩余的 551 万农村贫困人口全部脱贫、52
个贫困县全部摘帽，脱贫攻坚取得全面胜利。

　　习近平总书记强调，脱贫工作要务实，脱贫过程要
扎实，脱贫结果要真实。这"三个实"的要求，是实事
求是思想路线的具体化，是确保脱贫攻坚成果为人民所
认可、经得起实践和历史检验的重要保证。随着脱贫攻
坚不断深入，一些地方在推进脱贫攻坚中不同程度出现
了急功近利、脱离实际的倾向。比如，有的发展产业脱
离实际，盲目跟风，导致产业项目趋同、选择品种单一、
同质化现象严重等；有的易地扶贫搬迁安置点规划脱离
实际，产业、就业承载力不足，搬迁贫困群众后续帮扶
缺乏依托；有的地方在贫困群众教育、医疗、社会保障

等帮扶工作上提出过高的、不切实际的标准，脱贫效果难以持续，给财政造成过重负担。针对出现的这些问题，习近平总书记强调，"要坚持尽力而为、量力而行，不能超越发展阶段，不能提脱离实际的目标，更不能搞形式主义和'形象工程'"。为确保扶真贫、真扶贫、真脱贫，必须建立严格的脱贫攻坚考核制度，严格退出标准和程序，严把贫困退出关。习近平总书记强调退出要精准，并提出设定时间表、留出缓冲期、实行严格评估、实行逐户销号等四项具体要求，同时要求建立脱贫长效机制，开展返贫监测和帮扶。

习近平总书记指出："脱贫摘帽不是终点，而是新生活、新奋斗的起点。""2020 年全面建成小康之后，我们将消除绝对贫困，但相对贫困仍将长期存在。到那时，现在针对绝对贫困的脱贫攻坚举措要逐步调整为针对相对贫困的日常性帮扶措施，并纳入乡村振兴战略架构下统筹安排。""要针对主要矛盾的变化，理清工作思路，推动减贫战略和工作体系平稳转型，统筹纳入乡村振兴战略，建立长短结合、标本兼治的体制机制。"习近平总书记的这些重要指示，为我们进一步做好当前和今后的工作，接续推进乡村全面振兴，朝着逐步实现全体人民共同富裕的目标前进，指明了方向。

三、深刻学习领会习近平总书记扶贫工作重要论述中彰显的以人民为中心的根本立场

人民是历史的创造者，是决定党和国家前途命运的根本力量。习近平总书记在党的十九大报告中把坚持以人民为中心作为新时代坚持和发展中国特色社会主义的重要内容。他指出："以人民为中心的发展思想，不是一个抽象的、玄奥的概念，不能只停留在口头上、止步于思想环节，而要体现在经济社会发展各个环节。"明确要求"把增进人民福祉、促进人的全面发展、朝着共同富裕方向稳步前进作为经济发展的出发点和落脚点，使发展成果更多更公平惠及全体人民，保证全体人民在共建共享发展中有更多获得感"。贫困人口是人民的重要组成部分，是我们党最需要维护好、实现好、发展好其根本利益的弱势群体。打赢脱贫攻坚战就是对以人民为中心的发展思想最深刻、最生动的诠释。

以人民为中心，必须坚持发展为了人民。以习近平同志为核心的党中央从党的根本宗旨和社会主义的本质要求出发，把农村贫困人口全部脱贫作为全面建成小康社会底线任务和标志性指标。习近平总书记指出："全面

建成小康社会，最艰巨最繁重的任务在农村、特别是在贫困地区。没有农村的小康，特别是没有贫困地区的小康，就没有全面建成小康社会。""我们不能一边宣布全面建成了小康社会，另一边还有几千万人口的生活水平处在扶贫标准线以下，这既影响人民群众对全面建成小康社会的满意度，也影响国际社会对我国全面建成小康社会的认可度。"这就把集中力量打好打赢脱贫攻坚战作为全面建成小康社会的重点、难点和着力点，摆到了中国特色社会主义现代化建设的重要位置，为我们做好扶贫工作提供了有力指引。

以人民为中心，必须坚持发展依靠人民。习近平总书记强调，在脱贫攻坚中要坚持贫困群众的主体地位，保证贫困人口平等参与、平等发展的权利。这就是说，既要把贫困群众作为救助帮扶的对象，更要作为脱贫致富的主体来看待，充分调动贫困群众脱贫致富的积极性、主动性、创造性。加快贫困地区发展，加快贫困群众脱贫步伐，离不开国家、社会等外部力量的支持，但根本要靠贫困地区干部群众自力更生、艰苦奋斗，增强发展内生动力和自我发展能力。如果没有贫困群众的参与和支持，任何脱贫攻坚的政策措施都会成为无源之水、无本之木，脱贫攻坚取得的成果也难以持续。对此，习近平总书记强调："必须坚持扶贫和扶志、扶智相结合，正确处理外部帮扶和贫困群众自身努力关系，培育贫困群众依靠自力更生实现脱贫致富意识，培养贫困群众发展生产和务工经商技能，组织、引导、支持贫困群众用自己辛勤劳动实现脱贫致富，用人民群众的内生动力支撑脱贫攻坚。"各地在推进脱贫攻坚中注重发挥贫困群众的主体作用，但一些地方也存在群众参与不足问题。比如，有的地方产业扶贫简单发钱发物，没有建立带贫机制，没有提高贫困人口自我发展能力；保障性扶贫有多种方式、多条路径，但一些地方存在过于依赖低保兜底的倾向，有的甚至"一兜了之"；一些地区贫困户"等、靠、要"的倾向还比较明显，帮扶干部承担了大量工作，一旦扶贫工作队撤回，贫困村很可能又恢复无人干事、不会办事的状态。对此，习近平总书记明确指出，要改进帮扶方式，多采取以工代赈、生产奖补、劳务补助等方式，组织动员贫困群众参与帮扶项目实施，提倡多劳多得，不要包办代替和简单发钱发物；同时要加强教育引导，发挥村规民约作用，加强典型示范引领，营造勤劳致富、光荣脱贫氛围。这具有非常强的指导意义。比如，在产业扶贫上，党和政府有责任帮助贫困群众发展产业，但不能大包大揽。只有让贫困户真正享有知情权、决策权，才能真正找到合适的产业扶贫路径，防止片面追求一时成效、牺牲产业发展质量。又如，在培养贫困村人才上，我们必须注重在脱贫攻坚中培养本乡本土人才和致富带头人，研究激励返乡人才扎根乡村、服务乡村的举措，为贫困村留下一支"不走的工作队"。

以人民为中心，必须坚持发展成果由人民共享。脱贫攻坚就是使发展成果更多更公平惠及全体人民、逐步实现共同富裕的一项重大战略举措。习近平总书记强调："我们要以更大的力度、更实的措施保障和改善民生，加强和创新社会治理，坚决打赢脱贫攻坚战，促进社会公平正义，在幼有所育、学有所教、劳有所得、病有所医、老有所养、住有所居、弱有所扶上不断取得新进展，让实现全体人民共同富裕在广大人民现实生活中更加充分地展示出来。"脱贫攻坚通过到村到户到人的精准帮扶，加强贫困地区基础设施和公共服务建设，显著改善了贫困地区和贫困群众生产生活条件。2013—2020 年，832 个贫困县农村居民人均可支配收入年均增长 11.6%，扣除价格因素，年均实际增长 9.2%，比同期全国农村居民人均可支配收入增幅高 2.2 个百分点。2020 年贫困地区农村居民人均可支配收入是全国平均水平的 73.5%，比 2012 年提高 11.4 个百分点，与全国平均水平的相对差距进一步缩小。近千万建档立卡贫困人口通过易地扶贫搬迁摆脱了"一方水土难养一方人"的困境。脱贫攻坚通过促进贫困地区农村加快发展，逐步缩小区域差距和城乡差距，充分体现了党和国家推动区域协调发展、协同发展、共同发展的战略取向，体现了先富帮后富、最终实现共同富裕的目标取向。

四、深刻学习领会习近平总书记扶贫工作　　重要论述中强调的坚持党对一切工作　　领导的根本要求

中国共产党领导是中国特色社会主义最本质的特征，是中国特色社会主义制度的最大优势。坚持党的领导是党和国家的根本所在、命脉所在，是全国各族人民的利益所系、幸福所系，也是打赢脱贫攻坚战的根本保障。习近平总书记深刻指出，打赢脱贫攻坚战，组织领导是保证，必须坚持发挥各级党委总揽全局、协调各方的作用。他强调各级党委和政府"领导工作要实，做到谋划实、推进实、作风实，求真务实，真抓实干；任务责任要实，做到分工实、责任实、追责实，分工明确，责任明确，履责激励，失责追究"。党中央确定了中央

统筹、省负总责、市县抓落实的管理体制。对扶贫工作，习近平总书记明确要求，"各级党委和政府要坚决落实党中央决策部署，坚定不移做好脱贫攻坚工作。深度贫困地区党委和政府要坚持把脱贫攻坚作为'十三五'期间头等大事和第一民生工程来抓，坚持以脱贫攻坚统揽经济社会发展全局"，既要求"省委书记和省长要亲力亲为"，又强调"贫困县党委和政府对脱贫攻坚负主体责任，党政一把手是第一责任人"，要"加强贫困村基层组织建设，发挥基层党组织战斗堡垒作用"，把夯实农村基层党组织同脱贫攻坚有机结合起来，选好一把手、配强领导班子，特别是要下决心解决软弱涣散基层班子的问题，形成"五级书记抓扶贫、全党动员促攻坚"的局面。

在脱贫攻坚中，习近平总书记亲自挂帅、亲自出征、亲自督战，为各级党委、政府和领导干部作出了表率。同时，党中央对脱贫攻坚加强追责问责。党的十八大以来，各省党政一把手向党中央签军令状的，唯有脱贫攻坚这项工作。习近平总书记每年主持召开中央政治局常委会会议和中央政治局会议，听取脱贫攻坚成效考核情况汇报、审定考核结果。根据党中央部署安排，国务院扶贫开发领导小组对扶贫工作靠后省份的党政主要负责同志、分管负责同志进行了约谈，引起了很大的反响，发挥了强有力的督促和推动作用。

经过这些年的努力，全国建立了各负其责、各司其职的责任体系，精准识别、精准脱贫的工作体系，上下联动、统一协调的政策体系，保障资金、强化人力的投入体系，因地制宜、因村因户因人施策的帮扶体系，广泛参与、合力攻坚的社会动员体系，多渠道全方面的监督体系和最严格的考核评估体系，为推动脱贫攻坚不断取得新成效提供了有力保障。脱贫攻坚形成的这些制度成果弥足珍贵，应认真总结完善，在更大范围、更宽领域推开，成为全面实施乡村振兴战略的重要支撑。

五、深刻学习领会习近平总书记扶贫工作重要论述中蕴含的马克思主义思想方法和工作方法

习近平总书记关于扶贫工作的重要论述，是坚持和运用辩证唯物主义和历史唯物主义的光辉典范，既是世界观、历史观，也是认识论、方法论；既讲是什么、怎么看，又讲怎么办、怎么干；既部署"过河"的任务，又指导解决"桥或船"的问题，为推进脱贫攻坚提供了

锐利思想武器。我们学习这些重要论述，既要全面准确领会其中的丰富内涵、思想体系和实际要求，也要深刻把握其中的科学思想方法和工作方法，不断提高做好工作的能力。

要坚持问题导向。问题是实践的起点、创新的起点。人类认识世界、改造世界的过程，就是一个不断发现问题、解决问题的过程。习近平总书记深刻指出，我们中国共产党人干革命、搞建设、抓改革，从来都是为了解决中国的现实问题。习近平总书记关于扶贫工作的重要论述，就蕴含着强烈的问题意识和鲜明的问题导向。精准扶贫、精准脱贫基本方略就是习近平总书记在脱贫攻坚领域以问题为导向、抓主要矛盾最集中的表现。习近平总书记反复强调："直面问题是勇气，解决问题是水平。""有问题不要遮掩，早发现、早解决就早主动，就不至于拖下去影响脱贫攻坚大局。"正确认识存在问题的客观必然性，勇于承认问题，敢于面对问题，才能找到解决问题的办法，赢得工作主动权。在脱贫攻坚的最后阶段，攻坚难度大，暴露的问题多，特别是深度贫困地区，面临自然条件差、生态环境脆弱、产业基础薄弱、基础设施和社会事业发展滞后、贫困群众思想观念落后等特殊困难和问题，是脱贫攻坚的"坚中之坚"。

针对一些地方存在的畏难情绪和工作放松苗头，习近平总书记明确指出："实践证明，深度贫困并不可怕。只要高度重视，思想对头，措施得力，工作扎实，深度贫困是完全可以战胜的。"我们必须始终坚持问题意识和问题导向，清醒认识把握实践中存在的突出问题和解决这些问题的紧迫性，聚焦重点、对症下药，提出针对性的解决建议，不断调整优化政策，增强工作的精准度和实效性。

要坚持底线思维。"人无远虑，必有近忧"。坚持底线思维，是做好工作的一个重要策略。凡事只有从最坏处准备，才能争取最好的结果。习近平总书记反复告诫，越是脱贫攻坚不断取得成就、到了胜利在望的时候，越要把困难和挑战估计得充分一些，把各项工作做得更扎实一些；要坚持现行扶贫标准，既不能随意降低，也不能吊高胃口。按照总书记的要求，国务院扶贫开发领导小组对各地自行设置的扶贫标准进行检查评估，对属于擅自拔高的，坚决予以纠正。各地区筑牢社会保障"安全网"，兜住贫困地区民生底线。实施最严格的评估考核，严肃查处虚假脱贫、数字脱贫，确保脱贫攻坚进度和质量。在着力解决剩余贫困人口脱贫的同时，还及时采取措施，有效防止返贫和产生新的贫困。

要坚持调查研究。欲寻安邦策，须行万里路。习近平总书记指出，调查研究不仅是一种工作方法，而且是关系党和人民事业得失成败的大问题；没有调查，就没有发言权，更没有决策权。在脱贫攻坚调研方面，习近平总书记身体力行、率先垂范。党的十八大以来，习近平总书记30多次国内考察涉及扶贫，走遍了14个集中连片特困地区，每年新年国内首次考察看扶贫，每年全国两会同代表委员共商脱贫，先后分阶段分专题在陕西延安、贵州贵阳、宁夏银川、山西太原、四川成都、重庆主持召开6次脱贫攻坚座谈会，在新冠肺炎疫情防控关键时刻亲自出席决战决胜脱贫攻坚座谈会，多次听取脱贫攻坚工作汇报，作出一系列重要指示批示。我们要向习近平总书记看齐，深入开展调查研究，深切了解群众的需求和意愿，找出贯彻落实党中央决策部署中存在的问题和短板，从体制机制、政策举措上提出解决的办法。

要坚持真抓实干。中国改革发展的一切成就，扶贫工作的一切成就，都是干出来的。习近平总书记强调："要抓实、再抓实，不抓实，再好的蓝图只能是一纸空文，再近的目标只能是镜花水月。"精准脱贫，功在不舍。各地区各部门按照总书记的要求，坚持干字当头，以踏石留印、抓铁有痕的精神，不断拿出真办法、实措施，确保了党中央关于精准扶贫精准脱贫的决策部署和各项要求落实到位，如期打赢了脱贫攻坚战。

习近平总书记关于扶贫工作的重要论述，立意高远、博大精深，闪耀着马克思主义真理的光芒。我们要全面系统学习，深入领会其时代意义、理论意义、实践意义、世界意义，深刻理解其核心要义、精神实质、丰富内涵、实践要求，努力把握其贯穿的马克思主义立场观点方法，进一步提高运用习近平新时代中国特色社会主义思想这一科学理论武器来分析和解决现实问题的能力。

国务院研究室肩负综合性政策研究和重要文稿起草等职责。室党组始终从增强"四个意识"、坚定"四个自信"、做到"两个维护"的政治高度，重视做好脱贫攻坚工作，把坚决贯彻习近平总书记关于扶贫工作的重要论述和党中央关于脱贫攻坚决策部署落实到实际行动中，体现在做好以文辅政本职工作的实效上。坚持强化政治机关意识，按照跑好贯彻落实党中央决策部署"第一棒"要求，积极组织业务骨干参与起草党中央、国务院关于脱贫攻坚的重要文件和领导同志重要讲话。坚持围绕脱贫攻坚开展调查研究，连续3年组织业务骨干赴定点扶贫县河南省淅川县开展调研，按照"从全国看淅川、从淅川看全国"的思路，针对脱贫攻坚重大政策重点工作以及贫困地区经济社会发展中的重大问题，撰写多篇调研报告，得到党中央、国务院领导同志重要批示，对推动相关政策调整优化发挥了积极作用。坚持扛起定点帮扶政治责任，紧紧围绕淅川县脱贫攻坚面临的突出困难，积极主动出主意、办实事、解难题，持续加强工作督导，动员全室党员干部与淅川干部群众一道，凝心聚力高质量完成脱贫攻坚目标任务。

今后一个时期，国务院研究室将深入贯彻党的十九大和十九届二中、三中、四中、五中全会精神，坚持以习近平新时代中国特色社会主义思想为指导，认真学习领会习近平总书记关于扶贫工作的重要论述，按照党中央决策部署，全面做好巩固拓展脱贫攻坚成果同乡村振兴有效衔接相关政策调查研究，持之以恒履行好定点帮扶政治责任，为让脱贫地区更加富美秀丽、让脱贫群众过上更加幸福美好的生活贡献力量。

2018

凝心聚力

2018年是打赢脱贫攻坚战三年行动的首战之年。经过党的十八大以来五年的不懈努力，脱贫攻坚战已经取得了决定性进展，进入了关键阶段。贫困地区脱贫和经济社会发展状况如何？还面临什么问题和挑战？有哪些经验做法值得复制推广、哪些政策举措需要完善优化？围绕这些问题，在暑休期间，黄守宏主任、郭玮副主任带领24名同志、分成9个小组，对国务院研究室定点扶贫县——河南省淅川县开展了"解剖麻雀"式的专题调研。其间召开各类座谈会18场，与百余名县乡干部、驻村第一书记、企业负责人进行了单独访谈交流，走访了几十个贫困户，获得了大量第一手资料。同时，对全国脱贫攻坚面上情况也做了调研。在此基础上，形成了20篇系列调研报告。按照"从全国看淅川、从淅川看全国"的思路，报告对全国以及淅川的脱贫攻坚和经济社会发展提出了一些意见与建议。

加快补齐发展短板的主要看法和建议

马志刚　　李攀辉　　贺达水

　　淅川县是国家扶贫开发工作重点县、河南省 4 个深度贫困县之一、南水北调中线工程渠首所在地、国家重点生态功能区，农村贫困人口多、贫困程度深，脱贫制约因素多、难度大。近几年，按照党中央、国务院决策部署，淅川县大力推进脱贫攻坚，积极发展县域经济，呈现出经济较快增长、人民生活显著提升、生产生活条件明显改善、脱贫进展加快的良好态势；农民收入增长速度高于全国和全省平均水平，去年达到 11094 元；建档立卡贫困人口由 71810 人减至去年的 44408 人，脱贫攻坚走在全省前列。目前，淅川贫困人口"两不愁三保障"基本实现，去年贫困户人均可支配收入为 3597 元，高于全国扶贫标准。淅川计划明年脱贫摘帽，我们接触到的当地干部群众对此充满信心。从全国看，只要各地不折不扣贯彻执行党中央、国务院决策部署，如期打赢脱贫攻坚战是有把握的。但也要看到，当前贫困地区脱贫还面临着一些共性问题和挑战，经济社会发展仍有不少短板弱项，制约稳定脱贫和长远发展的根本因素尚未彻底消除，一些潜在风险隐患和苗头性问题值得高度关注。现将调研形成的主要看法和建议摘要综述如下：

一、坚持严格执行现行扶贫标准。"两不愁三保障"作为现行扶贫的基本标准，符合国情和发展阶段。但一些地方存在着脱离实际、相互攀比、层层加码的不良倾向。比如，有的给全部贫困人口"免费盖新房"、医药费100%报销、人口稀少村建大广场，有的对贫困户子女实行15年免费教育，等等。这既增加了地方财政负担、影响持续发展能力，也造成个别贫困户产生"等靠要"思想，还引发了非贫困户特别是边缘户的心理不平衡。建议严格按照"既不降低标准、也不吊高胃口"要求，对各地自行设置的扶贫标准进行检查评估。对擅自拔高标准的，要坚决予以纠正。

二、加快补齐基础设施和基本公共服务短板。目前贫困地区基础设施总体落后，尤其是一些偏远地区，路、水、电、宽带不通问题突出，很多地方没有污水、垃圾处理设施。同时，已建成的各类设施普遍存在质量不高、"重建轻管"等现象，乡村公路管护和污水、垃圾处理厂运营等经费严重不足。在当前国际形势复杂、国内经济出现新的下行压力情况下，加大贫困地区基础设施建设力度，具有助扶贫、稳投资、扩内需、促升级等"一石多鸟"之效。建议优先启动连接贫困地区的重大交通工程，加快实现贫困地区电网升级、4G网络和宽带覆盖，加强贫困地区生态工程和污水、垃圾处理设施建设。同时，创新投资运营管护机制，充分发挥社会资本作用，提高设施运行维护水平。

三、大力提升扶贫产业发展质量。近几年贫困地区打造了不少扶贫产业，成为脱贫攻坚和经济发展的重要支撑。但不少地方扶贫产业主要集中在农业种养初级环节，很多是短平快项目，同质化问题严重，市场风险较大，有的缺乏可持续性，贫困户参与度也不够高。相比之下，淅川等地确立"短中长"产业相结合的发展思路，着力培育若干龙头企业，在带动脱贫上既注重分享收益又注重引导参与，较好兼顾了当前和长远需求。建议引导更多贫困地区按照"短中长"相结合原则，合理规划扶贫产业发展布局，延长优势产业链条。研究出台有针对性的财税、投融资、人才引进与培养等优惠政策，支持发达地区劳动密集型产业向贫困地区转移，鼓励电商平台向贫困地区扩展业务。

四、加大改革力度。与发达地区相比，贫困地区"硬件"先天不足，无论是脱贫攻坚还是促进发展，更应在深化"放管服"改革、优化营商环境等"软件"上先人一步，以激发市场活力和社会创造力，吸引外来投资，增强内生发展动力。但调研发现，不少贫困地区在这方面改革的力度不够大，改革政策落实不到位、不衔接等问题突出，主动对标先进的"自选动作"也不多，办事效率不高，发展"软环境"欠佳，新增市场主体增长速度远低于全国平均水平。建议加大激励和督查力度，推动贫困地区实施更大力度的简政放权，强化基层监管力量，优化政府服务，为脱贫发展、创新创业清障开路。同时还要看到，贫困地区市场主体发育不足，放权要与培育市场主体结合起来；信息网络设施落后，推进"一网通办"等优化服务举措面临困难，有关方面要在改善贫困地区网络等基础设施上予以大力支持。

五、着力办好义务教育。教育在促进经济社会发展、阻断贫困代际传递中具有基础性作用。贫困地区义务教育发展水平总体滞后，但也有不少地方办出了较高质量的教育。比如，淅川县小学和初中入学率、巩固率均高于全国平均水平，高考成绩在南阳市位居第一。这是当地长期重视和支持教育的结果。其中有两件事令人印象深刻：一是近几年该县义务教育阶段教师年均收入比公务员高 5000 元以上，最多时高出四分之一，有力调动了教师积极性。二是彻底解决了教师"在编不在岗"问题。针对一线教师严重不足而又大量被机关单位长期借用这一"老大难"问题，2016 年该县开展专项治理，仅两个月被借用的 992 名教师就全部返回教学岗位，占全县在编教师的六分之一多。近几年，国家在义务教育经费保障、校舍和教学设施建设等方面采取了一系列重要举措，并向贫困地区倾斜，能否办好教育，关键取决于地方各级党委和政府的认识、决心和行动。建议进一步采取措施，推动各地把教育优先发展战略落实到位，对当前大部分地区未能落实"义务教育阶段教师的平均工资水平不低于当地公务员"问题，要督促相关地方限时整改。鉴于教师"在编不在岗"等问题在贫困地区乃至全国很多地方普遍存在，建议在全国开展一次排查清理专项行动，坚决将被借用的教师全部归位。这对缓解当前教师短缺矛盾具有重要作用，属于不花钱办大事的举措。

六、强化健康扶贫。目前贫困地区看病难看病贵仍很突出，群众医疗负担较重，是致贫返贫的主要因素之一。针对一些地方基层医院建得很好但缺乏医务人员、城市医院挤占乡镇医务人才现象严重等问题，建议率先在贫困地区开展远程医疗工程建设，尽快制定远程医疗服务付费标准并将其纳入医保报销范围；加快推进贫困地区医联体或医共体建设，解决县里医生不肯去农村、乡村医生向城里跑的问题。针对贫困地区公立医院债务重、医务人员薪酬待遇和公立医院服务价格低等问题，建议中央财政调整对县级公立医院改革的补助标准，对贫困地区深化医改给予适当政策倾斜和财政支持。在因病致贫返贫各项原因中，慢性疾病位居首位。针对一些慢性病门诊治疗用药医保不予报销或报销比例很低、导致患者负担沉重结果拖穷全家等问题，建议率先在发病率较高的高血压和糖尿病治疗上，对农村患者用药给予专项保障。据测算，只需约200亿元即可惠及1.5亿人。这方面各地已有不少探索，如淅川县通过对高血压、糖尿病实行用药保障，解决了农村70%以上的因病致贫返贫问题。

七、确保易地扶贫搬迁"稳得住"。现在全国易地扶贫搬迁任务进展顺利，"搬得出"问题得到较好解决，但"稳得住"的问题凸显出来。有的地区因安置条件差，造成移而不搬、搬而难安，有的地区重搬迁、轻扶贫，还有的地区搬迁户难以融入新社区。建议当前和今后一个时期应把重点放在确保"稳得住"上。要强化基础设施建设、完善公共服务配套，改善"稳得住"的条件；强化搬迁后续帮扶，促进搬迁户脱贫增收，提升"稳得住"的能力，实现"挪穷窝"与"换穷业"并进、安居与乐业同步；强化社区管理，落实保障政策，改善"稳得住"的社会环境。

八、完善保障性扶贫措施。脱贫攻坚越往后，贫困人口中老年人、重病患者、重度残疾人等失能人口和弱劳动能力人口的比例越高，做好这些人口的保障性扶贫对于如期脱贫、稳定脱贫至关重要。保障性扶贫有多种方式、多条路径，但当前一些地方存在着过于依赖低保兜底的倾向，有的甚至一兜了之。建议鼓励各地因地制宜探索保障性扶贫方式，如资产收益扶贫、推行互助养老、为贫困孤寡老人建共有产权住房等，逐步建立综合性、可持续的保障体系。

九、加强财政金融支持。这几年各级财政扶贫资金规模大幅增加，只要管好用好，可以满足脱贫攻坚需要。针对一些地方存在的扶贫资金使用不当、管理不严、效率不高等问题，建议引导贫困地区围绕完成现行扶贫标准下的脱贫任务，进一步完善相关制度、加强绩效管理，确保扶贫资金用于解决最突出问题。贫困地区保工资、保运转、保民生支出压力大，产业发展和公共服务设施建设资金缺口也大。建议持续加大贫困地区财政资金投入，适当提高负债不高地区的政府债务限额，扩大一般债券和专项债券规模。针对贫困地区普遍存在的融资难融资贵问题，建议调整改进相关政策和金融监管，对贫困地区县级银行分支机构设定存贷比下限监管指标，完善政策性担保体系，优化信用环境。同时，要加强对贫困地区财政金融风险的防范化解力度。

十、更好动员社会力量参与脱贫攻坚。对电力、电信等一些垂直管理的部门和企业，上级单位应指导要求贫困地区分支机构主动服务脱贫攻坚大局，加大建设力度。东西部扶贫协作和对口支援要把重点放在产业帮扶、劳务协作、人才支援、市场开拓等方面，鼓励在贫困县合作建设承接产业转移基地。完善政府购买服务、民办公助、捐赠税前扣除等政策，为社会力量在贫困地区扩大投资、参与扶贫提供便利。加强贫困村基层基础建设，把基层组织建设与促进产业发展结合起来。

十一、改进脱贫攻坚考核监督。现在一些地方对基层脱贫攻坚工作的考核监督，过于注重过程，事事要求有记录、留痕迹，给基层带来了很大负担。建议认真总结近年来的脱贫攻坚考核评估工作，立足"两不愁三保障"，加快出台基层好理解、易操作，简洁明了、客观公正的考核评估实施办法。对一些地区出台的过于繁琐或形式主义色彩较浓的考核办法，应要求其实事求是地调整优化，同时严禁多头考核、搭车考核，切实发挥好考核"指挥棒"的导向作用。

十二、统筹谋划后续扶持政策。随着贫困县逐步脱贫摘帽，基层干部群众都很关心脱贫攻坚期帮扶措施能否延续问题。很多人认为，这些年贫困地区脱贫和发展成果是建立在国家强有力的倾斜政策支持和各方面帮助之上的，贫困县摘帽之后，如果这些帮扶措施退出，部分脱贫人口可能会重新返贫，部分贫困县经济发展可能会出现"断崖式"下降。鉴于贫困县摘帽后经济社会发展仍然相对落后，需要继续加强支持，建议及早明确在脱贫攻坚任务完成后，攻坚期内实施的主要帮扶政策支持力度不减，东西部扶贫协作和对口支援、中央单位定点扶贫等措施继续延续，同时根据脱贫后经济社会发展要求，调整政策支持的方向和重点，完善相关对口支援和协作机制。这样就能给贫困地区干部群众吃上"定心丸"，也促进社会各方面对帮扶作长远打算安排。

脱贫攻坚的进展、挑战及建议

贺达水　李攀辉　马志刚

对淅川等贫困地区的调研显示，脱贫攻坚正在推动贫困地区整体面貌发生巨大变化，贫困群众获得感显著增强。下一阶段，贫困地区应在继续集中力量完成脱贫攻坚目标任务前提下，加快推进产业培育与产业升级、政府主导与市场决定、外部支持与内生发展、脱贫攻坚与乡村全面振兴的"四个衔接"，夯实长远发展根基，促进经济社会持续健康发展。

一、脱贫攻坚正引领贫困地区发生历史性巨变

党的十八大以来，以习近平同志为核心的党中央把扶贫开发纳入"五位一体"总体布局和"四个全面"战略布局，制定实施精准扶贫精准脱贫基本方略，集中全党全社会力量推进脱贫攻坚。在各方面共同努力下，贫困地区经济持续较快增长，贫困人口大幅减少，生产生活条件明显改善，办成了很多过去想办而没办成的大事，在稳定脱贫道路上迈出了坚实步伐。一是基础设施短板加快补齐。各地坚持加大交通、水利、电力、通信等领域投入，

推动贫困地区基础设施水平由薄弱落后转向全面提升，打破了长期以来的发展瓶颈制约。比如，淅川全县 140 个贫困村已全部通硬化路、通水、通电，不少贫困村还修缮了老旧危房，新建了污水、垃圾处理设施。二是产业发展支撑得到加强。各地坚持把产业扶贫作为重要途径，既大力扶持改造种植、养殖等传统产业，又积极引入电商、光伏、乡村旅游等新兴产业，推动贫困地区产业结构由传统单一转向多业并兴，自我造血功能和发展活力明显增强。比如，淅川创新推进产业扶贫"短中长"三线结合，既确保贫困户短期能增收脱贫，又为其长远逐步致富创造条件。三是社会事业差距明显缩小。各地坚持公共资源向贫困地区倾斜配置，义务教育、医疗卫生、社会保障等加快发展，基本公共服务均等化取得突破性进展。比如，淅川综合采取基本医保、大病保险、大病补充保险、医疗补助、社会救助等帮扶措施，大大减轻了贫困户看病负担；义务教育入学率、巩固率均高于全国平均水平。四是乡村治理基础日益巩固。针对过去贫困地区各类人才短缺、部分基层组织软弱涣散等突出问题，各地积极选派机关干部驻村帮扶，组织技术人员、致富能手与贫困村户结对，鼓励外出务工人员、退伍军人等返乡创业，扭转了农村人才外流、短缺匮乏的局面，推动基层组织建设和治理体系不断健全。比如，淅川抽调 557 名干部组成 185 支扶贫工作队，组织 5400 多名行业精锐参与入户帮扶，在脱贫攻坚中发挥了不可或缺的作用。

脱贫攻坚给贫困地区发展和贫困群众生产生活条件改善带来的巨大变化具有里程碑意义，彰显了中国特色社会主义的政治优势和制度优势。在脱贫攻坚过程中，还形成了很多有价值的"副产品"。比如，给贫困地区留下了五级书记抓工作落实的领导体制，留下了强化考核监督促真抓实干的工作机制，留下了现代市场经济的理念和实践，留下了忠诚履职敢打硬仗的干部队伍，留下了大公无私甘于奉献的工作作风，留下了自力更生艰苦奋斗的拼搏精神，留下了扶贫济困崇德向善的时代美德，等等。这些无形的制度成果和精神财富同样弥足珍贵，是今后贫困地区继续发展前行的重要动力之源，值得进一步传承和弘扬。

二、继续推进脱贫攻坚面临的新问题新挑战

在脱贫攻坚取得决定性进展之后，当前贫困地区仍面临着一些共性问题和挑战。从不同地区反映的情况看，主要表现在以下几个方面。

第一，剩余贫困人口脱贫难度更大。预计到今年底，全国贫困人口有望降到 2000 万左右，贫困发生率相应降到 2% 左右。届时全国贫困县将累计退出 420 多个（2018 年脱贫县有待 2019 年核查评估后退出），脱贫摘帽数量过半。目前贫困问题主要集中在深度贫困地区和特殊贫困人口。截至 2017 年底，334 个深度贫困县有贫困人口 1107 万人，贫困发生率 11.3%；3 万多个深度贫困村中，有 1.67 万个贫困发生率超过 20%。剩下的贫困人口，很多是残疾人、孤寡老人、长期患病者等特殊贫困群体，以及教育文化水平低、缺乏技能的贫困群众。像淅川县现有贫困人口中，低保、五保贫困户占比达 69.9%，因病因残致贫人口比例超过 68%，80% 以上的贫困人口生活在深山区、石山区和库区。

第二，稳定脱贫基础不牢。这在产业扶贫上表现尤为明显。目前不少地方扶贫产业多集中在农业种养初级环节，产业同质化严重，配套设施和服务没跟上，不仅产品附加值偏低，而且很容易因市场波动、产品集中上市等影响贫困户收入。比如淅川县这几年林果种植面积快速增长，但冷藏保鲜、精深加工等配套设施不足，品牌培育、信息服务等有待加强，如何在"种得出"基础上"卖得好"、让群众持续增收受益，需要及早研究部署。一些地方依托加工制造业等设立的扶贫车间，不少也只是进行简单加工，规模小、技术弱、效益低，能否成为中长期支柱产业存在较大变数。过去不少贫困地区依靠劳务输出，使部分贫困群众实现了初步脱贫，但受中美经贸摩擦、国内经济出现新的下行压力等影响，今年以来沿海地区不少承接劳动力转移的中小企业特别是外向型企业已经出现减少用工苗头，一些外出务工的贫困群众稳定就业的压力陡增。

第三，内生动力依然不足。采取超常规举措，加强外部支持，是很多地方脱贫攻坚能够取得决定性进展的关键所在。目前部分贫困地区、贫困群众对外部支持的依赖度较高，主体意识和内生动力仍然不强。调研中了解到，帮扶干部承担了大量工作，包括谋划脱贫路径、对接帮扶资源、落实帮扶举措等，一旦扶贫工作队撤回，贫困村很可能又恢复无人干事、不会办事的状态。有的贫困地区设立了较多的护林员、护草员、护路员、护水员、保洁员等扶贫公益性岗位，财政支出较大。在不少地方，乡村旅游、特色农业等一些脱贫产业，名义上贫困群众也占有股份，但运营基本依靠外部企业，群众主要通过土地流转、务工和分红获得收入，几乎不参与企业经营管理，没有形成自身发展能力。

第四，考核监督有待改进。不少基层同志反映，现在对脱贫攻坚的考核监督过于注重过程，事事要求有记录、留痕迹，评估检查主要是查档案、翻卷宗，反而忽视了对扶贫实际效果的评价，有时甚至简单轻率下结论。这种考核监督方式，迫使基层花很大精力准备材料、算账、签字等，甚至于培训贫困户如何针对评估组询问进行作答。调研中了解到，淅川县的一个贫困乡镇，用于准备材料相关的费用支出占到了当年镇财政收入的三分之一。很多扶贫干部抱怨，现在干部填表报数任务没有减轻，原来叫"明白卡"，现在变成了"明白书"，而且还要求每一张都要用笔填写，即使同样的表格也不能复印。地方层层加码、花样繁多的过程检查，导致贫困县乡村基层干部负担很重，影响脱贫质量和实效。

第五，部分地区扶贫标准偏高。党中央反复强调，要坚持现行扶贫标准，既不降低标准，也不吊高胃口。但一些贫困地区存在扶贫标准脱离实际、层层拔高的问题。比如，有的对贫困群众医疗报销比例达到100%，看病不花钱；有的对贫困户子女上学实行15年免费教育，甚至考上大学还发放助学金；有的贫困地区要求贫困村退出贫困发生率必须在2%以下，贫困户必须改窗改水改厕才算脱贫；等等。这种现象，使得贫困户与非贫困户特别是贫困边缘群体之间、贫困村与非贫困村之间极易相互攀比，也使得个别贫困户产生"等靠要"思想，造成事实上的"养懒汉"，还带来财政补助难以持续等问题。

调研中还发现，有的贫困地区存在大量举债搞扶贫、"寅吃卯粮"过度透支财力的做法，有的贫困地区过度依赖低保兜底来完成脱贫目标。这些给今后造成了潜在的财政金融风险隐患，需要未雨绸缪。

三、适应脱贫攻坚新形势新变化推进"四个衔接"

总体看，尽管脱贫攻坚任务依然艰巨，但与前几年相比，各地的帮扶资金更多、措施更实、经验更足、机制更成熟，并且全国所有区县农村低保标准均已高于国家扶贫标准，兜底能力更强。按照现有政策和工作力度，实现现行标准下的贫困人口脱贫目标、全面打赢脱贫攻坚战，是完全能够做到的。下一步，应坚持以脱贫攻坚统揽贫困地区经济社会发展全局，延续这几年经实践检验行之有效的体制机制、政策举措、工作方式方法，保持脱贫攻坚工作总体稳定；同时，根据脱贫攻坚形势变化，进一步调整优化扶贫政策举措，既要注重脱贫进度、也要更加注重脱贫质量，既要努力实现脱贫目标、也要着手谋划贫困乡村长远振兴。重点做好"四个衔接"。

（一）做好产业培育与产业升级的衔接。加快培育新动能，实现新旧动能接续转换，将产业扶贫的"一时之益"转化为"长期之效"，是贫困地区和贫困群众长期稳定脱贫的必由之路。要发挥好贫困地区在资源环境、劳动力等方面的特色优势，适应新需求，做大劳动密集型产业，发展农产品精深加工、现代流通，开发乡村旅游、生态康养等新产业新业态，推进一二三产业融合。要回答好"市场在哪儿"这一问题，真正以市场需求为导向，用"互联网+"等新理念新模式拓宽市场渠道。要规划好区域产业布局，着眼未来、远近结合，有力有序推进，实现短期能脱贫、中期助巩固、未来可持续。

（二）做好政府主导与市场决定的衔接。调研中一些基层干部和群众担心，2020年攻坚期结束后，一旦扶贫工作回归常态，相关倾斜支持政策取消或减弱，脱贫可持续性就可能"打问号"。当前推进脱贫攻坚，必须坚持政府主导，加大资金投入和政策支持。应继续把贫困地区基础设施建设作为重要领域，加大"四好农村路"建设、农田水利工程建设、电网改造升级、宽带网络建设等方面的投资，这可以收到扩内需、补短板、促脱贫等多重效果。今后促进贫困地区长远可持续发展，归根结底要靠市场力量。在脱贫攻坚后半程，应更加注重政府主导与让市场发挥决定性作用相结合。一是培养市场意识，不搞送钱送物的简单帮扶，提高贫困群众参与市场竞争的意识和能力，加强产业发展必需的基础设施建设，推动贫困地区更好融入大市场。二是培育市场主体，支持农民专业合作社、能人大户、龙头企业等新型经营主体发展，积极吸引外部企业前来投资兴业。三是优化市场环境，深化"放管服"改革，清理减少行政审批事项，加强事中事后监管，提升政务服务效能，建立公平竞争、优胜劣汰的市场环境。

（三）做好外部支持与内生动力的衔接。授人以鱼，不如授人以渔。一是优化帮扶政策举措，能让群众干的扶贫项目尽量让群众自己干，引导群众投工投劳建设自己的家园，避免脱贫攻坚对贫困乡村自身发展的"挤出效应"，防止助长"等靠要"现象。二是加强创业就业技能技术培训，让贫困农民获得长久脱贫之技，走上稳定脱贫之路。像发展乡村旅游扶贫，群众对厨艺、旅游服务、农家乐经营等培训需求强烈，应有针对性地开展实训，帮助他们更好经营发展、服务游客。三是发展壮大贫困村集体经济，在产业扶贫、资产收益扶贫中对集体收入应有所安排，为村集体经济长远发展开辟稳定渠道，形成良性循环。四是注重培养本乡本土人才和致富带头人，强化返乡人员创业、担任村干部等支持政策，激励返乡人才扎根乡村、服务乡村。此外，在符合政策大方向的前提下，赋予地方落实政策更多的自主权与灵活性，鼓励县乡村基层从实际出发大胆探索实践，积极创新扶贫方式方法，创造性地开展工作。

（四）做好脱贫攻坚与实施乡村振兴战略的衔接。当前贫困地区正处于脱贫攻坚和实施乡村振兴战略的交汇期，随着贫困县逐步脱贫摘帽，推进两者的衔接过渡已非常迫切。一是做好规划统筹。脱贫摘帽县正在制定实施乡村振兴战略规划，应把脱贫攻坚规划中待完成的任务、工程、项目等纳入进去，继续予以资金支持，同时要研究如何巩固好脱贫攻坚成果，对脱贫攻坚期间建设的扶贫产业、基础设施、公共服务等项目，应安排后续支持，使其长久发挥作用。二是做好政策统筹。贫困县脱贫摘帽之后，经济社会发展仍然相对落后。应把脱贫摘帽县作为实施乡村振兴战略的重点来抓，把延续的倾斜支持政策尽早明确下来，稳定各方面预期。三是做好工作统筹。对攻坚期内实施的易地扶贫搬迁、产业扶贫、劳务扶贫等重点举措，应安排好后续工作。四是做好群体统筹。调研中县乡村干部普遍反映，针对收入接近贫困户的非贫困人口的扶持政策较少，这些群体生活质量处在"可上可下"的边缘，和脱贫户改善后的生活水平形成一定反差。已脱贫摘帽县应加大农村普惠性公益事业和公共设施的投入，培育特色产业，使农村非贫困人口也能参与并受益。

四、对解决当前一些突出问题的建议

一是在着力解决剩余贫困人口脱贫的同时，有效防止返贫和产生新的贫困。到 2020 年之前，继续把解决现行标准下贫困人口脱贫作为主攻目标，确保焦点不散、靶心不变，同时注重巩固脱贫攻坚成果，下大力气解决好返贫、新致贫等问题。研究出台防止返贫的一揽子政策举措，包括完善救助体系、引入保险机制等。支持有条件的贫困县将整合的涉农资金，统筹用于解决贫困村与非贫困村的基础设施和公共服务，允许已脱贫摘帽县采取适当方式支持非贫困人口发展产业、实现就业。对一些垂直管理的部门和单位如电力、电信等，上级单位应指导要求其围绕贫困县脱贫攻坚规划，加大建设支持力度，更好发挥支撑保障作用。

二是出台简便易行的脱贫攻坚考核评估实施办法。认真总结近两年的脱贫攻坚考核评估工作，立足"两不愁三保障"，加快出台基层好理解、易操作、简洁明了、客观公正的考核评估实施办法，摒弃重过程轻结果评价的考核方式，严禁多头考核、搭车考核，不能简单以群众满意度调查数值高低"论英雄"。对一些地区出台的脱离实际、标准过高、过于繁琐的考核办法，应要求其实事求是地调整优化，发挥好考核"指挥棒"应有的导向作用。鼓励各地积极创新考核评估操作方式，比如，取交叉考核与第三方评估两者之长，将熟悉扶贫政策和实践的相关部门同志，与高校师生等第三方评估力量进行混编，使考核评估工作更契合实际。

三是切实减轻基层监督检查负担。采取果断措施，坚决刹住脱贫攻坚领域各级各类监督检查过于频繁的问题。对各级各部门开展监督检查的频次、时间、方式进一步提出要求，明确每年不得检查的时间段，明确内容相近、对象相同的监督检查应合并实施。有关部门应加强信息共享，探索利用大数据手段分析研判基层扶贫实效，能利用现有数据的不得要求贫困乡村基层反复提供，为基层扎实开展帮扶创造必要的条件。地方党委和政府应加强对脱贫攻坚监督检查工作的统筹，对搞走马观花、形式主义、缺乏实效的"监督检查"，应追究相关单位和人员责任。

四是重视贫困县乡村干部积极性问题。脱贫攻坚责任重、任务重，基层扶贫干部工作压力大、付出多，"弦"始终紧绷着，时间一长不可避免地会出现厌战、懈怠等消极情绪。调研中不少基层扶贫干部还反映，脱贫攻坚是一项政治任务，上级部门往往要求约束多，追责问责有余，激励关爱不足。解决好基层干部积极性问题，对于做好后半程脱贫攻坚工作至关重要。建议坚持脱贫实绩导向，对表现突出的贫困县、贫困乡镇的党政主要负责同志，在明确不脱贫不脱钩的前提下，应明确提职提级等激励政策。加大对贫困村干部关爱力度，参照第一书记等标准，给贫困村干部购买意外险。适当提高贫困县基层干部工资待遇。参照民族边疆地区的定向生制度，为贫困地区培养本土人才。

五是有效防范化解扶贫领域各类风险。越到脱贫攻坚最后关头，越要注意防范化解各类风险，以免影响脱贫实效。防范化解金融风险，严格规范扶贫小额信贷发放，不搞"户贷企用"，禁止

用于修建房屋、购置家电等生活消费，严防"因债返贫"。防范
化解财政风险，对一些贫困地区已经利用城乡建设用地增减挂钩
政策，通过拆旧复垦节余指标交易获得收入，应明确优先偿还易
地扶贫搬迁贷款本息，防止地方政府还款不积极，把矛盾往后推，
成为财政沉重包袱。防范化解过度兜底风险，应明确要求纠正全
额报销医药费等过度兜底做法，减轻未来发展负担。

更好发挥基础设施在脱贫攻坚区域发展中的先导和支撑作用

牛发亮　　李宏军

推进脱贫攻坚和区域发展，基础设施要先行。近年来，淅川县坚持以基础设施建设带动脱贫攻坚、围绕脱贫攻坚谋划基础设施建设，既取得了明显成效，也遇到一些突出问题。我们通过调研认为，贫困地区基础设施"建什么""如何建"，关键要立足加快发展增强"带动力"，立足加强统筹提高"支撑力"，立足建管并重夯实"稳定力"，立足改革创新增添"保障力"，更好促进打赢精准脱贫攻坚战。

一、加大资金和政策倾斜，支持贫困地区补齐发展短板，增强对脱贫攻坚的"带动力"

贫困地区受财力薄弱等因素所限，基础设施普遍比较落后。近年来，为加快县域经济发展，如期完成脱贫攻坚任务，淅川县创新体制机制，多方筹集资金，建成了一批重大工程，城乡基础设施水平明显提升，对支撑产业发展、改善城乡面貌、助力精准脱贫等发挥了多重带动效应。但总体看，当前县域基础设施仍不能适应快速发展需要，突出表现为：一是与产业发展需要不相适应。淅川地处豫鄂陕三省接合部，县城不通高速公路、铁路，县域交通运输网络尚未做到外通内联、通村畅乡，难以适应产业发展后大宗物流、人流的快速发展。二是与新动能成长需要不相适应。"互联网＋"已成为激活农村发展潜力的重要支撑，但部分偏远村庄没有手机信号；还有不少自然村没有通宽带，通了的网速也比较慢，"网路"成为一大制约。三是与优化营商环境需要不相适应。与发达地区相比，贫困地区由于人居环境相对较差，对外部资金、人才等要素资源的吸引力普遍不高。比如，某乡镇干部反映，有客商想依托当地山水资源投资兴建一个书画院，结果坐车颠簸几小时才来到选址地点，看到附近村庄污水横流、垃圾围村，第二天一声不吭就离开了。

加快补齐贫困地区基础设施短板，既有利于加快贫困地区发展、更好带动脱贫攻坚，也有利于扩大内需、为全国经济平稳运行增添动力，是一举多得、迟早要干的事。建议加大资金和政策倾斜支持，补齐制约发展的突出短板。一是补齐重大交通短板。建议增加中央财政投入，优先支持连接贫困地区的铁路、高速公路、国省干线等重大线性工程建设。同时，利用"十三五"规划调整时机，把更多对边远贫困地区发展具有重大带动效应的外通内联项目纳入规划，及早开展前期工作、启动建设。二是补齐电信基础设施短板。建议增加对贫困地区电信基础设施投入，提高4G网络和宽带网络自然村覆盖率，鼓励基础电信企业出台针对贫困地区和贫困群众的资费优惠政策，更好助力新动能成长，释放贫困地区发展潜力。三是补齐人居环境短板。调研中感到，现在基层对人居环境整治越来越重视，但从实践看，由于村庄内房屋、街巷等几经更迭，建设年代、标准参差不齐，通过垃圾收集转运、旱厕改造、铺设污水管网等点状整治，不仅投入大，也很难实现整体改观。建议引导贫困地区因地制宜，充分尊重群众意愿，在整治好基本生活环境前提下，把人居环境整治与美丽乡村建设、迁村并点、农村宅基地"三权"分置改革等结合起来，利用城乡建设用地增减挂钩省域内调剂所得收益弥补资金短缺，形成统筹谋划、连片推进、滚动整治的良性循环。支持有条件的地方将人居环境整治与特色园区建设、乡村旅游、土地流转等捆绑实施，实现"以商补公"、相互促进。

二、加强规划、资金、部门统筹，更好发挥投资效益，提高对区域整体脱贫的"支撑力"

当前，贫困地区大多正处在城镇化较快发展时期，乡村人口规模、结构正在发生深刻变化，对基础设施精准布局带来诸多挑战。调研发现，目前村镇基础设施建设存在两个方面突出问题。一方面，规划科学性不强导致投资浪费问题。淅川一些乡镇干部谈到，当地预计未来会有很多人口向镇区集中，每个乡镇按照5000人、1000吨/天的设计规模建设污水处理设施，结果现在部分镇区只集聚2000多人，污水全部收集也只有500吨/天的规模，不仅造成投资浪费，而且常年处于半负荷运行状态，运行成本很高。还有乡镇干部反映，某贫困村过去有210户、818人，随着外出务工人数增多，现在村里只剩下 35 户、54 人长期居住。按照上级对贫困村退出标准的要求建设基础设施，还不如用这些资金将他们就近转移到中心村集中居住。另一方面，区域统筹不够导致新的发展不平衡问题。按照现行政策，整合涉农资金优先用于贫困村，而非贫困村投入较少，基础设施没有多大改善。有时甚至两个贫困村都修了路，中间夹着的非贫困村却被隔过去，形成断头路，影响通行能力。在走访基层干部群众时，我们感到，当前贫困县中非贫困村、贫困村中非贫困户心态不平衡问题十分突出。事实上，这一现象不仅县域内是这样，贫困县与非贫困县也是如此，非贫困县也有很多贫困人口，同样肩负完成脱贫攻坚的重任，对享受上级扶持政策的落差颇有怨言。

精准扶贫重在精准、难在精准。基础设施作为共享普惠性工程，一村一户式"精准"推进不仅难以更好发挥效益，还可能影响区域整体脱贫效果。建议加强规划、资金、部门"三位一体"统筹，确保把有限资金用好用出效益。一是以规划统筹为前提。建议科学把握发展规律，把村镇基础设施建设与推进新型城镇化、实施乡村振兴战略等结合起来，与产业发展、就业支撑、人口转移趋势结合起来，兼顾当前和长远，按照适度超前、配套衔接的原则统筹规划建设，提升互联互通和共建共享能力。二是以资金统筹为抓手。近年来，淅川县在统筹整合涉农资金上积极探索，实现"多个渠道进水、一个池子蓄水、一个龙头放水"，既解决了项目支离破碎问题，又减少了重复建设问题。为支撑区域整体脱贫，建议允许脱贫摘帽县将整合资金拿出适当比例用于非贫困村。同时，考虑到资金整合作为一种工作方式创新，不具有排他性，建议推广到非贫困县，有效保障非贫困县完成脱贫任务。三是以部门统筹为保障。有人反映，由于部门沟通不及时，基础设施建设有时存在误损现象。比如，乡村数字电视、电力、宽带等均布设在一个杆路上，架一条线路经常出现损坏另一线路问题。建议落实县级主体责任，建立多部门协调联动机制，有效汇聚基础设施建设的合力。

三、坚持建管并重，提高基础设施运行效率，夯实保障长期脱贫成效的"稳定力"

调研中发现，农村基础设施"重建设、轻维护"问题比较突出，尤其是维护资金不到位、专业化水平不高导致设施建成后损毁现象普遍。比如，有群众反映，近年来，农村购买小汽车的人越来越多，乡村产业发展也使得大吨位货车通行量明显增加，部分道路由于建设标准不高、养护不到位，建成不足1年即出现裂缝等问题。又比如，有群众谈到，为帮助贫困户脱贫，很多村把供水、道路等设施管护作为一种公益岗位安排贫困户就业，事实上他们只能做些清扫保洁等简单工作，缺乏基本专业技能。

基础设施建设质量不高、运行维护不到位，不仅降低设施使用寿命，造成投资浪费，也会对后期巩固脱贫成效带来诸多风险隐患。建议牢固树立建管并重理念，确保项目长期发挥效益。一方面，从源头上严把工程质量关。进一步提高贫困地区基础设施项目中央补助标准，分类推进道路、安全饮水、农田水利等基础设施提档升级，并严格工程质量监管，确保设施适用耐用。比如，引导地方分级合理确定主干道路、通村通组道路等建设标准，既保障大宗客货通行需求，又防止普通道路建设标准过高导致投资增加。另一方面，差别化推进基础设施运行维护。落实县级主体责任，推进专业养护职能向乡村延伸，建立有制度、有队伍、有经费、有督查的基础设施养护机制。鼓励基层把日常养护和定期维护区分开来，小修小补式的日常养护鼓励吸纳贫困户参与，定期维护采取政府购买服务方式，引入专业化力量，有效降低运维成本。

四、有效破除"三难"，降低制度性交易成本，增添实施扶贫基础设施项目的"保障力"

调研中不少人谈到，虽然近年来"放管服"改革便利了基础设施建设，但实施中依然面临"三难"。一是上下衔接不畅导致资金争取"难"。县乡干部谈到，由于乡镇处在基层一线，对政策性项目投资方向捕捉不灵敏，搞勘察、编可研、做环评等需要资金投入，在没有上级明确资金扶持情况下，一般不愿开展前期。而上级部门下达资金要求又快，有时甚至上午发通知，下午就要求上报。乡镇要么因前期准备不足错失时机，要么拍脑袋上报，最后因质量不高难以争取到资金。二是审批手续繁琐导致项目落地"难"。大家普遍反映，现在工程建设项目审批效率低、环节多、时间长问题依然突出。比如，修一条干线公路办完用地、环评、防洪、地震等手续往往需要半年以上。有些审批还互为前置，有时为了规避责任，部门间还相互推诿，严重影响项目落地。有时扶持资金下达后，因开标、评标、公示等招标程序繁琐，迟迟不能开工。三是前期费用高导致项目实施"难"。乡镇干部反映，一个项目从勘察、可研、设计到招标、监理，再到预算、决算等，全部下来中间费用占投资的比重超过20%。按照一公里道路建设标准35万元算，用在建设之外的成本就高达7万元，严重影响了项目实施。

农村尤其是扶贫基础设施项目量大面广，建议进一步改革项目管理方式，合理充分给基层赋权，进一步降低制度性交易成本，更好保障项目实施。一是创新财政资金管理方式。建议国家有关部门综合考虑地方人均财力、基础设施建设需求等，对基础设施建设扶持资金更多采用切块方式下达，增加县级安排项目自主权，提高资金使用的科学性灵活性，避免逐级申报影响资金使用效率和效益。二是改革项目审批制度。引导贫困地区学习借鉴工程建设项目审批制度改革试点地区先进经验，加快建立"多规合一"业务协同平台，并根据项目类型、投资规模等精简、合并审批环节，推行告知承诺制，分阶段实行"一家牵头、一窗受理、并联审批、限时办结"，进一步压缩审批时间，提高项目落地效率。三是优化项目前期手续办理方式。考虑到乡村道路、供水等小型基础设施对设计等要求不高，建议支持和鼓励基层将同类相似项目打捆进行设计、审批、招标等，降低单个项目中间费用，确保有限资金更多用于项目建设。

加快补齐贫困地区宽带网络短板

张军立　邢建武

网络是重要基础设施。加快贫困地区宽带网络覆盖，是推进网络扶贫、决胜脱贫攻坚的重要举措。我们在淅川县调研时看到，不少已通宽带的贫困村通过培育发展农村电商实现了增收。同时也发现，当地网络覆盖还有不小差距，全县共有 140 个贫困村，目前尚有 35 个村不通宽带、39 个村无移动网络覆盖，群众对此反映强烈。就此，我们通过与有关地方、部门和企业座谈，了解了贫困地区网络建设进展及存在问题，现将有关情况和建议报告如下。

一、贫困地区的网络建设进展情况及存在的突出问题

2015 年以来，各地区、各有关部门、各基础电信企业坚决贯彻落实党中央、国务院关于打赢脱贫攻坚战的决策部署，大力推进电信普遍服务，网络扶贫各项工作取得积极进展。截至目前，贫困村通宽带比例已达 94%，提前实现"十三五"规划 90% 以上的覆盖率目标；4G 网络覆盖率也接近 90%。同时，网络资费大幅

降低。网络扶贫的深入推进，不仅使得许多村民足不出村就可跟城市居民一样从网上购买各类商品，许多公共资源如优质教育、医疗等也在通过网络加快向乡村延伸。

但从调研和座谈情况看，当前贫困地区网络发展水平还有一定差距。一是网络覆盖范围亟须加快扩大。据统计，全国既无光纤又无 4G 网络的贫困村尚有 1 万个左右，这些村落主要集中在深度贫困山区和边远地区。二是建设投资成本越来越高。目前宽带网络尚未覆盖地区，多数地处偏远、自然环境复杂、人口居住分散，建设和运营成本高企。据测算，第三批电信普遍服务试点项目投资回收期长达 14 年。三是项目落地协调难度增加。宽带网络建设涉及规划、自然资源、生态环境、交通、电力等多个方面，一个环节卡了脖子，网络建设就无法顺利实施。目前试点项目中，就有多个项目因位于自然保护区、草原等区域引起规划冲突，虽经多方协调仍无法落地建设。四是网络应用程度普遍偏低。各方面反映，贫困地区宽带网络建多用少情况十分突出。宽带应用除提供上网功能外，主要为面向普通个人用户的 IPTV 业务，互联网助力脱贫攻坚的作用亟待进一步挖掘。

二、建议多措并举推动贫困地区网络发展

网络建设不仅是网络扶贫的重要基础，也是推进产业扶贫、教育扶贫、健康扶贫等扶贫行动的关键支撑。建议进一步加大工作力度，按照"中央资金引导、地方协调支持、企业为主推进"的思路，坚持问题导向，加大配套支持，加快推动贫困地区宽带

网络实现全覆盖。

第一，明确目标任务。目前宽带网络尚未覆盖地区主要是深度贫困地区，全面完成脱贫攻坚任务，补齐网络短板是应有之义。建议把"到2020年实现建档立卡贫困村网络基本全覆盖"作为目标，分期分批加快推动宽带网络覆盖至全部行政村。

第二，落实建设责任。企业是电信普遍服务的实施主体，推动贫困地区宽带网络覆盖是电信企业应承担的社会责任。国家有关部门要区别不同情况，统筹采取招标竞争和行政指定方式确定实施企业，最大限度杜绝企业"吃肥不吃瘦"问题，把责任压实到企业，确保事有人办、责有人负，并建立健全竣工验收、监督检查、信息公示等工作机制，督促企业履约尽责，确保宽带网络建设进度和质量。

第三，加大财政支持。贫困地区宽带网络是典型的公共产品，但随着宽带网络建设向贫困山区和边远地区推进，建设和运营成本也在不断提高。在要求企业承担社会责任的同时，中央财政也要加大支持力度。目前，中央财政对电信普遍服务试点的补助，仅为建设成本和6年运营成本的30%。建议根据贫困地区宽带网络全覆盖的需要和建设运营成本大幅提高的实际，加大中央财政支持力度，增加电信普遍服务专项资金规模，将现行补贴比例提高5—10个百分点。

第四，完善考核体系。为充分调动企业积极性，建议国资委进一步明确基础电信企业经营业绩考核的有关支持政策，剔除企业因实施电信普遍服务、贫困地区网络建设等项目对年度整体业绩的影响，引导企业积极承担贫困地区宽带网络建设任务。

第五，创造外部条件。加强通信主管部门、地方政府、电信企业之间的统筹协调、上下联动、横向协同。推动各地将宽带网络覆盖纳入扶贫考核，强化宽带网络基础设施与自然资源、生态环境、交通、电力等规划的统筹衔接，实现同步规划、同步建设。各地要在选址、征地、拆迁、赔补、电价等方面对贫困地区网络覆盖给予支持。

第六，努力降低成本。积极运用卫星 4G 覆盖等新技术新手段，科学灵活选择接入技术，因地制宜推进农村网络覆盖。扎实推进基础设施共建共享，探索利用电力杆路搭载通信线路等方式，降低网络建设成本。加快 2G 网络退网进程，推进频谱重耕，释放优质低成本频谱资源用于贫困地区网络建设。

第七，拓展网络应用。建设网络的目的在于应用。为此，要着力加强贫困人群上网基本技能培训，鼓励电信企业推出力度更大的贫困人群资费优惠，鼓励互联网企业积极开发涵盖电商、农技、医疗、教育等行业应用 APP，使贫困地区群众会使用、用得起、能受益，让网络在扶贫中发挥更大作用。

"长短结合""内外兼修"
打好产业扶贫组合拳

张顺喜　刘一宁　高强

实现贫困人口如期脱贫、稳定脱贫，关键在于发展产业、吸纳就业、促进增收。产业发展起来了，也有助于吸引人才回流乡村、建设乡村。当前，脱贫攻坚进入关键阶段，应特别重视提高产业扶贫的质量和效益，全面夯实脱贫的产业基础。

一要在产业选择上下功夫。随着脱贫时间点的临近，不少地方在扶贫产业选择上不同程度出现了注重短平快、急功近利的倾向，发展产业盲目跟风、一哄而上，结果导致产业项目趋同、选择品种单一、同质化现象严重。有的地方过于追求规模效应，规划做得很大，初期看起来轰轰烈烈，真正发展起来又不被市场接受，大量过剩滞销，影响脱贫实效。

贫困地区发展扶贫产业，要立足当前、放眼长远，因地制宜发展具有比较优势的产业，着力在"特"字上做文章。要适应消费结构升级变化，立足于满足人们绿色无污染、高品质的消费需求，着力在"绿"字上做文章。要适应多样化的市场需求，促进农业多种功能充分发挥、综合效益整体提升，有条件的地方，可打造一二三产业高度融合的产业闭环，着力在"融"字上做文章。产业布局要兼顾当前需要和长远发展，既有能短期内见效带动贫困群众脱贫的产业，又有能长期带来稳定收益的产业，着力在"稳"字上做文章。

淅川县通过对本地资源禀赋、产业发展基础和贫困户条件等的系统分析，确立了"短中长"三线产业结合发展的思路。短线产业紧紧围绕推动当期脱贫，重点发展小龙虾、丹参、光伏等当年能见效的产业。中线产业着眼巩固脱贫成果，主要发展软籽石榴、杏李等需要 3—5 年才能见效的经济林果业，促进区域化布局、规模化经营。长线产业重在提升产业层次，主要是发展休闲农业和乡村旅游，培育壮大农民持续较快增收新动能。这种攻短促长、长短互补的产业扶贫路径，既促进了贫困人口当期脱贫，也为发展乡村产业、实现产业兴旺奠定了坚实基础。从目前看，已经展现出良好的前景，但一些产业存在的市场风险也值得认真研究，应努力避免将来出现"产量搞上去、价格掉下来"的问题。

二要在培育和引入龙头企业上下功夫。面对复杂多变的市场，普通农户尤其是贫困户很多时候难以准确把握，产业发展可能陷入困境，必须有骨干企业的支撑。淅川县黄粉虫、小龙虾、大闸蟹、食用菌、软籽石榴、油用牡丹等扶贫产业的发展，都有龙头企业带动。龙头企业的进入，解决了品种引进、技术推广、品牌建立、产品销售等问题，使贫困户能够安心专注于生产。市场上摸爬滚打过的龙头企业，除能有效带动贫困户分享产业增值收益外，还能扩大小农户标准化生产覆盖面，从而有助于提升技术水平、保障产品质量、打造区域品牌。在培育和引入龙头企业时，还要注重建立合理的利益联结模式和利益分配机制，改变农民在整个产业链中的弱势地位，逐步实现从"企业＋农户"到"农户＋企业"的转变，让农民不仅成为现代农业的生产经营参与者，还要成为整个农业全产业链和价值链增值收益的利益分享者。

三要在支撑产业发展的装备设施上下功夫。装备设施落后是制约贫困地区产业发展的重要因素。很多鲜活农产品保质期短，有的只有三四天，如果加工、储藏、物流等跟不上，就容易出现"货到地头死"情况。所以，要大力支持贫困地区道路、水利等基础设施建设，特别是与扶贫产业关系密切的基础设施建设。要统筹谋划，加强农产品预处理加工设施建设，让产地能够具备农产品分级、清洗、烘干、包装、冷藏、保鲜等初加工能力，建设冷链物流设施。支持贫困地区产业基础设施建设，既要考虑经济效益，也要考虑社会、生态效益。当前淅川县正在大力推进规模种植的特色林果业，按照县里确定的目标，到2020年将超过30万亩，年产鲜果将会达到100万吨以上，并且大部分品种不宜储存或储藏，保鲜期很短。如果没有足够的预处理加工设施和冷库，这么大规模的产品短期内集中上市，很难保证不出现滞销卖难，弄不好就会导致"产业扶贫若干年，卖难返贫一夜间"。要通过完善基础设施建设，让"好货来自地头""好效益来自村头"。

四要在用好帮扶力量上下功夫。产业扶贫最终要靠人来干。现在的贫困人口，多数教育水平低，缺文化知识、缺劳动技能、缺经营头脑。如果缺少有能力的人带着贫困群众干，产业扶贫就很难搞起来。从当前的实际看，扶贫驻村工作队和第一书记等外部帮扶力量，是扶贫产业发展的重要推动力量。淅川县各贫困村都有自己的扶贫产业，很多产业都是在驻村工作队和第一书记推动下发展起来的。驻村工作队和第一书记不仅引进项目、联络资金、开拓销路、搭建扶贫产业运行的商业模式，很多甚至钻研技术，手把手地教农民，引领和推动了产业发展。与当地群众相比，驻村工作队和第一书记视野更宽，更能够发现贫困地区的资源优势，在产业发展上有更多的思路、更多办法。要创造条件，让他们在发展扶贫产业上大显身手。

五要在提高贫困人口自我发展能力上下功夫。从各地调研情况看，一些地方脱贫产业发展过度依靠外来企业带动，这些外来企业能不能扎下根来，干部群众心里没底。一些地方的扶贫产业对政府扶持有较多依赖，脱离了扶持能否继续发挥扶贫作用，还有待实践检验。一些地方为了使扶贫产业尽快见效，走简单给钱给物老路，忽视提高贫困户发展意愿和能力。比如，有的名为股份合作的项目，像食用菌种植，大部分也是用贫困户的到户增收项目资金和小额信贷等入股，由政府担保、企业承诺进行保底分红，贫困户基本不参与生产经营，实际上就是相当于"拿干股"，与简单的给钱给物并没有本质差别。产业扶贫要能够持续发展、持续发挥脱贫效益，必须提高贫困地区和贫困人口的自身能力。要重视培养和利用本地人才，加大对脱贫带头人的培养和帮扶力度。要引导本地在外的企业家、技术人员、大学生等回乡创业，这部分人才既了解本地优势，又知晓外面的世界，要发挥他们接地气、连市场的优势。要强化贫困人口的参与，真正让贫困人口参与其中。产业扶贫如果不能带动贫困群众直接参与，不能提升贫困群众的自我发展能力，不仅扶贫产业难以持续发展，脱贫成效也很难持续。因此，应加大对贫困群众直接参与产业发展的支持引导力度，让贫困户尽可能多地直接参与生产经营管理等产业发展各个环节，帮助贫困群众在实践中锻炼提高，增强脱贫致富本领，使产业发展更有生命力、脱贫成效更可持续。

支持贫困地区特色优势工业和中小企业发展

张军立　邢建武

我们在淅川县调研当地产业发展及带动脱贫情况时，深感发展特色优势工业和中小企业在脱贫攻坚中大有可为。对此，应采取综合性、针对性的扶持政策。

一、工业在脱贫攻坚和区域经济发展中发挥着重要作用

一般认为，贫困地区大多处于边远地区和山区，自然条件恶劣、生态环境敏感、产业承载能力差、生产经营成本高，发展工业有很大的难度。但从我们对淅川的调研情况看，还不能一概而论。淅川地处豫鄂陕三省交界，是南水北调中线的核心水源区和渠首所在地，也是国家重点生态功能区，工业发展面临交通、生态、环保等诸多制约。但淅川坚持生态立县，发展绿色工业，建设绿色园区，培育绿色工厂，开发绿色产品，建立起了比较合理的产业布局。2017 年，全县规模以上工业企业总数达到 117 家，工业总产值达 242 亿元。其中，汽车零部件产业已经打造形成拥

有 87 家企业的特色产业集群、年产值逾百亿元,医药食品产业年产值达 30 亿元。重点企业中,已有 2 家龙头企业实现上市,另有 2 家企业也启动了上市工作。

积极发展中小企业对于脱贫致富同样重要。这方面,淅川县的一个村大力发展小微企业带动农民就业增收就是个典型案例。针对人多地少、就业机会不多的情况,去年以来,银杏树沟村通过设立村劳务服务公司,带动一批村民外出务工;建立扶贫车间,吸纳村民就地就近就业;参与建设淅川县固废资源循环利用基地,参股基地内多家中小企业。通过这些渠道,银杏树沟村带动 131 户贫困群众就业增收。

淅川的实践证明,尽管贫困地区经济基础弱、发展条件差,但只要发挥好特色优势,坚持错位发展、差异化发展,完全可以通过发展工业和中小企业,走出一条产业脱贫致富之路。

二、贫困地区发展工业亟须政策扶持

调研中,对贫困地区发展工业和中小企业缺乏扶持政策反映较多。一是缺乏对贫困地区发展工业、中小企业的特殊支持政策。贫困地区区位条件、要素禀赋、劳动力素质、配套条件都要弱于其他地区,即使选准特色优势产业,在总体发展条件上也处于相对劣势。如不给予特殊倾斜支持,产业很难培育壮大。但目前贫困地区发展工业、中小企业,缺乏专门支持政策。二是缺乏吸引外部资金和人才到贫困地区投资兴业、创业就业的特殊支持政策。调研发现,近年来淅川新设企业多为本土自生企业或返乡创业企业，鲜有外地企业家前来投资。企业也反映，当地高技能人才招聘普遍困难，即使工资比发达地区高出两三千元，高级技工也不愿来。高端人才更是紧缺，为吸引和留住人才，某大型企业不得不将研发设计中心设在南阳市区，有的甚至还在上海等发达地区设立分支研发机构。企业普遍反映，迫切需要制定和完善鼓励外来资金和人才到贫困地区投资兴业、创业就业的支持政策。另外，对企业吸纳贫困人口就业也缺乏激励。

三、有关政策建议

第一，研究制定支持贫困地区工业和企业发展的专门财税支持政策。在全面落实支持实体经济、中小企业发展各项财税政策基础上，研究制定专门针对贫困地区工业和中小企业发展的系统性扶持政策，在增值税税率、所得税减免、亏损抵扣、技术改造、加速折旧、研发费用加计扣除等方面出台一批含金量更高的措施。同时，加大贫困地区公共服务平台网络建设力度，加快实现贫困县全覆盖。

第二，研究制定鼓励发达地区劳动密集型产业向贫困地区转移的政策措施。如给予免征一定年限的所得税优惠和再投资抵免政策，引导东部地区劳动密集型产业向贫困地区转移。借鉴"万企帮万村"的做法，大力开展产业对接合作，支持发达地区企业到贫困地区投资兴业。

第三，研究制定更好发挥产业发展带动扶贫的政策措施。对稳定吸纳当地建档立卡贫困户达到一定比例的企业，按照提供就业岗位数量给予相应所得税减免或社保补贴。加大就业培训支持，大力开展订单式就业技能培训，对企业开展贫困人口就业前培训的，适当上浮培训补贴标准。

第四，采取更有力措施缓解贫困地区企业融资难融资贵问题。融资难融资贵问题在贫困地区尤为突出。要大力支持贫困地区小型、区域金融机构发展，合理赋予大型商业银行县级支行信贷业务审批权限，严格落实尽职免责制度，更好满足企业融资需求。积极探索无抵押融资贷款，加强对应收账款、纳税信用贷款等业务的引导，多渠道解决企业融资难问题。加快整合征信机构、电商等资源，增进中小企业信用，解决银企信息不对称问题。

第五，完善鼓励各类人才到贫困地区工作的政策措施。深入实施边远贫困地区、边疆民族地区、革命老区人才支持计划，制定实施贫困地区人力资源市场建设援助计划。加大贫困地区招才引智力度，引导科研院所、博士后工作站在具备条件的贫困地区布局，对急需紧缺人才可提供研究场地、科研经费、安家补助等支持，在职称评定、个人所得税等方面给予优惠。

着力破解旅游扶贫发展的六大瓶颈

张军立　张凯竣

旅游是把绿水青山转化为金山银山的重要产业，是推进贫困地区脱贫致富的有效渠道。我们在淅川县调研时感到，旅游扶贫市场空间广、造血能力强、带动效应明显，在脱贫攻坚中发挥了重要作用。该县旅游业辐射带动549户贫困户、2386名贫困人口实现就业增收，户均年增收5000元以上。同时我们也发现，很多贫困地区的旅游扶贫还处于起步发展阶段，面临着一些亟待破解的困难瓶颈，应加强引导、大力扶持，进一步释放旅游扶贫的积极效应。

一要破除旅游项目内容单一、吸引外来客源难瓶颈。乡村旅游是旅游扶贫的重要载体，目前以自发式粗放式的发展方式为主，投资规模小、规划层次低、发展理念落后，普遍存在"弱、小、散"的问题。旅游产品同质化现象明显，大都按照"吃农家饭、干农家活、住农家屋、春季赏花、秋季摘果"的模式开发，"千村一面"，内容雷同。旅游景点布局分散，既没连成线，也未形成片。辐射带动半径小，重游率低，经济效益不佳。我们调研的乡村旅游点，提供的多是观光、采摘、垂钓、素质拓展等简单基础项目，没有深入挖掘乡村旅游资源与民俗文化内涵，吸引的游客以本县和邻县为主，市场吸引力和影响力不高，目前还都没有实现盈利。

推动乡村旅游提质升级，更好发挥扶贫富民成效，要进一步强化规划引领，根据各地资源环境禀赋和产业基础，明确乡村旅游发展重点，结合当地特色，深入挖掘生态、文化、民俗、历史等资源价值，提升乡村旅游内涵。加强对本地旅游资源和旅游产品统筹规划，整合分散旅游点，打造精品旅游路线，连线成片开发，提高专业化、集约化、规模化发展水平。促进乡村旅游与红色旅游、生态旅游、民俗旅游等业态相结合，以乡村旅游为核心带动餐饮、住宿、娱乐、观光、购物、种养、手工业等相关产业发展，促进农业一二三产业深度融合。

二要破除农民参与程度不高、分享开发收益难瓶颈。 为了吸引外来投资，很多贫困地区旅游开发引进了专业化运营公司，这有助于发挥企业在融资渠道、营运经验、组织架构、管理水平及社会网络等方面的优势，但由于经营权、收益权全部归企业所有，也会带来当地农民参与度低、获利少的问题，甚至容易引发社会矛盾。我们调研了解到淅川县香严寺景区、八仙洞景区都是由郑州的大型文旅集团整体开发，村民主要以开办农家乐、销售农副产品、在景区就业等方式获得收入，无法参与景区的经营和分红，难以享受到旅游发展带来的直接收益。

乡村旅游开发不能把当地群众排斥在外，要着眼于贫困人口受益、贫困户脱贫摘帽，建立乡村旅游收益共享的合理机制。一方面，支持鼓励专业化旅游企业参与开发，给予优惠配套政策，发挥其专业优势，带动贫困人口参与旅游发展。推进各类旅游企事业单位与贫困村"结对子"，在劳动用工、农副产品采购、配套产品开发等方面加强对口帮扶。另一方面，创新农民参与旅游扶贫的新路径，以土地承包权、宅基地使用权、房屋财产权以及农民集体资源资产等形式入股合作、共同开发，让贫困地区农民更好更多分享旅游发展的长期收益。

三要破除路网设施建设滞后、游客进出景区难瓶颈。旅游业发展离不开良好的配套设施和服务，尤其是交通的可达性是重要前提，但贫困地区往往地处偏远山区，交通不便、基础设施落后，很多独特的自然文化资源得不到有效开发。我们调研的两家乡村旅游点，进村道路只有三米宽，小型车错车都比较困难，旅游大巴更是无法通行。此外，水电、通信、住宿、公共卫生、垃圾处理等设施不健全也是制约旅游扶贫的主要短板。一位到淅川县桃花村开发乡村旅游的投资人反映，目前村里没有4G信号，一些村小组之间还处于断路状态，给项目发展造成很大障碍。

建议大力提升贫困地区旅游基础设施水平，加强贫困县重点景区、乡村旅游点的交通、供水、电力、通信等方面基础设施建设和公共服务，在规划制定、政策扶持、项目审批核准和资金安排等方面适当给予倾斜，确保到2020年实现贫困地区旅游景区4G网络全覆盖、旅游扶贫重点村通硬化路。加快完善停车场、旅游厕所、垃圾污水处理站等相关配套设施，提升旅游景点整体服务保障能力，让游客进得来、玩得好、留得住。

四要破除旅游资产无法抵押、企业发展融资难瓶颈。乡村旅游项目由于地理环境、配套条件等原因，资金需求较大，而开发主体以中小企业和农户为主，普遍实物资产较少、抗风险能力较弱，特别是土地经营权抵押贷款还存在限制，相关旅游设施由于土地性质等原因没有产权证无法用于抵押，导致很难获得银行贷款。我们调研的淅川县凤凰古寨乡村旅游项目，启动四年多来已累计投入自有资金1000多万元，仅获得过50万元信用社扶持贷款，目前资金链十分紧张。

要多措并举化解贫困地区旅游发展的融资难题，引导金融机构加大对乡村旅游的信贷支持力度，开发适合旅游业特点的信贷产品和方式，鼓励金融机构根据土地承包合同和流转协议、旅游开发形成的固定资产等向企业提供相应融资支持，将从事乡村旅游的农户纳入农业信贷担保支持范围。鼓励各地政府采取以奖代补、先建后补等方式强化财政支持，促进景区提档升级。加强宣传动员，引导社会力量通过开发投资、慈善捐助等方式参与旅游扶贫。

五要破除建设用地资源短缺、旅游项目落地难瓶颈。按照现行政策规定，永久性旅游设施只允许建在集体建设用地或闲置宅基地之上，不得占用农用地，但目前乡村建设用地规划指标严重不足、分布较为分散，限制了乡村旅游规模化发展空间。淅川县乡村旅游点负责人普遍反映，现有的土地规划和管理制度与乡村旅游用地需求存在一定矛盾，由于不允许建设永久性建筑，游客接待中心、活动广场等配套设施无法落地，有的设施建成后即成为违建，有的只能通过临时性建筑过渡，实际开发中难免存在土地使用不规范的情况，潜在政策风险较大。

建议加强旅游扶贫用地保障，适度扩大旅游产业用地供给，在坚持基本农田保护和土地监管政策前提下，鼓励农村集体或个人通过土地流转开展乡村旅游，落实对贫困县专项安排新增建设用地计划等政策，优先保障乡村旅游扶贫项目用地。适当放开设施农用地上的建筑类型限制，允许建设一定面积比例的固定建筑作为配套设施，用于改善旅游服务条件。同时也要加强土地使用监管，明确乡村旅游用地只能用于相关自营性经营房屋及配套设施建设，不能开发住宅商品房，不能炒买炒卖集体建设用地。

六要破除专业人才支撑不足、项目提质升级难瓶颈。一方面，目前贫困村里中老年人占主体，受教育程度普遍较低，往往不具备从事乡村旅游必要的知识技能，经营服务水平无法满足现代旅游消费的需要。另一方面，由于贫困地区在工作条件、待遇、生活环境等方面缺乏足够吸引力，外地人才不愿来、本地人才又留不住，限制了旅游项目的品质提升和持续发展。调研中景点负责人表示，企业管理、营销等方面人员缺口较大，有些乡村旅游点连一个有资格证的正规导游都招不到。

要重视乡村旅游专业人才队伍培养，将旅游扶贫与农民工、大学生等返乡创业有机结合，鼓励高校毕业生、文化创意工作者等从事乡村旅游创新创业；加大培训力度，鼓励高等院校开设相关人才培养专业和课程，建设地方培训基地，实现对乡村旅游扶贫重点村致富带头人培训全覆盖，提高旅游扶贫一线骨干的知识结构和专业技能，增强旅游扶贫持续发展动力。

电商扶贫大有可为

孙慧峰　乔尚奎　刘军民

我们在淅川调研时了解到，电商扶贫见效快、带动力强、效果明显，应进一步完善相关措施，使其在脱贫攻坚和经济发展中发挥更大作用。

一、电商扶贫为贫困地区开辟了"网上致富路"，发展前景广阔

长期以来，贫困地区市场发育不足，与外界联系融入也不够，生产生活需要的物资进不来，当地特色的产品也出不去。这是很多地方守着"聚宝盆"却仍然贫困的一个重要原因。通过发展电商扶贫，在贫困地区产生了多重效益：一是为贫困地区特色产品打开广阔市场，加速了"山货出山"。过去藏在深山无人问津的土特产，通过电商卖向全国甚至海外，实现了可观的经济收益。以淅川为例，目前已经上行网销产品30多种。一些生产辣椒酱、洗衣液等过去线下销售的实体企业也纷纷"触网"，转型为线上与线下相结合的新型经营模式，同时还让贫困户参与进来成为他们的

分销商，带动了 200 多户贫困户增收。二是推动了农业产业结构调整。农产品上网销售，倒逼农民根据市场需求选择种植品种，通过农业合作社等方式开展订单生产、品牌化营销，提高了农产品生产的标准化、组织化程度，也提升了供给质量。三是带动了农村居民的观念转变和生产方式变革。许多农民不再局限于"锄头＋镰刀"闷头搞生产，而是通过"键盘＋鼠标"主动找市场。不少贫困户经过培训成为网商、微商，从原来保守封闭的普通农民，逐步转变为既会生产又懂经营，具有市场意识、营销意识的新型农民。

目前，淅川的农村电商还处于起步阶段。从今年上半年数据看：一方面，和全国国家级贫困县平均实现网络销售额超过 1 亿元相比，淅川县仅有 3500 多万元，差距较大，同时也说明发展潜力还很大；另一方面，淅川县农村网络零售总交易额为 5.9 亿元，3500 万元的销售额仅占其中的 6%，"买多卖少"现象十分突出。下一步，贫困地区应结合自身实际，进一步挖掘电商扶贫潜力，特别要更加重视农产品上行，加大"卖"的力度，努力把电商扶贫打造成助力脱贫攻坚和乡村振兴的一把"金钥匙"。

二、贫困地区发展电商要着力打造服务平台，完善相关扶持政策

与发达地区不同，电商在贫困地区属于新生事物，一开始敢于尝鲜者较少，在发展初期需要靠政府"推一把"。2017 年，淅川县被列为第四批国家级电子商务进农村综合示范县，以此为契

机，县里强力推动这项工作，取得积极进展。一是搭建平台。建成了1万多平方米的电商产业园（2018年3月建成，3月28日开始试运行），引入专业运营商，并出台了免三年房租、物业费、水电费、网费等一系列优惠政策。二是加强培训。从杭州请来专业培训团队，免费为广大农村青年特别是求职大学生、返乡创业者、贫困人口、残疾人等进行培训。三是提供服务。帮助创业小网店与农户、电商平台、快递公司等进行对接，解决他们采购、营销、配送等各方面的难题。我们在电商产业园看到，一名残疾女青年坐着轮椅参加培训，目前已熟练掌握了全套技术并开了自己的网店。还有几家创业电商的管理者，都是原在外地打拼的淅川本地人，看到家乡创业政策好，纷纷从深圳、郑州、许昌等地返乡开办网店。调研中县里的同志谈到，通过开办县电商产业园、乡镇电商服务中心、村电商服务站，并实施相关扶持政策，不仅帮助许多人实现了创业，更重要的是，为淅川加速培育了一支专业的电商销售队伍，这为将来淅川农特产品更大规模网上销售奠定了基础。

调研中也发现，电商扶贫还应进一步向贫困户再倾斜聚焦，提高精准性。从今年3月至今，淅川县已开展13期电商实操培训，培训4500多人，但其中贫困村学员不到10%。同时，已有的电商创业企业基本集中在县电商产业园和乡镇的电商服务中心，离家较远、很不方便，在村里或自己家里开网店的较少。从全国看，这类问题也需要加以注意，特别是防止有的地方把发展电商产业的成绩等同于电商扶贫的成果。下一步，应继续加大对贫困人口发展电商的培训力度，多提供上门培训和技术服务，优先支持有条件的贫困户进行电商创业。在办好县电商产业园、乡镇电商中心的同时，应允许贫困地区整合利用电商进农村综合示范项目等现有资金，对贫困户、残疾人等利用电商销售农产品给予必要的政策扶持。

三、发展农村电商必须提高农产品质量和标准化水平，优化相关许可和认证办理

从普通农产品转为网销的商品，必须打造品牌、提高品质。贫困地区农产品生产技术条件较差，多以传统的小散模式为主，有些初加工多数也是家庭小作坊、个体生产，产品质量参差不齐，缺少标准化和规模化。同时，许多农产品同质化严重，有特色无品牌，难以获得高附加值。开展认证有助于提高农产品的质量和标准化水平，也有助于增强网购客户对产品的认可度和信任度，但淅川县一些企业反映，目前对农产品的"三品一标"认证（无公害农产品认证、绿色食品认证、有机农产品认证、农产品地理标志认证）手续繁、周期长。以绿色食品认证为例，最终批准权在国家级的认证中心，具体认定工作则委托省一级中心承担。由于全国各地所有的认证都要到北京审批，所以办理起来就耗时费力。这导致当年生产的农产品很难及时获得认证，只能从第二年开始才能使用绿色产品认证标志。还有媒体反映，一些仿冒的"有机"农产品证书花钱就能办，买证书、蹭"有机"乱象丛生，严重影响了认证的公信力。还有的网商反映，他们想销售当地的土蜂蜜，但由于没有自己的加工厂，拿不到食品生产许可证，其

产品就是"三无产品",没法上网销售。

从淅川调研看,农产品认证量大面广,最适合在产地直接办理。应改变过去都集中到省里甚至北京审定办证的模式,由国家制定标准,省负责培训指导,市或有条件的县设立认证中心,就近就便实施认证,同时加强抽查监管措施,真正做到既方便企业和群众,又保证农产品质量。对于农村个人电商在网上销售初级农产品,哪些需要办理食品生产许可证,哪些可以简化或者以认证等方式替代,如何通过加强事中事后监管确保农产品质量安全,有关部门也应尽快制定相关标准和措施。

还要看到,贫困地区发展电商的硬件仍比较落后,包括道路条件较差、网络不畅通、冷链设施少、物流成本高等。目前农村电商仍以生活用品的网购为主,农产品的网销较少,不少属于"满车去空车回"的"单向物流",再加上通往乡村的运距长、农民居住分散,导致物流成本居高不下。据京东反映,部分贫困地区农产品物流成本占总成本的近50%。在这个问题上,淅川县物流企业有的是给送达村庄的快递员补贴、亏本经营,有的则寄希望于政府能给予补助。对贫困地区发展电商存在的困难,要研究制定一些扶持政策。比如,大幅降低电商扶贫的网络资费标准,对农村电商物流采取综合性降成本措施等。

实现稳定脱贫和生态保护双赢
要用好生态补偿这个重要手段

李宏军　牛发亮

国家重要生态功能区和生态脆弱区往往也是贫困人口集中区，面临着要同时打好精准脱贫和污染防治两大攻坚战任务。通过对淅川调研，我们感到，作为推进稳定脱贫和生态保护联动双赢的重要手段，生态补偿机制亟待创新和完善。

一、生态补偿力度小，要在增投入、强激励上做文章

淅川县是南水北调中线工程核心水源区、主要淹没区和国家重点生态功能区。南水北调中线工程实施后，淅川新增淹没面积144平方公里，占丹江口库区总淹没面积的47.6%，工程淹没损失大，移民搬迁任务重，为南水北调中线工程做出巨大牺牲，近年来又为确保"一江清水北上"付出较大成本。经济损失大。历史上，淅川由于优惠电价优势，工业发展起步早，基础相对较好，但近年来特别是2004年以来，淅川为保水质，先后关停并转企业350多家，累计拆解养鱼网箱5万余箱、畜禽养殖场600多家。

专家估算，静态损失近百亿元。发展空间受限。淅川全境都是限制开发区，一半以上县域面积位于生态红线内，产业发展、脱贫攻坚都受制于生态环境保护，发展和保护的矛盾比较突出。库区群众反映，"有树不能伐，有鱼不能捕，有矿不能开，有畜不能养"，其他地区可以采用的脱贫模式在淅川行不通。环境保护费用高。目前淅川已建成污水和垃圾处理设施 30 个，年运行费用预计 7000 多万元。在水源涵养林建设、农业面源污染治理、农村人居环境整治等方面，也都需要投入大量资金。淅川为保护水源地，付出的代价不小，产生的生态效益较大。与此形成鲜明对比的是，其获得的生态补偿有限。其中，中央财政重点生态功能区转移支付每年只有 3 亿多元，这与淅川承担的生态建设和脱贫攻坚任务、创造的生态效益和社会效益不相称。

就全国而言，划入生态脆弱带的国土面积中约 76% 的县为贫困县，生态补偿也普遍存在着标准低、力度小的突出问题。作为生态补偿的交易主体，政府往往是重要参与方。但在实际操作中，受财力限制，生态补偿标准普遍偏低，补偿力度也不足。比如在林业中，生态补偿的定价仅为管护成本，林农需独自承担森林资源保护所带来的经济损失，补偿标准与当地经济发展水平相脱节，不同公益林林分的生态价值没有得到充分体现，不同地区不同管护成本的差异也反映不出来。再如在草原中，草畜平衡奖励和禁牧补贴标准远低于牧户减畜带来的机会损失，在缺乏其他生存技能和转产能力的情况下，牧民不得不超载放牧，再次陷入恶性循环，影响生态奖补政策的实施成效。

针对存在的实际困难和问题，我们建议：一是增加中央财政支持。从当前看，加大中央财政重点生态功能区一般性转移支付力度，充分考虑像淅川这样的特殊情况，根据不同区域生态功能因素和支出成本差异，提高均衡性转移支付系数，扩大生态补偿资金额度。从长远看，研究建立生态补偿专项财政转移支付制度，为生态保护区的环境治理、以公共服务均等化为目标的社会事业发展提供稳定财力支持。二是强化补偿激励举措。健全监测评估考核体系，引入第三方机构，把生态补偿资金支付与生态保护成效结合起来，规范生态管护岗位的人员管理，合理提高补偿标准，让贫困地区农牧民在参与生态保护中获得应有收益。

二、生态补偿方式单一，要在多元化、多渠道上求突破

调研中发现，对淅川的生态补偿方式，主要存在两方面问题。一方面，横向补偿缺位。丹江口水库近一半面积在淅川，南水北调惠及受水沿线 1 亿多人口。虽然北京市朝阳区等地与淅川开展了对口支援，但并没有建立横向生态补偿机制，"受益者付费、保护者得利"体现不到位，水资源价值和生态价值反映不充分。横向生态补偿是一种常用的生态补偿方式，能够体现多元参与，具有形式多样、机制灵活、对等自愿的特点。党的十八届三中全会提出，要推动地区间建立横向生态补偿制度。当前，跨省跨流域的国家生态补偿试点已取得一定成效。新安江流域水环境补偿试点开展了两轮，中央财政及安徽省共补助试点资金26.3亿元，带动项目投资107亿元，中央资金"种子效应"得到充分发挥，新安江水质持续保持优良。广西广东九州江试点和福建广东汀江—

韩江试点取得预期效果。在国家横向生态补偿试点的同时，地方也在积极推进。云南、贵州、四川相继签订了赤水河流域省级横向生态补偿协议，江苏、浙江、重庆辖区内有关市县也签署了横向生态补偿协议，这些都为扩大横向生态补偿探索了有益经验。另一方面，资金渠道有限。目前淅川获取的生态补偿只有财政资金，包括每年的中央财政重点生态功能区转移支付，加上水污染防治、湖库水环境治理、生态建设等专项资金，来源较窄。从国内外实践看，生态补偿资金的来源，除了主渠道财政资金外，还有专项税费、企业资金等类型。比如法国毕雷矿泉水公司，为获得优质水源，每年拿出一部分企业资金，补偿上游地区农户。水权交易、碳汇交易、排污权交易等市场机制，也是生态补偿资金的重要渠道。像海南省陵水县，成立了全国首个县级碳汇专项基金，以植树造林、增汇减排为目的，为企业和公众搭建一个捐资造林、储存碳信用的平台，既改善了当地生态环境，又拓宽了农民增收途径。

鉴于这两方面的问题，我们建议：一是将南水北调中线工程水源区设立为国家横向生态补偿试点。总结现有跨流域横向补偿试点经验，加快向南水北调中线工程水源区推广，搭建跨省补偿核算平台，鼓励受益地区与淅川等水源地建立资金补偿、产业转移、人才培训等多种补偿方式。二是从政府、企业和公众三个层面拓宽补偿资金来源。适时征收南水北调中线工程水资源费，专项用于对水源地的生态补偿。研究实施税收减免等优惠政策，吸引企业参与生态补偿。顺应人民群众对生态服务需求，完善生态服务付费方式，推动形成以购买方式为主体的生态补偿机制。

三、生态补偿制度不健全，要在推改革、抓创新上下功夫

　　生态补偿是生态文明制度建设的重要内容。根据《生态文明体制改革总体方案》要求，森林、草原、湿地、水流、耕地等领域相继完成了生态补偿机制的顶层设计，荒漠和海洋领域的生态补偿正在重点省市推行试点。从实践看，市场化生态补偿制度仍需进一步完善。一是制度还缺支撑。要实施市场化生态补偿机制，需要诸多前置条件，其中自然资源产权界定是重要前提。以流域生态补偿为例，推进市场化水生态补偿，水资源权属明确是首要基础，同时科学的计量监测也很有必要。我国《水法》规定水资源属于国家所有，而对于水资源使用权的初始分配方式及确定原则还处在试点阶段，科学的水权尚未全面确定，水权市场发育也不完善。此外，我们还缺乏权威的生态评价、仲裁等中介机构，影响了对生态系统服务价值的科学评估。二是机制尚需完善。一方面，对市场化生态补偿机制在环境政策工具箱中的地位和作用上存在分歧。一部分学者认为，市场化生态补偿机制应发挥主体作用。相反的观点是，从理论和国际经验来看，市场化生态补偿只是一个补充工具，即便在产权清晰、环境监管水平高的发达国家，市场化生态补偿的体量也不大。另一方面，对市场化补偿范围、对象与方式的要求不明晰。在现行实践中，补偿范围的确定，通常依据江河源头、河流上游区域，或矿区、林区和山区等，边界范围含糊，与生态补偿目的是保障生态服务功能持续供给的关系不清晰，导致补偿责任不明确，影响了生态补偿机制的运行。

我们建议：一要加快生态补偿支撑领域改革。健全自然资源资产产权制度，研究建立生态环境损害赔偿、生态产品市场交易与生态补偿协同推进机制。加快构建生态补偿标准体系和统计指标体系，积极培育生态服务价值评估机构。完善改革试点的试错和容错机制，提高社会参与度，推动改革落地见效。二要创新市场化生态补偿机制。完善资源治理和保护市场体系，培育用水权、排污权、碳排放权交易平台，健全生态产品价格形成机制。选择一批国家重点生态功能区的贫困县，开展市场化生态补偿试点，在实践中解决补偿范围窄、对象不确定、作用不明确等问题，完善运行机制，提升生态补偿对稳定脱贫和生态保护的成效。

易地扶贫搬迁要着力做好
"稳得住"文章

张顺喜　高强

易地扶贫搬迁的工作要求是"搬得出、稳得住、能致富"。现在全国的易地扶贫搬迁建设任务进展顺利，"搬得出"的问题得到了较好解决，而"能致富"则需要立足长远结合乡村振兴战略逐步解决，当前重点应放在确保"稳得住"上，这是决定易地扶贫搬迁成效的关键。最近，我们在淅川县调研时深切体会到，做好"稳得住"文章，必须从以下几个方面共同发力。

一是规划好安置点，提高安置点吸引力，夯实"稳得住"的基础。从搬迁贫困群众的期望和诉求出发，科学合理规划安置点，让群众愿意搬迁、愿意居住，这是"稳得住"的重要前提。目前，一些贫困地区出现搬迁群众回流现象，很重要的一个原因就是安置点选址和建设不合理。有的地方为节省成本，安置点就近集中安置，环境条件改善不大，对贫困群众没有吸引力。有的地方盲目追求安置点规模和城镇化安置，导致配套跟不上、承载能力容不下。

淅川县有着长达半个多世纪、多达近40万人的水库移民历史，在这一轮易地扶贫搬迁中，总结历史经验教训，制定了安置点规划和建设"四集中"原则，即在县城、集镇、园区、景区周边集中安置。新建的 37 个集中安置点中，靠近县城的 4 个，靠近集镇的 9 个，靠近产业园区的 8 个，靠近景区的 16 个，都是县域内经济较为发达、交通较为便利、有发展潜力的地段。正如一位镇党委书记所说的，"就是要拿出'心头肉'，在最好的地段建设安置点，从根本上改善生产生活条件，让贫困群众切实看到解决长久之难的希望。"由于安置点综合考虑自然条件、发展潜力、就业吸纳能力等因素，也契合新型城镇化、产业发展等布局，贫困群众搬迁积极性高，易地扶贫搬迁工作进展顺利。截至今年 7 月底，淅川已经完成搬迁入住贫困人口 15147 人、占搬迁任务的 76.4%，剩余 4666 人的安置房主体工程也已经全部完工，预计今年 10 月底前可全部搬迁入住。

二是强化基础设施建设，完善公共服务配套，改善"稳得住"的条件。搬迁安置点基础设施和基本公共服务配套到位，是改善贫困户生存和发展条件，变被动搬迁为主动搬迁的有效手段。但一些贫困地区在安置点建设中，只注重盖楼建房，没有做好水、电、垃圾、污水处理等配套，贫困群众搬过来后日常生活、上学、就医很不方便。有的地方没有充分利用既有基础设施和公共服务条件，搞"另起炉灶"，导致安置点内外两张皮，各类设施和服务不能有效对接。搬迁群众对改善居住条件、享受更好基本公共服务的需求强烈，如果基础设施和公共服务配套不好，会影响搬迁积极性。

为避免出现这类问题，必须确保基础设施建设、公共服务配套与集中安置同步规划、一体部署，充分利用安置点周边既有的城镇基础设施和公共服务，着力改善搬迁社区生产生活条件。淅川县充分吸取以前水库移民中出现的因安置条件差而造成的移而不搬、搬而难安等教训，在严格使用易地扶贫搬迁建设资金的同时，积极整合生态移民、以工代赈、美丽乡村、新型城镇化、保障房等项目资金，推进城镇道路、供水、信息、污水管网等基础设施向安置点延伸，保证了安置点内基础设施建设水平和配套齐全。此外，为适应不同搬迁贫困户的不同生产生活需求，设计和建设了多样化的安置房户型供贫困户选择，有的安置点还通过连户或合户等方式为孤寡老人、五保户等建设安置房，既严格执行了安置房建设的面积标准，也避免了其他一些地方出现的"岗亭房"等问题。

三是强化搬迁后续帮扶，促进搬迁户脱贫增收，提升"稳得住"的能力。 搬迁是手段，脱贫才是目的。在做好搬迁工作的同时，必须同步谋划安排对搬迁贫困群众的精准帮扶措施，提高贫困户生计能力，努力做到"挪穷窝"与"换穷业"并进、安居与乐业同步。现在，全国易地扶贫搬迁工作已经进入到巩固搬迁成果阶段，应把工作重心放在精准支持搬迁贫困户发展特色产业、促进转移就业上，根据搬迁人口在家庭结构和就业能力等方面的差异性，采取多元化帮扶措施，促进贫困群众稳定脱贫。

淅川县在选择安置点前，就开始制定搬后产业扶贫规划，围绕安置点布局扶贫产业，做到每个安置点附近都有一套产业和就业扶贫增收措施。同时，逐户分析搬迁户致贫原因，分类落实增收帮扶措施。对能独立创业的搬迁户，发放"党群扶贫＋"小额贷款、脱贫助力贷等，帮助解决创业资金问题。对缺劳动力的搬迁户，将到户增收项目资金和小额贷款资金交由公司或合作社托管经营，让搬迁户每年按出资额获得分红收益。对就业困难的搬迁贫困户，实施光伏扶贫专项收益分红和公益性岗位全覆盖。目前，在已搬迁入住的 3812 户贫困户中，每户都有 3 个以上的脱贫增收措施。

易地扶贫搬迁既要注重迁入地精准帮扶，确保搬迁群众充分就业，也要注重迁出地耕地等资源盘活利用，否则同样造成搬迁不稳定。比如，淅川移民搬迁后原有承包地仍在原迁出村，大多数贫困户仍需返回原地进行耕种。我们走访的惠隆苑社区有 127 户搬迁户，其中有一半以上都要回去种地，有的需要骑摩托车走 20 多公里。一些老人由于行动不便，承包地只能撂荒，造成浪费。对此，应加大迁出地耕地、山林等资源流转盘活力度，组建合作社等实行统一耕作，促进搬迁人口更好地"换穷业"。

四是加强社区管理，落实保障政策，改善"稳得住"的社会环境。易地扶贫搬迁是一项社会系统重建工程，不能只解决住房和收入问题，还需要统筹考虑医保、社保、户口迁移以及配套改革等问题，同时创造条件让搬迁贫困群众逐步适应新的生产生活方式，稳定融入迁入地社会。现在一些贫困地区采用"一步到位"的办法，统一采取城镇化集中安置，但贫困户祖祖辈辈在农村居住，生活习惯还不能适应城镇，文化素质也不能满足就业条件，导致出现社会融入困难。有的在社会保障政策上没有做好有效衔接，搬迁户户口仍在迁出地，低保、医保和养老保险也仍由原乡镇管理，有的贫困户要往返几十公里办理相关手续。

在促进搬迁群众社会融入方面，淅川的做法值得借鉴。首先是健全安置区社区管理体制。将已建成的乡镇集中安置点都命名为一个新社区，由所在乡镇政府负责组建村级组织或居委会，承担日常管理和服务工作。目前，已建成的集中安置点都成立了民主议事会、民主监事会和民事调解委员会等社区服务组织，所有搬迁入住的贫困户都在新社区生活。其次是注重让搬迁群众参与社区管理，提升自我管理、自我服务能力。淅川注重从搬迁户中吸纳有管理经验、有服务热情的人参与社区组织，在搬迁安置前对搬迁人员的摸底调查过程中就注意发现原有村组干部，在外打工人群中当过领班、班组长等基层管理岗位的人，增强搬迁贫困户的身份认同感，提高社区管理服务水平。再次是加强安置区社区文化建设。淅川县重视在搬迁安置点配套建设文化设施，结合移民和当地居民风俗习惯，组织开展群众喜闻乐见的文化活动，提高搬迁户社会融合度。

此外，易地扶贫搬迁工作还要重视统筹谋划好同步搬迁人口问题。易地扶贫搬迁的对象明确为建档立卡贫困人口，而很多"一方水土养不起一方人"贫困村客观上需要整村搬迁，因此各地结合自身实际也确定了同步搬迁人口。按照政策规定，同步搬迁人口可以享受同等的基础设施和公共服务，但无法享受与贫困户相同的补贴。由于安置这部分群体的资金缺口比较大，各地进展很不平衡，不少地方还有相当规模应搬未搬的同步搬迁人口。像淅川县，由于历史上经过库区移民、扶贫移民等多轮搬迁，产生了大量留置人口。移民搬迁后，居住点更为零星分散，一个村组多则 10 来户，少则两三户，原有的村级学校、卫生所、供销网点裁撤合并后，在交通、饮水、通信、就医、子女入学等方面面临突出困难。这部分群体多数处于贫困边缘状态，如果不能及时妥善解决，极易产生新的贫困人口。同时，由于互相攀比容易产生新的社会矛盾，甚至引发群众上访事件，造成新的不稳定因素。

解决好同步搬迁人口问题，既是巩固脱贫攻坚成果的重要内容，也是促进社会稳定的重要抓手。建议：一是对于确需与建档立卡贫困户同步搬迁的人口，继续允许贫困县摘帽后或其他非贫困县统筹整合资源，集中解决同步搬迁人口的搬迁问题。尽力实现整村迁出，使搬迁成效最大化。二是对目前不具备搬迁安置条件的农村低保户、特困户等贫困人口，着力推动各项精准帮扶举措落实落地，优先解决其"两不愁三保障"问题。三是促进易地搬迁与实施乡村振兴战略衔接，统筹谋划好布局方案、资金安排和政策体系，预留出搬迁安置空间，做好同步搬迁人口调查摸底工作，制定详细可行的搬迁规划，为压茬推进同步搬迁奠定基础。四要加大政策宣传力度，做好群众思想工作，集中讲解易地搬迁的相关政策和进度安排，有效引导、协调和稳定预期，加强社会风险防控。

贫困地区义务教育发展
要在"软件"建设上下功夫

侯万军　　王敏瑶　　王汉章

教育在经济社会发展、阻断贫困代际传递方面具有不可替代的作用。然而，贫困地区发展教育基础薄、底子差、难度大，如何用有限的力量解决制约教育发展的关键瓶颈问题，是贫困地区面临的重大课题。淅川县坚持教育优先发展，一手"还欠账"抓硬件设施建设，一手"打基础"抓教师队伍发展，义务教育质量稳步提升，在南阳市居于前列。同时，淅川县义务教育还存在不少困难问题，很多是贫困地区面临的共性问题，需要出台更有针对性的政策措施加以解决。

一、贫困地区应该也完全可以办好义务教育

淅川是南水北调中线工程核心水源区，全国移民大县，义务教育发展有不少"欠账"。2003年国家颁布了丹江口库区的"停建令"，停止对库区包括学校建设在内的资金项目支持，导致淅川县教育基础设施建设滞后、办学条件差。近年来，随着移民工

作的基本落地，淅川县开始努力弥补历史"欠账"。特别是2016年以来，集中力量支持教育事业发展，财政教育经费投入有较大增长，2017年达到8.16亿元，占一般公共预算支出的比例达到18.4%，高于全国平均水平1.5个百分点。在硬件投入方面，多方筹资近5亿元，对150个义务教育学校进行标准化建设，成功实现全国义务教育基本均衡县创建目标。在软件建设方面，建立健全教师补充和动态调整机制，过去三年累计补充中小学教师1927人，同时要求新招聘教师必须到乡镇锻炼3—7年。加大对贫困学生资助力度，实现应助尽助。目前，全县初中入学率为100%、巩固率95.4%，小学入学率100%、巩固率96.6%，高于全国平均水平（全国义务教育巩固率为93.8%）。高考成绩屡创新高，去年一本上线852人，今年达到1245人，居南阳市所属区县第一名。过去，一些家庭为了让孩子接受更好的教育而离开淅川；现在，淅川的教育水平甚至吸引了周边县市的学生前来就读，也带动了不少打工家庭返乡。教育发展让很多贫困户看到了希望。我们走访的一户贫困家庭，大女儿刚刚考上大学，还有一儿一女也在读书，家长表示，再难也要供孩子上学。淅川县的经验表明，只要地方党委和政府重视，措施得力，贫困地区完全可以发展高质量义务教育，走出"贫"与"愚"的循环怪圈。就贫困地区乃至全国来说，义务教育办学"硬件"有很大改善，突出的是师资力量等"软件"薄弱，要在加强"软件"建设上下功夫。

二、下决心解决教师"在编不在岗"问题

在贫困地区，教师短缺是个"老大难"问题。过去，淅川县的党政机关缺人从教师中借调，城区学校缺人从农村学校借调。2016 年淅川县开展专项治理，下决心解决教师在编不在岗、随意借调、无序流动等问题。一是要求借调到党政机关的在编教师、借调到县直学校的乡镇教师限期返回原单位。两个月时间内共计 992 名教师返回了原单位，占全县在编教师的六分之一多。二是对于离岗进修教职工，规定进修期间工资暂按 60% 发放，待学习结业返岗后再补发 40% 工资，未返岗的停发工资并取消编制。三是严肃整治"吃空饷"问题，严格按照政策规定停发工资，依法核减其编制。同时建章立制，从制度上杜绝随意借调、长期脱岗等现象的发生。从全国看，教师"在编不在岗"问题在不少地区都存在。建议借鉴淅川经验，由教育部门牵头对全国义务教育阶段教师上岗情况进行摸底排查，督促地方各级政府带头清理机关借调教师，系统整顿教师"在编不在岗"问题，缓解教师短缺问题。

三、从实际出发稳妥"消化"代课教师

淅川县义务教育代课教师数量较多，在乡村小学几乎校校都有，甚至成为一些学校的"主力军"。全县义务教育阶段在编教师 5653 人，另有代课教师 1000 多人。据了解，代课教师多的问题在贫困地区普遍存在，主要原因在于乡村小学教师工作生活环境

差、收入待遇低，在编教师不愿去，只能从本乡本土招收代课教师。可以说，代课教师问题不是一天两天形成的，解决起来也需要一个过程，特别是很多代课教师年龄较大、学历层次较低，有的甚至连初中都没有毕业。要从根本上解决代课教师问题，关键要加大乡村教师培养和招聘力度，提高收入待遇，吸引更多合格教师到乡村从教。代课教师问题是客观存在的，当前要正视其存在，研究完善过渡期间相关政策，逐步稳妥"消化"代课教师。据了解，淅川县代课教师平均工资普遍只有 1000 元上下，而刚入职的在编教师，工资收入在 1700 元左右。建议进一步提高代课教师收入待遇，对符合条件的加快入编、同工同酬；对于具备一定教学水平的，可通过继续教育等提高其学历层次，早日纳入编制管理；对于年龄较大的，帮助解决好生活养老方面的困难，在此基础上促其自然退出教学岗位。

四、落实义务教育教师工资政策关键在于各级政府的重视程度

《义务教育法》明确规定，义务教育阶段教师的平均工资水平，应当不低于当地公务员的平均工资水平。《中共中央 国务院关于全面深化新时代教师队伍建设改革的意见》进一步提出了"不低于或高于"的要求。前不久教育部组织的督查发现，全国有 2/3 的省份没有落实该政策。淅川作为国家扶贫开发工作重点县、河南省 4 个深度贫困县之一，县级财力比较困难，但由于县委县政府的重视，不仅按时足额发放教师工资，而且水平显著高于公

务员。2015—2017 年义务教育教师年平均收入比公务员高 5000 元以上，最多时高 24%。这充分说明政策落实到位与否，关键取决于思想认识问题，而不是财力问题。建议进一步强化教师工资待遇政策落实的责任机制，督促各地限时达标。

调研中我们也感到，教师收入即使高于公务员，吸引力也不强，不少教师仍然千方百计"跳槽"考公务员。许多教师反映，教师的社会地位不高，付出与回报不匹配，平均月收入也就两三千元，但在学校工作不仅要完成教学任务，还要负责学生的生活管理，承担安全责任。若有学生在学校生病或出了安全问题，即便学校没有责任，父母也会来闹事谋求赔偿，相关部门推诿塞责，学校也一味退让。但如果教师出了差错，经媒体渲染放大，学校和教师都会成为各方指责的焦点，寒了不少教师的心。我们认为，增强教师岗位的吸引力需要长期努力，解决好收入待遇问题是第一步，不仅要落实好"不低于公务员平均工资水平"的政策，还要逐步实现"高于"的要求，建立健全工资动态增长的长效机制。同时，要大力倡导尊师重教，营造良好社会氛围，吸引更多优秀人才投身教育、长期从教、安心从教。

五、以强化激励为导向完善绩效工资制度

实施义务教育教师绩效工资制度的初衷是为了体现多劳多得、优绩优酬，但调研中我们发现，现在的绩效工资几乎成为"大锅饭"。绩效工资中很大一部分比例与岗位职责挂钩，而岗位又与职称挂钩，导致绩效工资与职称紧密相关，不能够体现实际

工作情况。有的教师一旦评上高级职称后，往往会产生"船到码头车到站"的想法，不愿再从事繁重教学工作，但仍然可以拿到较高工资。反倒是真正在教学一线的中青年骨干教师，由于职称比较低，工资也就相应较少，很多只有一两千元。特别是一些乡村教师工作尤为辛苦，但学校规模太小，没有职称晋升指标，辛苦工作到退休仍然是初级职称，工资自然涨不上去。建议按照"稳定存量、盘活增量"的原则，完善义务教育学校绩效工资制度。对于目前教师拿到手的绩效工资予以保留，确保收入水平不降低；薪资调整后增加的部分，主要用于班主任、教学一线等岗位的激励，定岗定薪不定人，形成人人争上讲台的良好局面。

六、办好贫困地区乡村小规模学校

淅川县村小等乡村小规模学校比较普遍，几乎乡乡都有。全县共有小学393所，其中单人独校97所，十人以下学校127所。当地政府曾考虑过撤并一些单人独校，后来没有这样做。这是因为，一方面，从促进义务教育公平看，村小就读的学生大多为低年级留守儿童，家庭经济条件较差，在外打工的父母无力将其带入城镇就读，是教育扶贫中最需要兜底保障的人群。很多村小还附设幼儿园，将学前教育也一并承担起来，极大解除了父母的后顾之忧，从而解放了农村劳动力。我们走访的乡政府领导都谈到，一旦撤并了村小，必然会导致辍学率的增加。比如大石桥乡有一名在村小就读的孩子，父母在外打工，家里的奶奶长年生病卧床需要他照料，如果村小撤销，不仅老人无人照料，也没有家长接送他往返寄宿制学校，就只能辍学。另一方面，乡村精神文明建设也需要办好小规模学校。一些乡村干部和群众认为，村小具备较强的社会功能，成为偏远封闭山村了解外面世界的窗口，有时村里的矛盾纠纷还会找学校老师帮助调解。如果学校撤销了，感觉村里的文化火种就熄灭了。因此，举办小规模学校不仅要从教育角度计算办学成本效益，还要综合考虑扶贫效果，算大账、综合账。当前，小规模学校发展面临不少难题，比如一些教学点的学生时有时无，不确定性比较强。教师下不去、留不住的情况也非常突出，有的学校连特岗教师也不愿意去。今年4月，国办印发了《关于全面加强乡村小规模学校和乡镇寄宿制学校建设的指导意见》，旨在解决小规模学校办学面临的突出问题。但调研中发现，很多基层干部基本不清楚文件的相关要求，更谈不上落实了。建议在狠抓政策落实的同时，给予地方更大的自主权，在小规模学校的编制标准、教师待遇、经费保障等方面，允许各地因地制宜完善政策。

七、应加大对乡镇寄宿制学校运转的保障力度

乡镇寄宿制学校是农村义务教育的重要组成部分，但基层反映寄宿制学校运转普遍困难，一个突出问题是对学校聘用的生活老师、后勤管理人员等，地方财政没有经费保障。现在，各学校一般都使用公用经费支付其工资，这是现有政策不允许的，一旦审计发现就会被问责。很多学校由任课教师义务承担学生的后勤管理服务工作，教师成了"全科老师＋父母＋保洁员＋清洁工"。

我们走访的大石桥乡孙台小学，30多个学生中绝大多数都寄宿，其中一半左右是贫困学生、有营养餐计划的补贴，其余非贫困学生没有补贴，然而二者之间的经济条件差别并不很大，学校也难以再向学生收钱，只能免除非贫困学生的午餐费，通过开辟菜地自己种菜、请教师家属义务帮助做饭等方式维持运转。对于寄宿制学校按寄宿生年生均200元标准增加的公用经费补助，很多学校反映连学生的水电气暖等开支都不够，最终还是需要学校贴钱。目前，政策允许寄宿制学校根据实际需要适当增加编制，提出探索将属于政府职责范围且适宜通过市场方式提供的学校安保、生活服务等事项纳入政府购买服务范围，所需资金从地方财政预算中统筹安排。这一政策普遍没有落实，还需要各地拿出更有针对性的实施方案。

健康扶贫面临的主要问题及建议

王汉章　侯万军　王敏瑶

目前贫困地区看病难看病贵仍很突出，疾病是致贫返贫的主要因素之一。淅川县在脱贫攻坚中高度重视健康扶贫工作，采取了多项措施最大限度地解决贫困人口的看病就医问题，一些经验值得其他地区借鉴。

淅川县主要建立了三个健康扶贫机制：一是大病兜底机制。在国家基本医保、大病保险和医疗救助"三道"保障防线的基础上，淅川县财政拿出 2000 万元，为建档立卡贫困人口建立了大病补充医疗保险，实行大病"托底救助"保障。凡贫困人口合规医疗费用超过 2000 元以上的个人自付部分，分别按 85%、80%、70% 给予报销，自付费用越高报销比例越大，不设起付线和封顶线。这道保障机制建立后，贫困患者在本县医院住院报销由原来的 60% 提高到 85%—90%，基本解决了贫困人口看不起病的问题。二是慢性病用药保障机制。这是淅川县健康扶贫最大的亮点。为解决慢性病拖穷全家问题，淅川县根据贫困人口慢性病发病情况，筛选出高血压、糖尿病、精神病等 19 种发病率较高、用药负担较重的慢性疾病，对其门诊治疗给予补助，并根据每种疾病的治疗费用，制定了不同的保障标准。这个做法，既减轻了慢性病患者门诊用药负担，也避免了一些患者为了报销进行"挂床"住院现象的发生，节约了医保基金。三是实施"三免一覆盖"的健康服务机制。主要是：免费体检，每年为贫困人口提供一次健康体检，建立健康档案，制定个性化健康管理方案。体检项目覆盖了大部分的常见病和多发病，疾患检出率超过65%。免缴住院治疗押金，县域内所有医保定点医疗机构，贫困人口住院一律免交住院押金，实行先诊疗后付费。降低贫困人口参加城乡居民医保个人缴费标准，财政对每位贫困人口补贴60元，个人只需缴纳90元，特困人口实行免缴。"一覆盖"就是为建档立卡的贫困人口配备家庭医生，开展签约服务。

淅川县健康扶贫取得明显成效，同时与全国其他贫困地区一样，随着脱贫攻坚持续向纵深推进，健康扶贫面临的困难和挑战依然很大，亟待采取更加有力的措施予以破解。

第一，贫困地区基本医疗卫生服务的可及性仍然比较差，需要多措并举解决贫困人口看不了病的问题。尽管这些年国家加大了对基层医疗卫生服务基础设施建设的投入，但由于贫困地区大多地处偏远，再加上历史欠账较多，基本医疗卫生服务存在的问题和困难依然不少。一是贫困地区的基层医疗服务网底仍不健全。淅川县133个贫困村，仅55个村有卫生室，32个正在建，尚有46个村仍未有着落。有的村即使建有卫生室，但设备简陋，药品很少，难以满足基层群众看病需求。二是贫困地区医务人员特别是优秀人员缺口很大。淅川县每千人口执业（助理）医师数为1.5人，注册护士数为1.58人，而全国平均水平分别为2.44人和2.74

人。这些年，贫困地区不仅招不到人，连本地人才也大量外流，特别是城市大医院对贫困地区人才"虹吸"现象尤为突出，形成了市"挖"县、县"抢"乡的局面。我们调研的金河镇卫生院，总计20多人，有一半医务人员被抽到了县医院，致使乡镇医院运转几乎停摆。三是大病患者异地就医问题突出。受当地诊疗水平限制，部分大病重病群众寻求外出就医。淅川县大病治疗外转率超过18%，高于全国10%—15%的水平。县医保部门的同志说，外转患者病例数量上虽然不多，却耗费了40%的医保基金。县外就医，还额外增加了患者的交通、食宿等非医疗费用支出。

从调研看，相对于医疗保障而言，提升贫困地区医疗卫生服务水平、促进健康服务可及性是做好健康扶贫的一项迫切任务，也是长久大计。建议：一是精准提升贫困地区医疗服务水平特别是治疗大病的能力。贫困地区医疗服务最大的"短板"就是治大病能力不足。比如，淅川县治疗肿瘤和脑血管疾病的水平明显偏低，如果把两种疾病治疗水平提上去，可以使90%以上的患者看病不出县。有关部门要对全国贫困县医疗服务能力进行摸底调查，搞清县域内医疗救治能力薄弱环节及居民大病发生情况，着力加强贫困地区县域治疗大病专科能力建设，增强健康扶贫的针对性。二是优先推进贫困地区远程医疗服务。远程医疗对全面提升基层医疗服务能力非常有效。淅川县中医院与南阳市和河南省人民医院"攀亲结对"，每月开展13次远程服务，两年多的时间，医院由1级水平提高到了2级甲等水平。中医院的院长说，相对于通过行政手段让城市大医院专家下到基层驻点帮扶，远程医疗帮扶的办法更管用。建议国家率先在贫困地区开展远程医疗工程建设，支持高速宽带网络优先覆盖贫困地区医疗机构，提升远程医疗装备保障能力。同时要尽快制定远程医疗服务的付费标准，并将其纳入医保报销范围，确保远程医疗工程发展可持续。三是积极推进贫困地区医联体建设。基层医疗卫生服务能力不足，最大问题是留不住人才，在贫困地区尤为突出。淅川县的同志认为，应大力推进贫困地区医联体或医共体建设，把乡镇卫生院和村卫生室人、财、物都交由县医院统筹管理，乡镇卫生院人事薪酬关系上挂到县。这样做的好处是，可以统筹调配县域医疗卫生资源，解决县城医生不愿下乡村、乡村医生向城里跑的问题。这种做法已经有不少地方进行了探索，建议有关部门进行总结，尽快在贫困地区推广。

第二，有的贫困地区健康扶贫保障标准偏高，应当进行合理引导，确保健康扶贫可持续。适当加大对贫困人口看病的保障是必要的，但如果把标准抬得太高，会引发新的矛盾问题，也会造成一些医疗资源的浪费。我们入户调研的一位高血压患者，家中各种药品摆满一桌，仅用于治疗感冒的板蓝根就有三大袋。淅川县人民医院对贫困患者看病给予特殊照顾，挂号有专门通道，检查有专人引导，住院有专门病房。一些医务人员戏称，现在的贫困患者看病比老干部享受的待遇还要好。据了解，现在有关部门对健康扶贫考核，一个重要指标就是调查贫困人口的满意度，为了得到更多的"点赞"，各地都竞相攀比给贫困人口"送温暖"，如果一个地方住院报销85%，另一个地方就会提高到90%，有的地方甚至明确提出，贫困人口不管得了什么病，一年只付300元，剩余全部报销。还有的地方为了买贫困人口的"好评"，不仅住院看病不要钱，还给贫困人口免费送脸盆毛巾、牙刷牙膏等生活用品，对其亲属陪护探病来回路费也给予报销。

调研中，我们感觉到，由于贫困户与非贫困户医疗保障水平差距较大，引发了其他居民的不满。一些地方从新农合基金中拿出一部分钱用于提高贫困人口的保障待遇，这种方式对其他缴费的参保人明显不公。医疗服务是刚性需求，这样下去也很难持久。淅川县有关部门的同志讲，这些年为了健康扶贫，原先结余的医保基金快要耗完了，担心到今年10月份就会收不抵支。建议有关部门尽快完善健康扶贫的考核办法，考核指标重点围绕"保基本"进行设定。对医疗保障标准特别是医保报销比例一定量力而行，制定指导性的上限，禁止各地随意提高保障水平、吊高健康扶贫"胃口"。

第三，贫困地区居民健康观念和防病意识普遍淡薄，要积极做好贫困地区健康教育和环境卫生综合治理工作。淅川县建档立卡贫困人口中，身患大病人口比例达到20%，而全国一般人群的比例仅为5%—10%左右。从调研看，农村居民特别是贫困人口疾病高发。一方面，由于缺乏健康知识，一些农民小病不看，很容易拖成大病。甚至很多人认为，不干不净，吃了没病。另一方面，农村卫生环境比较差，对农民健康影响很大。我们进村入户调查，感受到贫困程度越深，卫生环境越差，疾病发生率就越高，因病致贫返贫现象也越重。

健康扶贫，治本之策不是"治病"，而在"防病"，让人们少生病，甚至不生病。建议当前要着力抓好两件事：一是在农村特别是贫困地区组织开展群众性爱国卫生运动，通过驻村扶贫干部，推动农村人居环境整治，发动群众深入开展垃圾处理、"厕所革命"、家庭整洁等环境卫生工作，清洁农民生活的家园，努力消除疾病滋生传播的"土壤"，降低群众患病特别是患大病的几率。这事做好了，不仅可以提高农民健康水平，而且对改善农村生活面貌、提升农民生活品质、推进文明乡村建设都具有重要意义。二是加强健康教育，在农村普及健康知识，加大健康干预力度，引导群众养成卫生习惯，切实减少疾病的发生。

第四，贫困地区深化医改政策落地面临很大难题，给予适当政策倾斜和财政支持是必要的。贫困地区医改面临的主要问题有三个方面：一是公立医院债务过重。淅川卫生计生部门的同志说，新医改启动实施的前三年（2009—2012年），国家对基层医疗卫生服务设施建设投入力度很大，而淅川正在搞移民搬迁，不少基础设施建设都处于停滞状态，错过了好时机，现在投入力度不如以前，县里又拿不出钱，公立医院建设大部分靠借债。目前，淅川公立医院基础设施建设债务超过8亿元，而2017年淅川公共财政预算收入才不过8.5亿元。二是医务人员薪酬待遇偏低。从了解到的情况看，淅川县医务人员整体收入比教师和公务员都低，乡镇卫生院医务人员平均收入是2000元/月，县中医院医务人员是3000元/月，县人民医院是4000元/月。现在，国家正在推动建立符合医疗行业特点薪酬制度，总体上要求医务人员收入要明显超过社会平均工资标准，而淅川等贫困地区的差距还较大。三是公立医院服务价格过低。淅川县级医院病房大都配有空调和电视，而床位费每日只有18元，社区卫生服务中心只有11元，护士一个晚上的夜班费才20元。这样的价格已经十多年"雷打不动"。当前，全国公立医院改革已经全面取消了药品加成政策，其收入缺口主要依靠提升医疗服务价格和适当的财政投入进行补偿，今年还要继续加大调整服务价格的力度。但从淅川县来看，贫困地区老百姓收入比较低，对看病价格调整敏感，如果调整过大，必然会增加群众看病负担，进一步加重因病致贫返贫问题。

据了解，这个问题不仅淅川县存在，其他贫困地区同样面临这样的困境。我们认为，对贫困地区公立医院改革不能"一刀切"，必须考虑到当地的经济发展水平及群众的可承受能力，其破除以药补医机制后的补偿渠道需要更多地依靠财政的投入，这样才能确保患者看病负担不增加、公立医院能够正常运转。此外，淅川县反映，中央财政对全国每个县公立医院改革补助都是一个标准，每年都是300万。这点钱对东部地区的县可能根本"看不上眼"，但对贫困地区却能发挥很大的作用。建议中央财政调整对县级公立医院改革的补助标准，加大对贫困地区公立医院改革的支持力度。同时尽快研究化解贫困地区基础设施建设、设备购置等方面的合理债务，为公立医院改革解除后顾之忧。

第五，总结推广各地健康扶贫的经验做法。这些年各地在健康扶贫方面进行了积极探索，创造了不少好的办法，一些经验不仅在贫困地区有推广价值，对非贫困地区也有很好的借鉴意义。比如，淅川县实行的慢性病用药保障机制以及"三免一覆盖"政策，不少可以在全国推开。建议有关部门加强对各地健康扶贫经验的总结推广，进一步扩大健康扶贫成效。

关于加强高血压、糖尿病
用药保障的建议

王汉章　　侯万军　　王敏瑶

由于老龄化进程加快和疾病谱的快速变化，我国健康模式发生了很大改变，从以防治传染病、寄生虫病、地方病等为重点，转向到以防治心脑血管疾病、肿瘤、糖尿病、精神疾病等慢性疾病为重点。据统计，我国心脑血管疾病现患人数超过 2.9 亿人，糖尿病患者 1.1 亿人，恶性肿瘤每年新发病例超过 380 万，慢性疾病导致的死亡占总死亡的比例超过了 85%，成为严重威胁我国居民健康的重大公共卫生问题。从我们在淅川的调研看，慢性疾病是因病致贫返贫的主要因素。

第一，慢性病给个人、家庭和社会带来了灾难性的经济支出。世界银行和世界卫生组织研究认为，2005 年中国的慢性病直接医疗成本为 2100 亿美元，2015 年超过 5000 亿美元，预计从现在到 2030 年，心脑血管疾病、脑卒中、糖尿病、癌症和慢性呼吸系统疾病等五大慢性病造成的直接经济损失累计将高达 27.8 万亿美元。慢性病治疗直接加重了患者的经济负担，不少家庭难以承受、致贫返贫。调查显示，我国当前慢性病住院治疗平均费用是农村居民年收入的 1.3 倍，重大慢性病治疗费用是农村居民年收入的 6.4 倍。同样，慢性病门诊用药治疗也是笔不小的开支，特别是对需长期或终身服药治疗的贫困患者，用药负担比较重。淅川县的同志反映，在淅川大病发生的概率很低，大概是 5%—10%，这些疾病可以通过建立多层次的医保网给予托底保障，但对一些慢性病患者需要长期服药治疗，医保又不给予报销或报的比例很低，不少家庭难以支付，有的就干脆放弃服药，结果导致小病拖成大病、大病致贫返贫，最终还得政府管，代价很大。可以说，对慢性病的用药保障问题一直是健康扶贫的一大"痛点"，也影响到实现人人享有基本医疗卫生服务目标。

第二，慢性病的种类很多，但对人们造成危害最大的主要是高血压和糖尿病。一是这两种疾病的发病率很高，发病人数众多。目前，我国 18 岁及以上居民高血压患病率为 25.2%，其中城市为 26.8%，农村为 23.5%；糖尿病患病率为 9.7%，其中城市为 12.3%，农村为 8.4%。按此推算，我国 18 岁以上居民患有高血压人数为 2.8 亿，糖尿病患者为 1.08 亿。二是对人体健康造成危害大。全球疾病负担研究显示，2016 年中国由于高血压导致的死亡人数为 230 万例，占人群总死亡的 23.8%。高血压和糖尿病还是诱发其他大病的"元凶"，特别是其引发的中风、冠心病等并发症，具有高致残率、致死率，危害极大。比如，高血压是心脑血管疾病首要危险因素，超过 50% 的心脑血管疾病与高血压有关。脑卒中患者中 77% 有高血压病史，心肌梗死患者中 69% 有高血压病史。糖尿病是发生肾衰、失明、截肢、心肌梗死以及脑卒中的主要原因。三是这两种疾病在致贫返贫中最为突出。国家健康扶贫监测报告显示，截至今年 6 月底，贫困患者前 10 位的病种中排在前三位的分别是高血压、心脑血管病、糖尿病。我们走访调研的 8 户贫困家庭，有 5 户家中有高血压和糖尿病患者。淅川县有关同志说，把这两种疾病管好了，可以解决农村 70% 以上的因病致贫返贫问题。因此，加强高血压、糖尿病管理，对打赢脱贫攻坚战具有十分重要的意义。

第三，服药干预是预防控制高血压和糖尿病的最有效措施。对两种疾病通过服药等措施进行管理，既可以减少小病变成大病导致的大额医疗费用支出，还能有效降低致死率、致残率。多数国家对这两种疾病都建立了用药保障机制。比如，德国、法国等纳入医保进行报销，英国通过财政给予补贴，加拿大等纳入公共卫生服务包向居民免费发放。我国在这方面还是空白，导致了高血压、糖尿病的治疗率和控制率均低于中等收入国家的平均水平，更低于高收入国家。如美国 35 岁以上的高血压患者，开展服药治疗的超过 80%，血压得到很好控制的超过 60%，而我国高血压服药治疗只有 34%，控制率只有 8.2%。这也是我国心脑血管病高发、成为危害人们健康"第一杀手"的重要原因。国家疾病预防控制中心研究显示，从现在开始如对高血压患者开展服药等干预措施，到 2030 年可以减少 148 万心血管疾病死亡，居民预期寿命提高 1.6 岁。

目前，国内不少地方开始探索对高血压、糖尿病等慢性病进行预防性干预。湖南省今年 5 月开始对全省 18 岁以上的高血压患者用药保障机制，制定了三类保障目录：一是政府免费提供降压药目录，二是高报销比例降压药目录，政府给予报销 50%，三是低报销比例降压药目录，政府给予报销 30%，患者根据需要自行选择。山东青岛、济南等地将高血压、糖尿病门诊用药纳入家庭医生签约服务，向患者免费发放治疗药品。这次我们调研的淅川县专门建立了慢性病用药保障机制，根据贫困人口慢性病发病及门诊用药情况，对高血压、心脑血管疾病、糖尿病、精神疾病等 19 种门诊慢性疾病治疗，制定了报销标准和最高补助限额。比如，Ⅱ 期及以上高血压患者在基本医保、大病保险和困难群众大病补充保险三次报销的基础上，对剩余合规医疗费用再报销 70%，每月最高报销限额不超过 150 元。基层医疗卫生机构的同志说，按照这个标准，贫困高血压患者在乡镇卫生院就诊，用药报销的比例可达到 94%，如果拿便宜的药，几乎不用花钱。淅川的做法找准了健康扶贫的"痛点"，不仅大大减轻了贫困人口的用药负担，更重要的是把健康扶贫的关口前移了，花钱又少，效益又好，还赢得了群众的好口碑，实现了一举多赢。

第四，建立城乡居民高血压、糖尿病用药保障机制，财政能够负担得起。 目前，高血压、糖尿病预防性服药，对城市大多数家庭来说，都能负担得起，而且不少地方开始通过职工医保个人账户给予报销。现在职工医保个人账户基金结余较多，据了解，截至去年底，我国职工个人账户累计结余超过 6000 亿元。建议从国家层面制定出台政策，明确规定将高血压、糖尿病用药纳入职工医保进行报销，这也是国际通行做法。

现在问题比较突出的是农村居民特别是贫困家庭，长期用药负担较重。淅川县一些贫困户，家中几乎无任何收入来源，一年最多的花销就是买药吃。如果通过新农合进行报销，由于其筹资水平比较低，就会影响到新农合住院费用的报销水平，甚至带来基金"穿底"风险。建议国家加大财政投入，对农村居民高血压、糖尿病用药给予专项保障。这方面的投入，财政是能够承担得起的。据测算，对无合并症的高血压患者，统筹考虑单药、两药和三药联合治疗方案，一名高血压患者一年用药平均费用约64元，糖尿病患者约815元。按照农村6亿人口测算，18岁以上高血压患者为1.13亿人，用药总费用约72亿；如果对每名患者按70%给予补助，需要财政投入50多亿元。农村糖尿病患者0.4亿人，用药总费用约326亿元，按照70%给予补助，需要财政投入220多亿元。两个疾病需要财政支出约270亿元。有的专家说，如果把这两种疾病治疗药物纳入国家基本药物制度，通过集中招标、定点生产、统一配送，药品费用会大幅压缩，投入不会超过200亿元，但却能惠及1.5亿多高血压、糖尿病患者，而且还会节约很大的医疗费用支出。在投入方式上，建议从明年提高的医保人均政府补助标准中拿出20元（总计约200亿元），专门用于建立高血压、糖尿病门诊用药保障机制。如果考虑明年财政支出压力较大，可先从高血压门诊用药保障做起，然后逐步扩大到其他慢性疾病。

兜底保障扶贫应注意把握的几个问题

孙慧峰　　乔尚奎　　王晓丹

兜底保障扶贫政策，是为完全丧失劳动能力和部分丧失劳动能力且无法依靠产业就业帮扶脱贫的贫困人口制定的扶贫政策，其中农村居民最低生活保障等社会救助制度和针对贫困人口的补贴等社会福利制度，是实现兜底扶贫的重要基础性制度。就如何实施和完善这些制度，我们与淅川县有关部门进行了座谈交流，结合调研前与民政部、中国残联座谈的情况，提出如下意见和建议。

一、应保尽保还存在隐忧，需进一步完善农村最低生活保障等制度

在淅川调研时，县里有关部门表示，有信心做好兜底保障工作，但同时也反映，农村低保制度在执行中面临一些问题和困难，实现应保尽保、保障到位还存在一些隐忧。

一是保障对象认定中，存在多种不确定因素易导致"漏保"。由于农村居民的家庭收入和财产难以准确核算，有些收入就靠基

层干部估算，还有的地方制定"一刀切"的硬性条款。比如一些单独立户、与子女分开居住的老年人家庭，对其收入的核算中有一项是子女应承担的赡养费。淅川县规定，计算赡养费时最少应不低于低保标准的三分之一。但如果子女不孝、不赡养老人，或者子女收入不高、无力赡养老人的，特别是一些农村有女儿不养老的习俗，就容易导致老年人家庭收入被高估，该进低保的进不去。有的地方规定，只要亲戚中有人是公务员，就不能被认定为低保对象；还有的规定，家里有5头猪或者5只羊、5头牛，就不能领低保。此外，一些基层政府和干部担心出错被问责，在低保认定上一般都从严从紧，存在宁肯少保、不要错保的心态。这些都是容易导致"漏保"的因素。

二是低保金实际发放中，部分存在保障不到位的情况。从全国看，不少地方县级财政是吃饭财政，民生保障方面的支出压力很大，社会救助资金也不足。根据相关规定，最低生活保障应按户施保、补差发放，但这两条现在还没有完全落实。据民政部反映，现在大多数农村地区低保采取分档补助的办法，按人保的情况也普遍存在，这就导致低保的实际保障力度不强。淅川县也存在这方面的问题，低保标准分为三档，最高A类每月205元，B类155元，C类125元。我们实地走访了一家"以老养残"的三口之家贫困户，儿子40多岁是重度肢体残疾人，平时靠77岁且有慢性病的老母亲照顾，还有一个未成年正在上学的孙子。该户按B类档次享受低保，但2017年上半年实际上只领取了1人的低保金。此外，目前该户的收入主要包括低保、残疾人"两项补贴"（困难残疾人生活补贴和重度残疾人护理补贴）、惠农补贴、生态补偿金、教育补贴等各种补贴性收入，还有一项是县财政贴钱发放的光伏发电分红（每年约 3000 元），全部加起来达到了脱贫的收入标准。但要看到，由于政策调整等因素，光伏发电分红不太稳定，这块收入一旦降低或停下来，将需要低保加大力度才能确保兜底。

针对存在的问题，应进一步完善低保等社会救助制度，强化其兜底保障功能。一要更加合情合理地核算家庭收入。对于赡养费、亲属捐赠收入等，应据实核算，不能算空账。同时，对于家庭成员因残疾、重病等增加的护理等刚性支出，在核算收入时应适当扣减。住建、工商、公安、金融、扶贫等有关部门应向基层民政部门开放信息查询途径，方便其核查低保对象家庭的收入和财产状况。二要逐步提高保障水平。现阶段可继续采取分档补助的办法，逐步提高每个档次的补助标准，更好保障贫困群众基本生活。有条件的地方要向补差发放转变，确保领取低保金的家庭都能真正脱贫，稳定实现"两不愁三保障"。三要科学合理考核问责。对基层干部的考核，既要看是不是错保，也要看是不是漏保，同时对因客观条件限制等造成的认定失误应予免责。

二、对贫困残疾人兜底还不够牢，应在普惠基础上采取更大力度的特惠扶持政策

贫困残疾人是贫中之贫、困中之困，需要更加精准有力的帮扶。截至 2017 年底，全国建档立卡贫困残疾人有 281 万，占未脱贫人口的 9.2%。其中，一二级的重度残疾人为 152 万，占贫困残

疾人总数的 54%。对贫困残疾人来说，低保只能解决基本生活问题，他们在康复护理等方面还存在许多迫切需求，是一般性的普惠政策无法解决的，需要政府采取更多特惠帮扶政策。

一是贫困残疾人的特殊支出压力较大。一些地方将贫困残疾人家庭与一般贫困户同等对待，仅为其提供普惠的扶持政策。我们在淅川走访了一家一户多残的贫困残疾人家庭，丈夫、妻子和儿子都是残疾人，政府给的各种补贴加起来每人每年有 2000 多元，但只能维持基本生活，无法满足其康复护理支出需求。如果想给丈夫请个护理，或者给孩子做康复，每个月至少需要 2000 元左右，开支一下子就上来了，仅靠现有补贴收入根本不能支撑。这种情况在全国也很普遍。有的重性精神残疾人需要两三个人照料，不仅护理支出大，也影响家庭成员就业，一个人就可能拖贫一个家庭，无奈之下甚至有拿铁链把精神残疾人锁在家里的极端情况。还有许多病残一体的残疾人，需要长期服药，医疗自费支出占到家庭总收入的 45% 以上。残疾人面临的这些特殊支出需求，都使其比普通贫困户更难脱贫、更易返贫。

二是残疾人"两项补贴"标准低、覆盖面窄。许多地方都反映，残疾人"两项补贴"标准太低。有的省困难残疾人生活补贴只有每月 30—40 元，护理补贴许多省为每月 100 元左右，连每天 1 小时护理服务都买不起。此外，一些地方将困难残疾人生活补贴与低保挂钩，许多在低保边缘的困难残疾人未被纳入。淅川县"两项补贴"的标准都是每人每月 60 元，但补贴资金省市县三级负担比例分别为 3∶3∶4 和 0∶2∶8，县里要拿大头，算下来每年支出 1000 多万元。他们认为，现在建设项目资金都已经不要求深度贫困县配套，但民生方面资金还要深度贫困县拿大头，这导致政策不衔接、不一致，加重了贫困县的负担。

三是针对残疾人的康复和托养等服务严重缺乏。目前，全国建档立卡贫困残疾人中有近40%是精神、智力和重度肢体残疾人，其中一半以上有长期照料和康复服务的需求。但由于农村基层康复、托养等服务资源严重不足，这些残疾人只能靠家庭成员照料。全国建档立卡家庭中未入学的残疾儿童有2万多人，其中70%有康复需求，但大多数也没有得到康复服务，使本来可以改善的残疾状况变得更重。此外，贫困残疾人家庭无障碍改造也严重滞后，据中国残联调查，改造率仅为35%左右，这也成为影响残疾人脱贫和生活质量的重要方面。

针对贫困残疾人的特殊困难和特殊需求，应采取更加有力而切合实际的政策措施加以解决。一要坚持普惠基础上的特惠。在扶贫项目和资产收益分配时，应优先配置给因残致贫家庭，并适当提高折股量化和资产收益配置比例。推动更多残疾人康复项目纳入医保，加大对贫困残疾人的医疗救助力度。二要进一步完善残疾人"两项补贴"制度。"两项补贴"是帮助残疾人摆脱贫困的重要制度支撑，应逐步提高补贴标准、扩大覆盖面，更好发挥其在兜底保障中的作用。对于"两项补贴"所需资金，中央应加大对贫困地区的支持力度，省、市也要相应增加投入，减轻或者免除深度贫困县的资金配套压力。三要加大社会服务兜底工程实施力度。发挥农村敬老院等托养机构作用，在满足特困人员集中供养的前提下，为建档立卡贫困家庭中的残疾人、失能老年人等提供集中托养或日间照料等服务，还可采用政府补贴、购买服务等方式，借助公益社会组织等力量，探索贫困残疾人社会化照料等政策。积极为贫困家庭的残疾人特别是残疾儿童提供医疗康复、功能训练、辅具适配等基本康复服务，在农村危房改造、易地扶贫搬迁中同步做好残疾人家庭无障碍设施规划和建设，提高残疾人生活质量。

三、注重兜底保障的有效性和可持续性，加强农村低保制度与扶贫政策的有效衔接

兜底保障不仅要帮助贫困人口脱贫，还要注意防止脱贫后再返贫等问题，确保脱贫成果更为巩固、更可持续。调研中发现，尽管相关部门加强配合，促进低保工作和扶贫工作更好衔接，但实践中还有一些问题需要加以重视。

一是少数地方片面追求提高低保与扶贫的融合度。由于农村低保对象和建档立卡贫困人口重合度较高，脱贫人口中一般会有部分低保对象，有的地方为了避免考核时被视为低保"一兜了之"，于是硬性要求降低两类对象重合比率，相当于低保和扶贫政策"二选一"，影响兜底保障的有效性。还有一些地方对贫困发生率和低保覆盖面的关系理解不准确，将贫困县摘帽时允许存在的贫困发生率2%或者3%片面理解为脱贫后的农村低保覆盖面，于是要求低保覆盖面也必须降低到2%或3%以下，低保政策过早撤出，使一些边缘户失去兜底保障、极易再次陷入贫困。

二是低保标准提高导致少数贫困群众脱贫内生动力不足。截至目前，全国所有县（市、区）的农村低保标准均达到或超过国

家扶贫标准。其中，淅川县 2018 年扶贫标准是每年每人 3400 元，农村低保标准是每年每人 3550 元。随着低保标准提高，少数人"等靠要"思想抬头，有的贫困人口本身有劳动能力，但也等着政府来兜底保障，参加产业就业扶贫项目的积极性下降。这也增加了低保的负担。

我们建议，一要实事求是确定低保覆盖面，不能人为硬性限制比率。根据各地实际，应允许有的地方脱贫摘帽后低保覆盖面高于 3%。实施"低保渐退"政策，在脱贫攻坚期内，对于纳入农村低保的建档立卡贫困户人均收入超过当地低保标准后，给予一定时间的渐退期，实现稳定脱贫再退出低保范围。二要合理制定农村低保标准。既要保证农村低保标准动态、稳定地高于国家扶贫标准，也要充分考虑地方财力和发展水平，避免低保标准定得过高、增长过快，否则就可能吊高胃口、形成依赖，甚至产生低保户与非低保户的"悬崖效应"，地方财政也难以支撑。三要防止养"懒汉"。应进一步明确，兜底兜的是无劳动能力、无法通过产业就业帮扶脱贫的贫困人口，重点是贫困老年人、残疾人。对于有一定劳动能力、无正当理由拒不接受产业就业帮扶项目、拒不参加生产劳动的个别"懒汉"，应当阶段性取消其本人的低保金，直至促使其参加就业；同时，实行奖惩并举，对于实现就业的低保对象，在核算其家庭收入时，可以适当扣减必要的工作成本，形成正向激励。

进一步完善扶贫协作机制

张凯竣　刘一宁

　　扶贫协作是中国特色贫困治理体系的重大创新，是推动区域合作、促进精准扶贫的重要抓手。近年来东西部扶贫协作扎实推进，有力带动了贫困地区经济社会发展和民生改善，同时也存在着机制不完善、推进不平衡、供需不匹配等问题。北京市朝阳区与河南省淅川县是南水北调工程对口协作区县，近年来双方围绕"助扶贫、保水质、强民生、促转型"目标，开展了全方位多元化交流合作，取得了积极进展和成效，也面临着一些问题和挑战。两地对口协作虽然不属于国家东西部扶贫协作的结对范围，但工作中取得的经验和遇到的问题都值得东西部扶贫协作借鉴和重视。从朝阳区和淅川县的对口协作实践来看，做好扶贫协作，要逐步改变简单给钱给物的帮扶方式，把重点转移到产业扶持、市场对接、人才支持和社会动员上来，不断提高扶贫协作成效。

一、强化产业协作优势互补，增强贫困地区自我发展能力

不论是实现贫困人口稳定脱贫，还是激发贫困地区发展内生动力，都离不开产业的有力支撑。协作双方所处的经济发展阶段不同，产业结构和资源禀赋的互补性强、协作空间大。近几年，朝阳区先后多次举办经贸洽谈会、项目推介会等活动帮助淅川招商引资，共促成生态环保、旅游开发等方面项目119个，合同投资额134亿元。淅川县积极组织汽车零部件龙头企业赴北京对接洽谈，先后与北京福田、现代、北汽等大型厂商达成配套供货意向。这些协作举措有力推动了淅川县主导产业做大做强。

开展扶贫协作，东部地区不仅要给贫困地区必要的资金支持，更要重视开展产业的合作，增强贫困地区造血能力。推进产业协作，一方面，要坚持市场导向，围绕产业梯度转移和产业链配套延伸搭建合作平台，让东部地区在带动贫困地区发展的同时也能拓展自身产业发展空间。另一方面，要重视建立互利共赢的利益分享机制。让企业一味付出的产业协作难以持久，据有关方面统计，现在参与扶贫协作的民营企业中真正通过发展产业进行帮扶的仅占37.4%，缺乏回报是主要原因。要引导有志于扎根西部、帮助西部发展的东部企业，把更多的资金、技术、项目投到西部，必须加强政策扶持、优化营商环境，让企业进得来、留得住、有合理回报，这样才能壮大帮扶力量，拓展产业协作的深度和广度。

二、强化农产品市场对接，充分发挥发达地区市场需求对贫困地区发展的拉动作用

西部贫困地区优质农产品丰富，东部发达地区特别是一二线城市市场需求广阔，农产品产销对接是扶贫协作中大有可为的重要领域。近几年，朝阳区先后将淅川县 78 种优质农产品引入北京市场，通过"菜篮子"工程进驻北京 21 家超市、600 家直供店，覆盖 500 多个社区，北京电商企业还通过搭建网上平台，为淅川商户进行产品营销和品牌推广。在农产品市场对接中也存在一些问题，主要是贫困地区大都以农户家庭等小散生产模式为主，产业化能力不足，难以保障长期稳定批量供应。另外，由于交通运输不便利、仓储配送不完善、检验标准不统一等，生产流通的标准化、可追溯性不够，导致产品质量参差不齐，影响了消费体验和品牌形象。

拓宽贫困地区农产品销售渠道，发挥产销对接在扶贫协作中的积极作用，要坚持政府引导、社会参与、市场运作、机制创新，多方面激发消费能力和潜力，降低农产品产销成本、提高质量效益，着力构建贫困地区与消费地之间稳定的购销关系。一要鼓励各级党政机关和国有企事业单位将贫困地区产品纳入采购范围并优先采购。二要鼓励东部大中型连锁超市、便利店、电商平台等积极对接贫困地区，建立"生产基地＋加工企业＋商超销售""生产基地＋中央厨房＋餐饮门店""电商＋龙头企业／合作社＋农户"等多种形式、相对稳定的产销关系。三要鼓励东部企业到贫困地区开展订单生产，并建立种植养殖示范基地，推广新品种、新技

术，提高生产组织化、标准化水平，提升农产品质量。通过产销合作，全面推进贫困地区农业提质升级。

三、强化协作双方党政干部挂职交流，为扶贫协作提供有力的人才智力支撑

选派优秀干部人才到对口地区挂职，是扶贫协作的重要内容，是促进协作双方观念互通、思想互动、技术互学、作风互鉴的有效方式。过去四年，围绕对口协作需要，朝阳区累计选派9名处级干部赴淅川挂职，淅川县共选派26名干部到朝阳学习锻炼，形成了干部双向交流的良好局面。挂职干部积极投身一线，融入当地发展，充分发挥示范引导和参谋助手作用，为两地扶贫协作深入开展架起桥梁和纽带。朝阳区一些干部挂职结束返京以后依然与淅川保持紧密联系，为当地企业投资、项目合作等牵线搭桥，关心支持贫困地区发展。

深化扶贫协作，要继续加大干部挂职锻炼力度，广泛开展人才交流。东部地区要选优配强扶贫协作干部，发挥他们知晓两边情况、联系协调双方的优势，更好推进扶贫协作项目落地。要有针对性地增加选派教育、卫生、科技、文化、社会工作等贫困地区紧缺的人才，把东部地区的先进理念、技术、信息、经验等传播到西部，加快西部地区脱贫攻坚步伐。西部地区要为各类帮扶人才提供好服务，充分发挥他们在脱贫攻坚战中的作用，同时也要积极输送干部人才到东部地区锻炼学习。

四、发达地区要强化宣传动员，形成多方参与扶贫协作的强大合力

广泛动员社会力量参与一直是我国扶贫工作的重要方针，东西部扶贫协作本身就是社会扶贫体系的组成部分。在朝阳淅川对口协作中，两地注重发挥"一水相连"的特殊联系，大力营造友好协作的社会氛围。朝阳区组织开展形式多样的活动，宣传淅川移民精神和特色文化，介绍淅川为南水北调工程作出的重大贡献和牺牲，不断提高对口协作的社会影响力，凝聚起朝阳人民关心淅川、回报淅川的思想共识。从全国情况看，尽管扶贫协作理念日益深入人心，但在实践层面仍然以政府直接推动为主，一定程度上存在"政府热社会冷"的情况。协作项目大都是政府资金直接支持，企业特别是民营企业往往是调研对接多、投资落地少，社会组织和个人参与度也有待提高，扶贫协作还存在着动员组织不够、政策支持不足、体制机制不完善等问题。

脱贫攻坚任务艰巨，需要更加广泛、更加有效地动员和凝聚各方面的力量。在扶贫协作过程中，结对帮扶地区要合理构建企业、个人和社会组织参与扶贫协作的有效机制，出台相应激励措施，组织各界力量参与支教支医、捐资助学、志愿服务等扶贫活动，帮助有意愿投身扶贫事业的社会主体对接渠道、搭建舞台。在充分利用主流媒体等传统宣传阵地基础上，帮扶地要多形式、多渠道开展宣传动员，激发社会各界帮困济贫的责任感和热情，以扶贫协作为纽带，形成协作双方交往融合、携手共赢的良好局面，不断拓展社会力量参与扶贫协作的深度和广度。

　　总之，强化扶贫协作，要进一步提高工作的针对性、精准性和有效性。东西部扶贫协作不是简单"输血"，而是在了解需求的前提下，精准对接、对症下药，从贫困地区的脱贫实际需求出发，真正"雪中送炭"，切实做到"缺什么、补什么"。要坚决纠正只管给钱不问效果、协作资金使用分散"撒胡椒面"、产业项目缺乏论证盲目上马、援建设施标准过高脱离实际等倾向，瞄准薄弱环节，加大攻坚力度，既重视解决当前突出问题，又着眼长远促进贫困地区和贫困群众自我发展能力提升，使扶贫协作的制度优势进一步转化为脱贫攻坚的实际成果。

贫困地区要加大
"放管服"改革力度

王晓丹　乔尚奎　孙慧峰

"放管服"改革是激发市场活力和社会创造力的关键之举。贫困地区在资源禀赋、基础设施等方面先天不足,更需要在"放管服"改革上做文章、下功夫,打造具有吸引力和竞争力的营商环境,激发投资创业热情,以"软环境"优势弥补"硬环境"劣势,增强脱贫发展的内生动力。我们在淅川县就深化"放管服"改革、助力脱贫攻坚问题进行了调研,现将有关情况报告如下。

一、贫困地区要以更大力度推进简政放权改革,为脱贫发展清障开路

贫困地区市场发育滞后、市场体系不健全,政府主导作用比较强、对微观主体和具体事务管得比较多。在简政放权中,贫困地区面临着双重任务,既要大力向市场放权、为市场主体松绑解绑,也要培育更多市场主体、加快健全市场体系。从调研的情况看,一些贫困地区在这两方面的进展都不够快。比如,淅川县近

几年新增市场主体增长速度低于全国和全省水平，其中 2017 年新登记企业数同比增长 9%，远低于同期河南省新登记企业 24.4% 的增速。这里既有贫困地区自身的原因，也有上级政府相关政策不完善导致政策传导不顺畅、不衔接等问题。近年来，从中央到省市政府取消、下放了大量行政审批等事项，取得了明显成效，但还存在部分事项因为种种原因不能落地，影响基层和群众的获得感。有的是部门审批工作不协调、不同步。县里反映，不少扶贫项目需要上级发展改革和财政部门进行项目和资金审批，本来是可以两个部门联合发文、同步审批的事项，但由于缺乏互相衔接，审批进度差异很大，有的项目批下来开工了大半年，资金却还没批下来。有的是放权不配套。有些审批权虽然下放了，但审批相关的检测、检验、评审、鉴定等中介服务事项仍要到省里、市里办，企业和群众还是要来回跑，甚至比以前更麻烦。如淅川县反映，电梯等特种设备使用安装审批权已经下放给县里，但相关安全检测仍需要南阳市派人来做，由于近年来房地产业发展很快，检测需求量巨大，导致这方面工作耗时还是较长。还有的放权事项到下面难落实甚至收紧。比如国家招投标法规定，200 万元以上的工程建设项目必须招投标，200 万元以下可由各地自行决定。但到了地方，招投标往往成了僵硬的要求，有些二三十万元的小项目也要走完整套繁杂的招投标程序。淅川县反映，一个招投标项目仅财政方面的评审就得做 4 次、至少花费 3 个月，招投标费用一般占到项目总投资的 15%—25% 左右。其他地方这类情况也很普遍，给贫困户盖房子需要 17 个部门审批，改造个厕所也要招投标。

提高简政放权成效，一方面贫困地区要增强主动性，勇于打破条条框框束缚，大胆闯、大胆试、自主改、放手干；另一方面中央部门和省市权力事项要全链条取消或下放，强化各方协同、打通各层级梗阻。对与审批事项配套的检测鉴定等中介服务事项，特别是量大面广、技术含量不高的，应推动向基层下放延伸，最大限度方便企业和群众。推进工程建设项目分类审批，对一些资金量不大而且群众急需的扶贫项目，应进一步简化审批流程和招投标手续，促进扶贫项目早落地、早见效。

二、强基层、严监管，提升综合监管能力和水平

基层是加强事中事后监管的主阵地，大多数监管任务最终要落实在县乡层面。从淅川调研看，当前基层监管仍比较薄弱，有许多亟待补齐的"短板"。

一是综合执法改革有的停留在"物理整合"层面，还须实现能力提升的"化学变化"。当前综合执法改革正在从上到下逐步推开，但基层执法队伍在整合过程中也遇到一些问题。首先是工作衔接不及时，容易出现断档。比如，淅川有家企业想利用当地水果资源优势投资兴办果酒厂，本来新产品的质量检测在县质监局就能办理，但由于市县工商和质检机构合并，相关职能已划转，人员和设备却未划转，造成工作停顿，企业只能到省里做检测。再就是人员数量和专业性难以保证。随着市场综合监管任务不断加重，基层普遍感到工作压力越来越大，人员编制明显不足。同时，市场综合监管涉及500多部法律法规和相应专业技能的整合

运用，客观上要求监管人员须具备"全科医生"式的知识和技能，这在短期内很难做到。像淅川县工商、食药部门合并后，大量原工商监管人员尚不具备食药监管知识和技能，难以适应履行综合监管职责的要求。此外，基层监管还缺乏必要的技术手段。目前淅川县工商食药监局只能检测 18 项药物，不能检测食品，办理相关案件要到郑州、洛阳送检。县国土局对违规采挖矿山执法，相关证据鉴定要由省国土厅指定的第三方机构出具，其中仅简单的丈量采挖面积一项就要收费 3 万元。为强化基层监管，应把省市监管力量和资源进一步向县乡基层下沉，监管职能下放后，人员和编制应"人随事走"、同步下放。加大业务技能培训力度，配备必要执法装备和检测设备，切实增强基层监管人员专业化能力，提高综合执法效能。

二是信用监管和联合惩戒在基层难以有效运用，需要进一步加强。基层反映，开展"双随机、一公开"监管，如果没有信用自律和严惩重罚配合，作用就会大打折扣。目前国家信用信息系统建设向基层延伸还不够，关于企业的信用信息分散掌握在各部门手中、难以相互关联，基层查处的违法违规企业真正纳入黑名单并实施联合惩戒的还比较少。另外，大量无证无照企业游离在监管之外，无法纳入抽查范围，导致越是容易违法的，越查不到、罚不了。这就需要从国家层面做好顶层设计、完善相关制度，推进"双随机、一公开"监管与信用监管有机结合，随机抽查与全覆盖检查、重点检查有效衔接，使监管更加有力有效。

三是农村地区容易成为假冒伪劣产品的集散地，应将净化农村市场作为监管的重点。现在一些农村地区，"八个核桃""康帅傅"等冒牌食品以及假种子、假农药、假化肥大行其道，严重损害了农民利益。调研中淅川县也反映了相关情况。一方面，农村居民收入和消费水平相对较低，而且识别能力弱、维权意识差，给制假售假以可乘之机；另一方面，农村监管力量较为薄弱，存在不少监管漏洞。对此，地方政府应针对农村地区制假售假行为易发多发、违法主体经常改头换面的现实情况，既进行重点抽查和集中整治，也加强日常巡查打击，并推动各地区、各部门联动，对问题产品流入地、流出地和中间环节顺藤摸瓜、一查到底。对制假售假行为，应严惩重罚，大幅提高其违法成本。

三、贫困地区应在优化服务上下更大功夫，打造以服务助力脱贫发展的竞争新优势

改善营商环境离不开优质高效的政府服务，对贫困地区来说，更应当以高标准提供更优服务，从而在发展中赢得竞争优势。

一是贫困地区企业发展对政府服务需求更迫切，应努力提高服务的针对性和有效性。由于地处偏远、信息不畅、基础配套条件较差、第三方服务机构发育不足等原因，贫困地区企业更需要政府提供相应服务和扶持。近年来，淅川县在这方面做了不少工作，县里成立了企业服务领导小组，县领导分包110家工业企业，协调各部门和机构出台落实具体措施，为企业排忧解难。县里还搭建电商产业园等创新创业平台，吸引了不少在深圳、郑州等大城市工作的年轻人返乡创业。在淅川这样的贫困县，能有淅减集

团和福森药业两家本土企业在香港联交所上市，这是很不容易的，企业和社会普遍认为，是政府服务在其中发挥了很大作用。贫困地区政府必须增强服务意识，主动为企业破解发展中遇到的难题。比如在人才方面，要出台优惠政策、做好配套保障，吸引大学生村官、"三支一扶"人员以及各种专业技术人才到贫困地区创业发展。除了政府直接为企业服务，还要大力培育发展各种专业协会、农村合作社等，扩大服务覆盖面。比如，淅川县通过扶持一个水产养殖协会，为上百家企业提供育苗基地、技术培训等服务，起到了"四两拨千斤"的放大效果。

二是国家的一些优化服务举措在贫困地区落实存在困难，应结合实际进一步创新服务方式。贫困地区特别是偏远乡村的群众，进县城办事不容易，更需要政府服务能够"只进一扇门""最多跑一次"和"一网通办"，但目前这些方面在淅川等贫困地区落实还有差距，也存在实际困难。比如，由于有的贫困地区特别是偏远山区群众获取信息渠道有限，再加上一些政府部门办事指引不清晰，往往要跑上几次把材料准备齐全后，才能实现"最多跑一次"。有的地方政务服务大厅，只是提供受理材料的窗口，实际办理还得拿回各业务部门，没有真正做到"只进一扇门"。"一网通办"也面临不少困难，贫困地区群众许多还不具备上网条件或文化程度偏低，对网络和政务APP用不上、不愿用、不会用；一些政务服务网站数据也不联通，没法真正实现网上办事。类似问题在全国基层普遍存在，需要进一步制定和完善更加符合基层实际的优化服务举措，使利企便民措施真正落实到位。从近期看，对贫困地区特别是偏远山区来说，首先要加大相关办事信息公开力度，通过政务网站、广播电视报纸、乡村公告公示栏、电话咨询等途径，让老百姓能提前充分知晓办事的要件和流程，减少跑腿。同时，基层政府还应多提供一些面对面、手把手式的指导或代办服务，有条件的地方可定期提供上门服务，让农村群众办事更便利顺畅。

金融扶贫要把下放信贷审批权限
和优化信用环境作为着力点

史德信　王元

淅川县在金融支持脱贫攻坚方面进行了积极探索，也面临不少困难和障碍。淅川的实践和遇到的问题，对于做好县域金融服务特别是贫困地区金融服务具有一定启示和借鉴。现将我们调研的有关情况和建议报告如下。

一、淅川县金融扶贫工作的有益实践

近年来，淅川县用好用活金融扶贫相关政策，大力开展金融创新，对脱贫攻坚起到了有力支撑作用。

一是有效落实扶贫贷款优惠政策。中央有关优惠政策的落实为淅川县扶贫贷款提供了支持和保障，目前县农信社已获得 5 亿元扶贫再贷款，2018 年新申请的 2 亿元也已获批，成为发放扶贫贷款主要的低成本资金来源；农信社和农行因新增存贷比等指标达标，还享受了差别存款准备金率政策，释放可贷资金 1 亿多元。由省扶贫搬迁投资公司统贷的易地扶贫搬迁贷款资金 4425 万元已拨入农发行淅川支行，有待在项目建设中使用。

二是结合本地实际创新扶贫贷款模式。县政府与农信社、农行和邮储银行签订协议，开展"5万元以下、3年期以内、免抵押免担保、基准利率放贷、扶贫资金贴息"的扶贫贷款，收到较好效果。截至2018年6月底，全县各类扶贫贷款已发放8.58亿元，惠及贫困户2.27万户。除贫困户直接贷款模式外，河南省还探索由带贫企业享受基准利率和财政贴息2个百分点政策，然后每年给每户贫困户3000元分红，并从流转土地、就业等方面支持贫困户脱贫，淅川县在此模式下推出了光伏贷、金银花贷、软籽石榴贷等特色扶贫产业贷。截至2018年6月底，发放产业贷和带贫企业贷款7.6亿元，规模和效果比贫困户直接贷款更大。

三是建立有效的风险分担机制。在河南省农信担保和再担保集团的支持下，淅川县建立了针对扶贫贷款的风险分担机制，由县财政出资设立的风险补偿金、银行、省农信担保、省再担保"四方共担"扶贫贷款的实际风险损失，对贫困户直接贷款按3：1：4：2的比例分担，对带贫企业贷款按3：2：3：2的比例分担。

四是建立农户信息采集信用评价体系。通过建立农户信用档案，对农户进行信用评级，有效缓解了扶贫信贷和普惠金融服务的信息不对称问题。此项工作分批推进，首批涵盖建档立卡贫困户，第二批涵盖非贫困户，目前全县已有近14万户农户完成信用评级，农户有信率达92%，贫困户有信率达95%。

五是延伸金融扶贫服务触角。政府方面，在全县15个乡镇和490个行政村设立乡镇金融服务站和村级金融服务部，可以接收贫困户的扶贫贷款申请，并代为递交至合作银行。金融机构方面，以地方性金融机构为主，以设立普惠金融服务站、农民金融自助服务点、惠农支付服务点及流动银行车服务等多种方式，实现行政村金融服务全覆盖。

淅川县金融扶贫工作已经取得较好成效，一些贫困户用扶贫贷款发展起了养殖业，顺利实现脱贫；光伏产业贷不仅使 1.57 万户贫困户年均增收 3000 元，还带动相关贫困村的集体经济年均增收 2.1 万元。总的看，金融扶贫使当地贫困群众获得了实实在在的利益，也增强了地方经济发展后劲。

二、金融服务实体经济和金融扶贫面临的问题

调研中发现，淅川县在金融支持实体经济和脱贫攻坚方面仍面临一些障碍，其中不少属于县域特别是贫困县的共性问题，需要国家金融管理部门、各级地方政府、金融机构等共同努力推动解决。

一是金融扶贫政策性贷款的使用效率有待提升。比如，县农发行 2017 年 8 月就收到了省级拨付的易地扶贫搬迁贷款，但目前资金尚未使用。背后的原因，一方面是易地扶贫搬迁贷款采取省级统借后拨付县级使用的方式，贷款发放时间与各贫困县搬迁项目实际建设进度难以很好匹配；另一方面，县级相关主体间的沟通衔接也不够顺畅。

二是大银行"抽水机"效应明显。截至 2018 年 6 月底，淅川县各项贷款余额 119 亿元，存贷比仅为 50.6%。拉低存贷比的主要是大型银行的分支机构，地方性中小银行的存贷比相对较高，

比如，有两家分别达到 68.7% 和 64.3%。大型银行分支机构反映，造成自身贷款规模小的原因，主要是贷款审批权限由上级行掌握，基层行没有贷款审批权，造成企业申贷耗时长，加之基层行信贷人员无权却要担责，放贷积极性不高。

三是担保机制运行缺乏可持续性。淅川县早在 2009 年就以财政出资为主设立了融资担保公司，主要为中小微企业提供融资担保。但由于代偿后以诉讼追回代偿损失遭遇执行难，以及银行强扣担保公司保证金，导致担保公司运营难以为继。此外，有的地方出台政策，明确"在财政预算中安排资金，用于补偿本级财政出资控股或参股的信用担保机构发生的代偿损失和补充风险准备金"，但此项政策未落实。

四是金融生态状况不容乐观。据反映，当前银行体系征信信息、工商税务法院判决信息、地方建立的农户信用信息系统等都互不连通，给金融机构使用信用信息带来困难。在社会信用体系不能产生有效约束的情况下，各类主体不同程度存在诚信缺失问题。银行方面，骗收、停贷等时有发生，如 2014 年淅川某家企业经营困难导致债务违约，涉及十几家银行，部分债权银行因此联合将淅川县列为高风险地区，"一刀切"停贷。企业方面，转移资产、恶意逃废债事件层出不穷，一些企业甚至在"不守信"上攀比，有还款能力的也"跟风"欠贷欠息。此外，淅川县企业间互保联保较为普遍，互保圈出现信用违约连锁反应，造成行业性信用违约或大额信用违约的事件时有发生。

五是地方潜在金融风险需要高度关注。作为县域金融服务主力军的地方性中小银行，普遍面临资产质量恶化、不良率高的问题。地方性中小银行的资产质量问题，既直接影响地区金融风险状况，也制约了服务地方经济的可持续性。同时，基层金融监管力量薄弱问题突出，对风险防范化解十分不利；县级金融办缺编制、缺专业人才，不得不借调人民银行和银监办人员开展风险处置工作。

三、改进金融服务和金融扶贫工作的建议

解决淅川县等贫困地区金融服务和金融支持脱贫攻坚中的问题，应更多使用结构性政策。建议有针对性地改进金融监管，加快融资担保和社会信用等体系建设，并不断优化贫困地区的金融服务和金融生态，逐步形成金融、实体经济良性互动的局面。

一是进一步完善金融扶贫政策落实的相关机制。对各类已出台的金融扶贫政策进行动态监测，及时掌握基层实际获得政策支持、使用政策性贷款资金等情况，并根据实际在操作层面适当改进，既要避免政策落实不及时影响扶贫工作进展，又要减少不必要的浪费，以增强政策效应。

二是推动基层信贷扩权。要求大型银行对基层分支机构放权，赋予一线分支机构贷款审批权，强化分支机构信贷人员激励。适当调整银行基层分支机构监管指标，对包括贫困地区在内的经济欠发达地区县级银行分支机构，设定存贷比下限监管指标，限制抽走金融资源的机构在本地吸储。提高贫困地区县级银行分支机构支农支小贷款相关监管指标的权重，促进信贷结构向更有利于全面脱贫的方向调整。进一步落实扶贫贷款、小微企业和"三农"

贷款等的不良容忍度和尽职免责要求。

三是加快完善政策性担保体系。发挥好国家融资担保基金的作用，研究直接惠及贫困地区的运用方式，确保贫困地区切实获得政策性资源。支持地方政府建立完善政策性担保机构国有资本金、风险准备金持续补充机制，保障担保机构的运营能力。

四是优化信用环境。在政府部门间信用信息连通共享的基础上，加快发展规范的第三方征信服务。鼓励地方整合各类信用信息、建立统一的企业和个人信用体系，改善地区信用环境和金融生态。支持已建立农户信用档案的地方继续探索将农户信用档案与扶贫贷款、普惠金融服务紧密结合的方式和途径，并对相关经验做法加以复制推广。对贫困地区探索信用体系建设适当给予支持。

五是有效防范化解风险。地方政府应积极发挥作用，对有发展潜力、暂时遇到困难的企业，组织债权人共同协商、实施必要的措施帮助企业解困，降低信用风险和债权人整体损失。一些贫困地区的扶贫贷款近两年增加较快，要在适当提高风险容忍度的同时，探索多方面加强风险监管。尽快增加基层银监办、金融办等机构编制，适当调度人民银行、银监办等专业监管力量，充实地方的金融风险监控和处置力量，强化基层金融风险防线。

在提高扶贫资金使用质量
和效益上狠下功夫

肖炎舜　　潘国俊

近期，我们对淅川县扶贫资金问题进行了调研，并与有关部门进行了座谈。从了解到的情况看，各级政府加大扶贫资金投入力度，资金保障是有力的，关键是在加强资金管理、提高资金使用效益上还要下功夫。为此，我们提出以下建议。

一、抓好"五个强化"，确保扶贫资金花得更好、花出效益

近年来，各级政府都把脱贫攻坚摆在财政保障的重要位置，扶贫资金规模显著增大。党的十八大以来，中央财政补助地方专项扶贫资金年均增长 21.6%，比同期中央财政支出快 13.3 个百分点。淅川县这两年扶贫资金占到全县财政支出的五分之一。综合各方面情况看，扶贫资金规模可以满足现行扶贫标准下贫困人口脱贫需要，关键要用好管好，着力提高使用效益。

一是强化现行扶贫标准的执行力，避免陷入"福利陷阱"。整

体看，贫困县能够按照现行扶贫标准，精准安排使用扶贫资金。但也有一些贫困县存在盲目抬高标准、吊高胃口的问题，既损失浪费资金，还有可能留下后遗症。比如，有的贫困县投入较多资金，用于贫困村绿化全覆盖，包括道路绿化、公共绿地绿化、房前屋后绿化等，这不是贫困村急需的。再比如，交通脱贫的标准是每一个行政村有一个安全畅通的出口通道，但群众对交通扶贫期望高，有的贫困村将户户通项目都报上来，这种要求不满足，群众意见还很大。

扶贫资金的使用既不能降低标准，也不能擅自拔高标准、提不切实际的目标。否则，脱贫攻坚期结束后，这种高标准高投入将难以持续。要督促各有关部门和地方着力优化扶贫资金的支出结构，强化扶贫项目资金绩效管理，把钱用在刀刃上。用好财政专项扶贫资金绩效评价结果，财政专项扶贫资金向绩效评价高的地方适度倾斜，形成正向激励。

二是强化扶贫资金使用的产业导向，增强对稳定脱贫和经济发展的持续支撑能力。产业扶贫是最重要的脱贫手段，资金使用应聚焦这个重点。贫困县普遍建立了县乡两级产业项目库，并及时根据实施情况动态调整项目库，努力解决"资金等项目"问题。从实际情况看，很多贫困县用于交通等基础设施的比例较高，用于产业发展的项目资金比重较低。淅川县2018年用于产业扶贫的资金仅为17%，用于基础设施的资金达到52%。建议督促贫困县将产业扶贫作为各类扶贫投入的优先支持方向，努力实现可持续脱贫。同时，进一步强化产业扶贫项目的筛选和论证，找准产业扶贫切入口，因地制宜发展具有比较优势的产业。在促进企业发展的同时，让贫困群众也积极参与到扶贫产业项目中来，激发其内生发展动力，实现稳定增收。

三是强化全过程资金监管，确保扶贫资金安全运行、规范高效。贫困县普遍加强了扶贫资金项目绩效管理，建立健全公告公示制度，严格实行扶贫工程招投标制等，提高扶贫资金使用效率和效益。从程序上看，形成了全过程监管资金的流程，即由贫困村提出项目申请，经乡镇把关、县行业部门审核后，县脱贫攻坚领导小组行业组审定。建议进一步完善机制，创新监管方式，建立协同监管机制，提高监管效率。加强扶贫资金常态化监管，持续组织开展专项检查，切实提高财政涉农资金管理水平。

四是强化财政补贴等的引导作用，撬动社会资金投入扶贫。贫困县在加大财政资金投入的同时，也注重用好财政补贴等政策工具，激励各类企业和其他社会力量开展产业扶贫。一些贫困县运用扶贫小额贷款贴息政策，引导贫困户利用金融资金增强自我造血功能。比如，淅川县建立财政担保扶贫贷款风险基金，2018年基金总额达到2000万元以上。在一些乡镇的扶贫村，采取不同方式积极开展村企共建，鼓励企业通过订单农业、共建基地等方式参与扶贫产业发展。当前，民间投资增速放缓，建议进一步研究完善财政补贴、税收优惠、政府采购等方面支持政策，鼓励民间资本进入产业扶贫领域，既为民间资本找出路，也为扶贫事业增添活力，提高扶贫效率。

五是强化涉农资金整合，并有序扩大试点范围。2016年，全国选择了部分贫困县开展涉农资金整合试点，2017年扩大到全部832个贫困县并整合资金3286亿元。淅川县也是如此，不仅整合了中央、省、市下达的 33 类 89 项涉农资金,还将本县安排的财政专项扶贫资金、新增债券安排的扶贫资金,以及一年以上的结转结余资金收回,整合起来作为扶贫资金使用,努力做到"应整尽整"。2017 年和 2018 年全县整合涉农资金 4.2 亿元和 6.4 亿元,分别比上年增长 223%、52.4%。涉农资金整合后,县级政府统筹安排有关功能互补、用途衔接的涉农资金,有利于解决资金多头管理、交叉重复、使用分散等问题。建议加大贫困县涉农资金实质性整合力度,进一步下放资金项目审批权限,提高整合深度和质量。当前,涉农资金整合不均衡,非贫困县整合不够。要研究将贫困县行之有效的整合经验,逐步推广到非贫困县。

二、聚焦解决贫困县发展资金缺口问题,着力提升"三个能力"

贫困县多是"吃饭财政",在发展经济和社会事业方面,资金缺口还比较大。要着眼更加长远的角度,增强贫困县可用财力,进而增强其发展后劲,使脱贫可持续。

一是完善转移支付,提升贫困县财政平衡能力。贫困县财力普遍不强,而且很多县生态脆弱,经济发展的制约条件较多,"保工资、保运转、保民生"支出压力大,财政收支矛盾较为突出。比如,淅川县 2017 年被确定为国家级重点生态功能区后,关停了一些企业和矿场,财政每年减收约 2.5 亿元。2017 年,该县一般公共预算收入 8.5 亿元,支出 44.2 亿元,其中财政供养人员工资及附加性支出近 12 亿元。这反映出,大部分贫困县对上级财政转移支付依赖较强。在实施一般性转移支付时，要加大向贫困县倾斜的力度，并进一步考虑移民搬迁、生态保护等因素。在安排教育文化、医疗卫生等专项转移支付时，也适当给予倾斜。

二是加大政策支持力度，提升贫困县融资能力。一些贫困县负债较多，有的项目不具备收入来源，后续偿还压力大，潜在风险值得警惕。但也有不少贫困县债务规模不大，比如淅川县，2017年政府债务余额29.3亿元，在政府债务限额37亿元以内，一般债务率、专项债务率、综合债务率三项指标均在风险预警线内，即使再考虑融资平台公司累计融资5.9亿元，债务风险也总体可控。同时，贫困地区经济发展较为落后，基础设施等投资需求很大，但融资普遍困难，项目落地难。建议在防范化解地方政府债务风险的同时，对举债空间还较大的贫困县，进一步提高地方政府债务限额，扩大一般债券和专项债券规模。对那些具有良好社会效益、生态效益，是迟早要干、资金需求量也较大的PPP项目，适当降低投资门槛，比如适当放宽地方财政收入能力、地域等限制条件，确保PPP项目早日落地，推进贫困地区基础设施等建设。这样做，也能拉动有效投资，有力应对经济下行压力，在当前形势下具有重要意义。

三是把握好贫困村和非贫困村的关系，协同提升整体发展能力。脱贫攻坚期间，对贫困村的投入大幅增加，水、电、路、网络等基础设施发展较快，基本公共服务实现全覆盖，但很多非贫困村仍较为落后，不少方面还赶不上贫困村，甚至形成较大反差。下一步，要围绕实施乡村振兴战略，建立健全财政投入保障制度，完善乡村振兴政策体系，逐步推动各类村均衡协调发展。

现行扶贫标准必须严格执行

刘一宁

稳定实现"两不愁三保障",是国家确定的现行扶贫基本标准。中部地区贫困县贫困发生率降到 2% 以下,西部地区降到 3% 以下,是贫困县脱贫摘帽的基本要求。现行扶贫标准,是由我国经济发展水平、特别是不平衡不充分的发展现状决定的,符合我国国情和发展阶段。世界银行专家也认为,如果把我国贫困户享受的安全饮水、学龄儿童营养午餐等公共服务算进去,我们的标准要高于联合国 2030 可持续发展议程确定的标准,高于人均 3.1 美元的国际标准。因此,总体看这一标准是科学合理的。党中央、国务院一再强调,脱贫攻坚一定要坚持现行扶贫标准,既不能降低标准,也不能吊高胃口。但从调研看,一些地方为确保顺利脱贫摘帽,设定不切实际的目标,在扶贫标准上层层加码,如果处理不好,就会造成负面影响,甚至可能留下后遗症,必须引起高度重视。

一、扶贫标准加码的主要表现

一些地方在验收、督查、考核以及部署工作中，对贫困村、贫困户的收入标准、教育、医疗、住房以及基础设施公共服务等，提出过高的要求。

一是目标偏高。"三保障"是指义务教育、基本医疗和安全住房有保障，但有些地区把目标定得过高。有的地方义务教育巩固率还不高，就提出高中教育免费。有的地方提出贫困人口看病基本不花钱，95%以上甚至100%的医药费均可报销。有的地方把解决住房安全扩大为给几乎全部贫困人口"免费盖新房"。

二是范围偏大。有些地区设定的扶贫标准远远超出"两不愁三保障"范围。不少地方对贫困村道路、通水、厕所改造、环境整治等都提出硬性要求。有的地方人口稀少，居住分散，也要求每个村有综合性的文化服务中心，包括一个文化活动室、一个文体广场、一个简易戏台、一个宣传栏、一套文化器材、一套广播器材、一套体育设施器材，设施利用率很低，造成浪费。

三是互相攀比。有些地区未摘帽贫困县对标已摘帽贫困县，标准、措施相应加码，甚至出现"县越穷标准越高"现象。一个县对贫困家庭人居环境卫生进行"五改一增"，其他的县就加码搞"八改一增"，要求对贫困户改入户道路、改院、改厕、改厨、改墙和地、改照明、改门窗、改圈、增添必要家具等。有的缺水的贫困山区县，农村饮水安全还没有全部解决，但改厕不仅要改为水冲厕所，还要男女厕分开，建设三级沉淀池。改厨对厨房墙面、灶台铺面都提出具体要求。改墙和地要统一白灰粉刷，通往主房、厕所、厨房的道路必须硬化，并达到一定宽度。改门窗，除了要求门窗完整外，对窗框、窗纱、玻璃也提出要求。改圈要求牲畜圈舍内壁平整、外墙刷白、地面硬化、确保无臭等。有的县乡村道路状况很差，一些主要道路都不能畅通，但对贫困自然村的农户入户路硬化率提出较高要求。

此外，在对贫困户的具体帮扶上，有的地方看到其他地方对贫困户送彩电，就提出要对贫困户送"彩电＋冰箱＋洗衣机"。有的地方不从实际需求出发考虑生态扶贫公益岗位设置，提出户户安排护林员，可能造成人人有责，又人人无责，加大投入，反而影响护林效果。

二、扶贫标准加码带来诸多不良后果

经济发达、财力充裕的地方，适当提高地方扶贫标准，是必要的。但那些贫困人口多、经济发展水平总体落后、脱贫很大程度靠外力帮扶的地方，提出远远超过"两不愁三保障"的扶贫标准，甚至提出很多东部发达地区都难以实现的指标，看似自加压力、有助于更好实现脱贫，但在实际中，既不利于提高脱贫质量、实现稳定脱贫，也不利于社会公平，还可能造成一些不利后果。

一是扶贫标准加码既增加脱贫难度，也加重地方财政负担、增加债务风险。设定过高的扶贫标准，将会大大增加脱贫难度，有的基层干部产生畏难情绪。有中部贫困县每年给每个贫困户的政府补助、帮扶资金等超过 2 万元，再算上移民搬迁、基础设施建设等政府投入更大。有的贫困县过度保障贫困群众医疗支出，医保基金出现严重收不抵支。本来中央和省级已经大幅增加了扶贫投入，但为了实现设定的过高目标，一些贫困县不得不大量借债，导致杠杆率攀升、金融风险升高。一些干部担心，高标准高投入下，即使咬紧牙关完成任务，恐怕也难以持续。如果脱贫以后支持力度减小，当前高投入支撑的脱贫成效也会相应缩减，到时可能引起群众的不满。

二是扶贫标准层层加码，在贫困村和非贫困村、贫困户和非贫困户之间政策差异大，形成"悬崖效应"。在贫困地区，达不到扶贫标准但生产生活存在一些困难的临界贫困村和贫困户普遍存在。相比于贫困村和贫困户能够享受大量政策帮扶，临界贫困村和贫困户受益较少。由于政府制定的退出标准高，贫困村在基础设施、公共服务、产业发展、集体经济收入等方面得到的支持远远超过非贫困村，几年下来，贫困村水电路网等基础设施一应俱全，而原来基础差不多的临界贫困村，却得不到任何帮扶，几年都没啥变化。相邻的村，贫困村的道路修好了，但夹在中间的非贫困村无钱修路，道路难成网，群众意见大。贫困户每年获得大量补助、优惠，原先收入水平相差不多的临界贫困户则无法享受。有的地方在易地扶贫搬迁中，贫困户不花一分钱就在镇上甚至县城住上了新房子，而非贫困户辛辛苦苦在外打工十多年，才在差不多的位置买上了新房，这造成非贫困户尤其是临界贫困户心理不平衡，有的甚至联名上访，不利于社会和谐稳定。不少地方都反映，贫困户对扶贫工作的满意度很高，但非贫困户的满意度较低。有的县涉及扶贫工作的信访大多数是来自非贫困人口。

三是扶贫标准加码引发帮扶手段简单化，会带来"福利陷阱"。扶贫标准过高，靠贫困户的努力难以达到，一些地方政府就大包大揽。有的产业扶贫项目将财政扶持资金投入企业，贫困户从中分红。还有的将享受政府贴息的贫困户每户5万元的小额贷款，转给企业或合作社等，贫困户每年获得分红，实际上是吃政府的贴息。调查中甚至有的贫困户提出希望将承包地转给政府支持的龙头企业，这样就用不着自己干活，可以拿不太低的流转费。光伏扶贫、资产收益扶贫等是脱贫攻坚中创造的新模式，是让贫困户享受发展成果的好形式，但如果演变成简单兜底，不利于激发贫困人口的内生动力。一些扶贫干部说，有的贫困户对项目不关心，希望政府最好给自己发钱，还有的贫困户没达到自己的要求，就不给帮扶干部签字认可。依靠输血式扶贫，大幅增加各类到户补贴、提高标准，一旦补贴项目中止，可能造成大面积返贫。

四是脱贫标准加码可能诱发短期行为，使脱贫攻坚"重硬轻软"。一些地方加码的扶贫标准中，主要是"硬件"方面。这导致地方政府将主要精力放在改善看得见、摸得着、容易"展示成效"的硬件设施建设上，对确保硬件建设发挥效果的体制机制、组织保障、管理培训等"软的制度"方面重视不够。有的地方花大钱建设高标准学校、医院，购买高端仪器设备，但对教师、医生等人才队伍建设重视不够，好的硬件不能发挥应有效益。有的地方跨越高山河谷修建公路，但对生态影响、维修管护成本和机制等缺乏制度设计和统筹考虑。有的地方易地扶贫搬迁，只注重盖房搬迁，忽视后续帮扶，对搬迁后解决就业创业，实现稳定脱贫缺乏系统安排。这些做法，使得"硬件"难以持续有效发挥作用，甚至可能造成巨大浪费。

三、几点建议

从当前各地的情况看，保持现有的支持力度和工作力度，完全有条件实现脱贫目标。在脱贫攻坚战的最后两年多，扶贫标准不能搞层层加码，必须坚持现行标准，切实把精准扶贫做扎实。既要让广大贫困户有实实在在的获得感，提高贫困人口的发展能力，巩固脱贫成果，也要积极借鉴脱贫攻坚中形成的好的发展思路，发扬脱贫攻坚中形成的好的工作作风，推进相关地区的协调发展。

第一，坚持现行标准，对不符合要求的坚决整改。脱贫攻坚是一项系统工程，既需要全力以赴，更需要科学推进，不能搞政绩工程，不能搞形式主义，不能搞层层加码。对擅自提高标准、层层加码的行为，要及时予以制止。这一点，应当在以后的检查、考核和退出评估时予以体现。

第二，坚持现行标准，还要突出质量，注重"软硬结合"。在注重硬件建设的同时，要特别重视加强软件建设。贫困地区医院、学校等公共服务机构，要重视相关专业人才的培训和培养。贫困村道路建设、河道整治、文化体育设施建设等，要"建管并重"，建立管护运行长效机制。另外，要在激发贫困群众内生动力上下足功夫，让"劳动光荣""奋斗光荣""脱贫光荣"的观念深入人心。

第三，坚持现行标准，还要留有接口，要与乡村振兴衔接好。坚持标准不是不前进，是为了接下来做得更好。当前，脱贫攻坚任务压力不太大的地方，除做好精准扶贫精准脱贫外，应当拿出一定比例的资金，用于基础设施建设、提供公共服务和支持产业发展上，做好与乡村振兴战略的衔接，让贫困村和非贫困村、贫困户和非贫困户都能从中受益，公平获得良好的发展条件和致富环境。

夯实稳定脱贫的基层基础支撑

李传方　　刘一宁

　　加强贫困村基层基础建设，是实现脱贫的重要支撑，也是下一步推进贫困地区乡村全面振兴的重大举措。在脱贫攻坚决胜阶段，应把建强基层组织、培养"带头人"、强化自身造血能力等基础性工作突出出来。从淅川县的做法看，要多措并举，内外发力，进一步加强贫困村基层基础建设。

一、要把基层组织建设与促进产业发展结合起来

　　基层组织建设是贫困村基层基础建设的关键一环。一些地区农村基层组织建设之所以虚化、淡化、边缘化，主要原因在于抓手和载体不实，与农民群众关心关注的现实问题脱节。淅川县通过推动贫困村组织建设与产业发展融合，较好解决了基层组织劲往哪里使、工作怎么抓的问题。

　　首先是围绕产业链提升基层组织的组织力。在村办企业、合作社、扶贫车间建立党组织，通过设立妇女小组、老年小组、青年小组等把全村人聚集在一起，实现党的组织在产业链上全覆盖，

使党组织工作更好融入中心、服务中心。不少乡镇针对部分农村党员无业、无职，党员身份感不强，在产业的关键环节上为每名党员设岗定责，给岗位、给责任、给义务，使党员在产业发展中有存在感获得感，有效激发了党员积极性。

其次是利用产业吸引力增强党建工作实效。一些贫困村建立了村组干部、党员、村办实体负责人、扶贫工作队员、群众代表及普通群众参加的"党干群联席会议制度"，把会议地点搬到产业所在的企业车间、田间地头。在会议的时机和议题选择上，主要围绕研究讨论产业规划、项目引进和利润分红等党员群众关心的利益问题，增强会议吸引力。有的村民讲，过去村里招呼开会，大家都不想来，因为没有什么实质性内容。现在一看，村里的会议都与家家户户利益相关，都抢着来。参会人员各个层次都有，会议地点也没那么严肃，发言不会有顾忌，有时吵几句也没事，会上达成共识，会后执行就比较有力。同时，每次开会都联系贫困群众切身利益，借势宣讲党的理论、党的政策，开展感恩教育。

我们感到，脱贫攻坚推进到现在，一些贫困村从无到有发展了特色产业。产业不仅成为贫困村脱贫的经济支柱，也成为贫困村基层组织发展的重要依托。将基层组织建设与产业发展统起来抓，既能在产业发展、基础设施建设等关键领域，切实发挥基层组织把握方向、集聚民智、协调解决棘手问题的优势，又能通过协调解决好产业等农民群众关注的利益问题，增强基层组织的凝聚力战斗力，形成脱贫致富的强劲力量。

二、要充分发挥扶贫工作队和第一书记"外脑"的带动力

贫困村人才缺乏，加强基层基础建设要借助外部力量。其中，最为关键的就是用好驻村帮扶干部这支特殊力量。前两年，驻村第一书记和扶贫工作队把主要心思和精力用在了引进项目、发展产业上，对脱贫攻坚贡献极大。很多群众反映，如果没有帮扶干部，很多想法实现不了，他们协调了很多村里协调不成的事，在群众中形成较高威信。要利用村民对帮扶干部的这股信任，用好他们观念新、视野宽、素质高等优势，因势利导推进所在贫困村强化基层基础。

（一）引导帮扶干部把工作重点放在软实力建设上。在与部分驻村第一书记个别交流过程中，大家对可能出现的返贫风险，都有不同程度的担忧。有的认为，现在推进脱贫攻坚主要靠的是外部力量，一旦帮扶力量、帮扶政策撤出，很容易返贫。应出台相应政策，引导第一书记和扶贫工作队在着力推进落实产业、就业、基础设施建设等举措的同时，把贫困村软实力建设也作为帮扶工作的一项重点。特别是在带强村"两委"班子、带好党员队伍、带出一批致富带头人上下更大功夫，为贫困村在脱贫后留下一支不走的"工作队"。为此，要不断改进扶贫考核督查工作，加强对各类扶贫检查考评的统筹整合，将村级组织建设等纳入检查考评范围，发挥好"指挥棒"作用。

（二）加强对帮扶干部的针对性培训。基层基础建设是一个系统工程，涉及方方面面，尤其组织建设、乡村治理、乡风文明等，

突破难、见效慢。不少帮扶干部反映，这方面工作比协调几个项目、规划几个产业难度要大得多，而且他们大都是机关或企事业单位选派，对加强农村综合性、基础性工作不熟悉，短时间内难以找到有效的着力点。应针对帮扶干部，开展一系列关于基层基础建设方面的专题培训，加强经验交流和相互学习借鉴，弄准吃透扶贫政策，提高带领村民抓基层打基础的能力水平。

（三）研究用经济纽带把帮扶干部与贫困村长期捆绑在一起，促进离岗不脱钩。淅川县有些驻村干部和第一书记把自己与贫困村紧紧连在一起，自掏腰包拿出 1 万—2 万元甚至更多资金投入扶贫产业，吸引、带动贫困户参与产业发展。虽然淅川县规定，帮扶干部个人投入的资金，脱贫后作为股份予以分红，但目前来看基本属于帮扶干部出于使命责任的志愿行为。我们认为，可对帮扶干部参股入股贫困村合作社的具体形式、分红比例、时机条件进行研究，实现帮扶干部与贫困村脱贫发展更紧密的结合。这样做，既能从物质上更好调动帮扶干部积极性，还能使他们离岗后还跟村里有经济联系，长期给予帮助和支持。

三、要大力培养贫困村基层组织骨干力量

打牢基层基础，巩固脱贫成效，必须把外部的帮扶、外来的资源转变为贫困村的内在动力。这其中，重点是要抓好农村骨干这个"关键少数"，推动"人"的全面发展和乡村全面振兴。

要调优建强贫困村"带头人"队伍。通过这几年的调整优化和激励约束，农村"两委"班子结构老化、知识欠缺现象有了

较大改观。近两年，淅川县面向社会吸纳大学生、复退军人担任村干部，村干部平均年龄由 55 岁下降到 48 岁，高中以上学历由 43% 提高到 62%。对脱贫成效显著的村支部书记采取在任期内列席乡镇班子会、享受副科级工资待遇等形式给予一定政治和物质激励，通过集中授课、参观见学等方式对村干部进行轮训，取得了较好效果。但总体上，村"两委"班子在年龄结构、能力素质上，与带领群众实现稳定脱贫、逐步致富的要求相比，还有较大差距。同时，部分驻村第一书记反映，现在对村"两委"班子的考核偏软偏虚，在党的建设、发展产业等方面缺乏硬性指标要求。应大力塑造好的发展环境，充分吸引本土人才回归，"老中青"相结合优化村"两委"班子结构。引导贫困村正确处理好帮扶干部与村干部之间的关系，逐步提高村干部带领群众脱贫致富的能力。通过奖补、产业绩效、入股分红等进一步提高村干部待遇，形成有效的正向激励机制。

要在脱贫攻坚主战场壮大贫困村党员队伍。当地反映现在贫困村党员数量少，年龄老化严重，40 岁以下的党员平均每个村只有 4—5 名、仅占党员总数的 25%，而且一个贫困村两年才能发展 1 个党员。这种现象在全国贫困地区也较为普遍。虽然在发展党员指标上对贫困村有所倾斜，但力度还不够。这样下去，既影响党员队伍发挥作用，也不利于培养村"两委"接班人。通过脱贫攻坚主战场考验，贫困地区中青年对党的政策感受更为深刻，对党的认同感显著增强，想入党的人明显多了。建议针对中青年入党积极性增高又接受了脱贫攻坚检验的实际，进一步增加贫困村党员发展指标，把政治素质过硬、能力素质强、乐于扎根农村的人吸收进来，进行重点培养和帮带。这样利于优化党员结构，从源头上改善村"两委"班子年龄结构老化现象，为党在农村的工作提供充足的新鲜血液。

要强化农村骨干适应现代市场的意识和能力。实现脱贫致富、促进经济发展，离不开市场作用的发挥。一些地方注重培养群众的市场观念和利用市场发展经济的能力，取得了明显效果。建议各地结合当地产业发展实际，从贫困村致富"带头人"抓起，加大对贫困群众市场观念、专业技能培育力度，使他们加快掌握现代化的生产方式和经营方式，以产业的大发展推动农民素质来一次大提升。

要用好脱贫攻坚形成的正能量，发挥其引领带动作用。前所未有的脱贫攻坚战，对于贫困地区群众的意义，不仅是彻底摆脱贫穷，也是一场深刻的教育和洗礼，将影响几代农村人。有的帮扶干部讲，现在村里是"四无四多"，打牌吵架的没有了、偷鸡摸狗的没有了、游手好闲的没有了、好吃懒做的没有了，勤劳致富的多了、热心公益的多了、想入党的多了、向善感恩的多了。有的贫困户谈到，自己思想上有了很大变化，是脱贫攻坚让我们看到了希望，感到生活有了盼头。思想观念的根本改变是不容易的。如果没有这么一场强有力的脱贫攻坚战，贫困地区老百姓的思想观念、生活方式很难有这种可喜变化。要进一步宣扬脱贫攻坚的重大意义和正面效应，既要大力宣传和表彰为贫困群众办实事、脱贫实绩突出的优秀帮扶干部，也要大力宣传和表彰拥护党的政策、积极脱贫致富的贫困户代表，扩大脱贫攻坚对农村群众的教育和影响，更好激发内生动力。

全力以赴打好脱贫攻坚战

——在 2018 年淅川脱贫攻坚调研督导反馈会上的发言

黄 守 宏

（2018 年 8 月 3 日）

党的十九大把脱贫攻坚战作为决胜全面建成小康社会必须打赢的三大攻坚战之一，作出全面部署。不久前，党中央、国务院制定了关于打赢脱贫攻坚战三年行动的指导意见。我们这次专门来淅川开展脱贫攻坚集中调研督导，主要是深入学习领会习近平新时代中国特色社会主义思想、特别是习近平总书记关于扶贫工作的重要论述，贯彻党中央、国务院关于打赢脱贫攻坚战的部署安排，加强脱贫攻坚一线调查研究，进一步提升国研室定点扶贫工作水平，推动淅川县脱贫攻坚工作取得新成效。

来淅川之前，我们专门开了室务会和调研组全体人员会议，对调研督导工作作了认真讨论研究，总的思路是"从全国看淅川、从淅川看全国"。之所以要从全国看淅川，是因为做好淅川县脱贫攻坚工作，必须深入贯彻落实习近平总书记关于扶贫工作的重要论述和党中央关于打赢脱贫攻坚战的统一部署，坚持精准扶贫、精准脱贫基本方略，准确把握国家确定的脱贫攻坚目标任务，严格执行扶贫标准和各项政策举措，结合实际创造性开展工作，确保脱贫各项工作和进展符合党中央要求。国研室要履行好定点帮扶淅川职责、落实好督导工作要求，必须在深入了解淅川脱贫攻坚乃至经济社会发展总体情况基础上，对标对表党中央的部署安排，借鉴全国其他地区好的经验做法，有针对性地提出淅川哪些好的经验做法应进一步拓展、哪些工作应进一步加强、哪些突出矛盾应抓紧解决、哪些苗头性问题应注意防止等意见和建议，帮助淅川提升脱贫质量和实效。之所以要从淅川看全国，是因为推进脱贫攻坚面临不少新情况新问题新挑战，需要及时调整优化相关政策措施，同时也要对做好脱贫攻坚与实施乡村振兴战略有效衔接进行深入研究，推动解决一些矛盾和问题。问题来源于实践，也必须从实践中寻找答案。国研室作为综合性政策研究机构，对脱贫攻坚的重大政策提出意见和建议是我们应尽的职责。这次调研督导，就是要通过深入解剖淅川这只"麻雀"，总结淅川的好做法、好经验，以小见大，以微知著，提炼出全国面上的政策建议，为党中央、国务院提供决策参考。

几天来，调研组一行分9个小组，实地察看了全县20多个贫困村、10多家企业，随机走访慰问了24户农户，同时利用晚上时间，和70余名县乡干部、驻村第一书记、企业负责人进行了一对一访谈交流。调研既着眼于产业扶贫、易地扶贫搬迁、教育扶贫、健康扶贫、金融扶贫等脱贫攻坚重点工作，又注意了解经济社会发展、体制机制改革、基层党建工作等面上情况。今天下午，调研组开了碰头会，大家所见所闻很多，感触体会很深，讨论交流也很热烈。从调研情况看，淅川县认真贯彻落实习近平总书记关于扶贫工作的重要论述和党中央、国务院决策部署，把脱贫攻坚作为头等大事和第一民生工程来抓，创新抓好"短中长"三线产业发展，稳妥推进易地扶贫搬迁，着力改善基础设施和公共服务，强化党建引领，各项工作扎实深入，脱贫攻坚综合成效连续两年居全省先进行列，成绩可圈可点。淅川县坚持以脱贫攻坚统揽经济社会发展全局，打造县乡村一体抓落实的工作机制，注重在扶贫一线培养对党忠诚、勇于攻坚的干部队伍，着力增强贫困村、贫困群众的内生动力，县域经济社会发展有活力、有后劲。对淅川县在脱贫攻坚以及经济社会发展中的创新经验和好的做法，回去后我们将认真总结提炼。

大家反映，此行不虚、受益匪浅。这次调研是一堂严肃的政治教育课，强化了大家做好定点扶贫工作的政治责任意识。定点帮扶淅川，助推淅川如期高质量实现脱贫攻坚目标，这是党中央交给国研室的一项严肃而重大的政治任务，是国研室全体干部义不容辞的责任。调研中，大家认为，淅川县脱贫攻坚取得了决定性进展，但实现全面脱贫还有不少硬骨头要啃、还有很多大难题要解，其中有不少是当地力所不及的，我们要结合自身业务工作，尽心竭力支持淅川打赢脱贫攻坚战。这次调研是一堂生动的国情课，加深了大家对贫困地区经济社会发展的认识。国研室的干部要做好政策研究和决策咨询工作，离不开对基本国情的全面深刻了解，离不开对基层干部群众所思所想所盼的准确把握。这次我们全室集骨干之力、出精锐之军，由我和郭玮同志带队，组织包括 10 名司级干部在内的 24 名干部，围绕经济社会发展各个领域，在一个县扎下去集中开展调研，与县乡村基层干部和群众面对面访谈，这在国研室历史上是前所未有的。物有甘苦，尝之者识。参加调研的年轻同志表示，通过这次调研，直接看到了以前不常看到的真实贫困，增进了解了以前不太清楚的农业农村实际情况，切实体会到以前想象不到的农民生产生活状况，深化了对基本国情特别是基本农情的认识，对党中央推进脱贫攻坚、实施乡村振兴战略决策部署的重大意义有了更为深刻的理解。这次调研还是一堂深刻的作风教育课，增强了大家践行群众路线、改进工作作风的主动性。很多同志表示，以前下去调研，往往是听听面上情况介绍、开开座谈会、卡着时间点到基层看一看，虽然也了解了不少情况，但总是深入不下去、觉得隔了一层。比如，在地方召开多人参加的座谈会时，基本上是职务最高的人定调子，其他人都"按方抓药"，不敢越"雷池"半步，本来一些鲜活的经验事例话到嘴边又咽回肚子里了；而且初来乍到，缺乏沟通信任，往往介绍本地成绩经验的多，讲面子话、客套话的多，反映存在矛盾和问题的少。这次调研一竿子插到底，实打实进村入户到企业，用了较长时间在田间地头细看、与干部乡亲深聊听真心话、摸真情况。可以说，这既是一次察到实情、获得真知的接地气调研，也是一次得到锤炼、取得实效的转作风调研。一些同志谈到，很多基层扶贫干部长年累月冲锋在脱贫攻坚最前线，用心用情用力搞帮扶，通过这次交心谈话，在他们身上感受到了我们党的优良作风，体会到了一线帮扶的艰辛和付出，感悟到了奋力推进脱贫攻坚的那股精气神，很受教育，深为感动。我们要向淅川的同志学习，把淅川干部的好做法、好作风、好精神带回去，推动国研室干部精神再提振、作风再锤炼、工作再上新台阶。这里，结合调研情况，按照督导工作要求，我简要谈几点意见，供大家参考。

第一，认真学习领会习近平总书记关于扶贫工作的重要论述，切实增强打赢脱贫攻坚战的政治责任感和历史使命感。 党的十八大以来，以习近平同志为核心的党中央把脱贫攻坚工作纳入"五位一体"总体布局、"四个全面"战略布局，作为全面建成小康社会的底线任务和标志性指标，作出一系列重大决策部署。习近平总书记亲自挂帅、亲自出征、亲自督战，国内考察40多次涉及扶贫，连续6年国内首次考察看扶贫，连续4年新年贺词讲扶贫，连续2年主持召开中央政治局会议审定省级党委和政府扶贫开发工作成效考核结果，在陕西延安、贵州贵阳、宁夏银川、山西太原、四川成都主持召开5次跨省区的脱贫攻坚座谈会，在重要会议、重大场合、关键时点反复强调脱贫攻坚，作出了一系列重要指示批示，为打赢脱贫攻坚战提供了强大武器和根本遵循。党的十八大以来，各省区市党政一把手向党中央签军令状的，对考核结果靠后省份由中央领导同志约谈省级党委和政府一把手或分管负责同志的，唯有脱贫攻坚这项工作。习近平总书记和党中央之所以如此高度重视脱贫攻坚工作，是因为这直接体现我们党的初心和使命，体现中国特色社会主义本质要求，事关全面建成小康社会、事关实现第一个百年目标、事关巩固党长期执政基础，具有重大现实意义和深远历史意义。

推进脱贫攻坚，必须尽锐出战、全力以赴。习近平总书记在内政外交国防、治党治国治军、改革发展稳定等国事十分繁忙的情况下，还拿出这么多时间和精力，驰而不息地抓脱贫攻坚，体现了高度的政治责任感和历史使命感，体现了坚决打赢脱贫攻坚战的坚定意志和决心，为全党全社会树立了标杆、作出了表率。我们讲牢固树立"四个意识"、坚定"四个自信"、做到"两个维护"，不能停留在口头上，关键看行动。习近平总书记代表全党向全体人民和国际社会作出了打赢脱贫攻坚战的庄严承诺，我们要通过扎实的工作，真正兑现这个承诺，以实际行动对总书记负责，对党负责，对人民负责。淅川县是河南省4个深度贫困县之一，还有4万多贫困人口，脱贫难度大，攻坚任务重。希望淅川县各级干部深入学习领会习近平总书记关于扶贫工作的重要论述，进一步增强打赢脱贫攻坚战的责任感和使命感，从政治和大局上向核心看齐，调动各方面力量集中攻坚，把政治优势和制度优势充分发挥出来，扎扎实实做好脱贫攻坚各项工作。

第二，高质量完成脱贫任务，确保脱贫攻坚成果经得起历史和实践检验。习近平总书记在去年中央农村工作会议上的重要讲话中强调，要把提高脱贫质量放在首位。最近印发的《中共中央国务院关于打赢脱贫攻坚战三年行动的指导意见》也明确指出，要牢固树立正确政绩观，不急功近利，不好高骛远，更加注重帮扶的长期效果，夯实稳定脱贫、逐步致富的基础。从调研情况看，淅川脱贫攻坚的质量总体是好的，但也要防微虑远，注重前瞻性地防止一些在贫困地区中普遍存在的苗头性、倾向性问题，稳中求进把工作做好，确保高质量完成脱贫任务。

首先，要坚持脱贫攻坚目标标准不动摇。党中央已经明确，脱贫攻坚战三年行动的目标，就是到2020年，确保现行标准下农村贫困人口实现脱贫，消除绝对贫困；确保贫困县全部摘帽，解决区域性整体贫困。如期实现脱贫目标，必须紧紧盯住"现行标准"这四个字。以"两不愁三保障"为主要特征的现行扶贫标准，是党中央经过反复权衡、深入研究确定的，符合我国国情和发展规律。习近平总书记强调，在脱贫攻坚期内，必须严格坚持现行扶贫标准，不能因为党中央重视就互相攀比，擅自拔高标准。要始终坚持脱贫攻坚目标标准，既不急躁冒进，也不消极拖延，既不降低标准、影响质量，也不提高标准、吊高胃口。三年攻坚行动一定要确保焦点不散、靶心不变，做到真扶贫、扶真贫、真脱贫。

其次，要坚持正确的扶贫工作思路。做扶贫工作，思路不同、着眼点不同，干法就不同，工作成效也会天差地别。如果单纯为了短期完成考核目标，就很可能急功近利，导致脱贫工作不扎实，可能使贫困群众"受折腾"、一时脱贫但很快返贫，甚至留下后遗症；如果是为了让贫困群众走上稳定脱贫、逐步致富的道路，才能扑下身子、沉下心来，带着感情倾力投入，才能帮到点子上、扶到关键处，用无私奉献的辛苦指数换来贫困群众的幸福指数。希望淅川县在推进脱贫攻坚工作中，立足当前、着眼长远、精准施策，创新方式方法，夯实产业基础，确保实现贫困群众如期脱贫、稳定脱贫、逐步致富的目标任务。

再次，要着力巩固脱贫成果。通过过去几年的努力，淅川全县2万多贫困人口已经脱贫，几十个贫困村退出，成果不可谓不显著。但这些退出的贫困人口、贫困村脱贫质量怎么样？有没有稳定的产业、稳定的就业作为脱贫支撑？有没有因为受灾、患病等情况返贫的？这些情况要摸摸底、搞清楚、弄明白，心中有数方能施政有方。要注重在脱贫攻坚中发展培育特色主导产业，促进脱贫人口稳定就业，壮大农村集体经济，改善基础设施和公共服务，及时落实对困难人员的救助帮扶，防止一边大量贫困人口脱贫、一边出现返贫的情况。脱贫后支持政策要有过渡期，夯实贫困人口、贫困村稳定脱贫的基础。

最后，关键是要激发群众脱贫内生动力。党中央反复强调，贫困群众是脱贫主体，政府不能大包大揽，脱贫攻坚不能养懒汉。有些贫困群众"等靠要"，一方面是思想意识的问题，另一方面可能是我们的工作方法不当的结果。比如，落实各项帮扶政策举措是否充分考虑发动群众参与？具体工作上如何调动贫困户的主动性、积极性、创造性？这些都需要深入研究。要转变扶贫方式，让扶贫措施与贫困群众参与挂钩。要加强教育培训，帮助贫困群众转变思想观念，提高致富能力。要发挥村规民约、公序良俗作用，引导贫困群众自我约束、自我管理、自我提升，厚植乡风文明沃土，滋养乡村振兴之路。要加强典型引导，鼓励贫困群众向身边人身边事学习，营造脱贫光荣、勤劳致富的良好氛围。

第三，坚持以脱贫攻坚统揽经济社会发展全局，为实施乡村振兴战略打下良好基础。发展是我们党执政兴国的第一要务，也是包括贫困地区在内所有地方的永恒课题。习近平总书记在2015年中央扶贫工作会议上明确提出，要坚持以脱贫攻坚统揽经济社会发展全局。这对于贫困地区统筹好脱贫攻坚和区域发展，具有很强的指导性和针对性。今年是打赢脱贫攻坚战三年行动的首战之年，也是实施乡村振兴战略的开局之年，贫困地区正处在脱贫攻坚与乡村振兴两大战略的交汇期。对于贫困县来说，从现在开始就要做好脱贫攻坚与实施乡村振兴战略有效衔接，为贫困地区开启发展新篇章打下良好基础。

一要培育好贫困地区发展的新动能。加快培育新动能、改造提升传统动能，实现新旧动能接续转换，既是促进经济结构转型和实体经济升级的重要途径，也是贫困地区抢占先机、弯道超车的关键之举。要发挥好贫困地区在资源环境、劳动力等方面的特色优势，适应新需求，引入新技术，发展新产业新业态。淅川县地处南水北调中线工程核心水源区，过去库区农民"有山不能养畜、有矿不能开采、有库不能养鱼"，发展传统产业受到制约，但并不是无路可走、无业可兴。要树立和践行绿水青山就是金山银山的理念，清醒认识到核心水源地决不是发展的负担累赘，而是淅川发展的最大特色优势所在，可以说潜力巨大、空间广阔、前景光明。淅川县要坚定不移走绿色发展道路，下大力气做好水源地绿色产业这篇大文章，构建以产业生态化和生态产业化为主体的生态经济体系，提供更多优质生态产品，把绿色生态打造成淅川最亮丽的名片。

二要深化体制机制改革。改革是激发市场活力、增强内生动力、释放内需潜力的重要举措，也是贫困地区实现跨越式发展的关键一招。贫困地区先天条件不足，基础设施相对薄弱，受中心城市辐射带动少，发展产业、吸引外来投资难度大，发展处于相对劣势地位。当前，各地区发展竞争力的比拼，已从比"硬环境"转向比营商环境、比服务质量等"软实力"上。贫困县要弱鸟先飞，必须更加充分认识深化"放管服"改革的重大意义，在转变政府职能上更快一步，在优化营商环境上更好一分，争当持续深化"放管服"改革的"黑马"和"排头兵"。淅川县要进一步清理减少行政审批事项，加强事中事后监管，着力提升政务服务效能，努力打造行政简约高效、市场公平有效、制度稳定长效的发展环境。

三要重视防范化解重大风险。党的十八大以来，习近平总书记反复强调全党要高度重视和切实防范化解各种重大风险。贫困地区越是到脱贫攻坚最后关头，越要注重防范各类风险。以金融风险为例。脱贫攻坚以来，金融扶贫支持力度明显加大，但一些贫困地区资金投向不准、使用不当、管理不力，潜在风险隐患不容小视。一些地方的扶贫小额信贷，不是用于贫困户发展生产，而是用于修建房屋、购置家电等生活消费，可能导致"因债返贫"。一些地方将贫困户的扶贫小额贷款打包给企业使用，政府提供担保，但法律上的承贷主体还是贫困户，如果企业经营失败、出现违约，只能由政府兜底还款。再比如财政风险，一些贫困县不顾实际赶进度，举债实施超出规划和财力的项目，"寅吃卯粮"、过度透支，留下很大隐忧。淅川县要居安思危、未雨绸缪，把风险防范放到更重要的位置，加强风险管理，有效防范化解各类可能出现的风险，守住不发生区域性、系统性风险的底线。

从国研室来讲，要坚持全室一盘棋，凝心聚力做好定点扶贫工作。习近平总书记高度重视中央单位定点扶贫工作，多次就落实定点扶贫工作责任作出重要指示。《中共中央 国务院关于打赢脱贫攻坚战三年行动的指导意见》对深入开展定点扶贫工作提出了明确要求。我们要深入学习领会习近平总书记重要指示精神，把定点帮扶淅川县作为全室一项重要的政治任务，锲而不舍地抓紧抓好。我作为国研室党组书记、主任，是定点扶贫工作的第一责任人，各司司长也要结合本司职能，切实承担起帮扶责任。要按照要求加强对淅川县脱贫攻坚工作指导督导，推动抓好脱贫攻坚责任、政策和工作落实。国研室各部门要将定点扶贫工作与本司业务工作结合好，各尽所能帮助淅川县解决好面临的实际困难、落实好脱贫攻坚各项政策。要把淅川县作为国研室各部门调查研究的基地，真正深入脱贫攻坚第一线查实情，和淅川县干部群众共商脱贫之策、共谋致富之路，积极为淅川脱贫攻坚出实招、解难题，强化"软件帮扶"，全力助推淅川县脱贫攻坚。

2019

攻坚克难

　　2019年是打赢脱贫攻坚战攻坚克难的关键一年。全国832个贫困县中已有436个县摘帽，预计到2019年年底将再有330个贫困县退出，脱贫攻坚战逐步进入收官阶段。贫困县摘帽前后应该注意哪些问题？摘帽后各项支持政策怎么办？摘帽县如何实现持续健康发展？围绕这些各方面都比较关心的问题，国务院研究室组织16名同志于8月上旬利用暑休时间，由黄守宏主任带队再赴定点扶贫县——河南省淅川县开展实地调研。此次调研，坚持把"不忘初心、牢记使命"主题教育与履行定点扶贫政治责任结合起来，坚持"从全国看淅川、从淅川看全国"的总体思路，聚焦摘帽前后脱贫攻坚工作，深入贫困村、扶贫产业基地、企业、学校、医院等基层一线，与乡镇党委书记、村支书、驻村第一书记、贫困户和非贫困户代表等面对面交流，掌握了大量第一手资料，同时对全国面上情况进行了分析，在此基础上形成了10篇调研报告。

贫困县摘帽后现行支持政策走向
和县域发展战略亟须及早明确

贺达水　李攀辉

实施脱贫攻坚战以来，在以习近平同志为核心的党中央坚强领导下，经过各方面的艰苦努力，贫困县普遍获得了长足发展、发生了巨大变化，预计到 2020 年现行标准下农村贫困人口实现脱贫、贫困县全部摘帽、解决区域性整体贫困的脱贫攻坚目标能够顺利完成。但是，摘帽县经济社会发展相对滞后的局面没有根本改变，仍离不开国家的大力支持和社会各方面的帮扶。现在无论是已摘帽的还是即将摘帽的贫困县的干部群众都很关心脱贫攻坚期出台的政策举措走向，普遍担忧因一些重要政策措施弱化或取消会引致经济社会发展出现停滞或下滑局面。我们认为，国家有关部门应对各项政策举措进行全面梳理评估，明确哪些是需要长期坚持甚至加强的，哪些是需要根据形势变化予以调整或退出的，有的可设置过渡期，并及早公之于众、以稳定预期。同时，应加快推进脱贫攻坚与乡村振兴各项工作衔接，制定摘帽县县域经济发展战略，巩固脱贫攻坚成果，增强内生发展动力，实现经济社会持续健康发展。

一、如期打赢脱贫攻坚战是有把握的，但收官阶段仍需坚持标准、注重质量

根据调研并综合面上情况，脱贫攻坚任务可如期全面完成，主要依据是以下三点。

一是贫困户"两不愁三保障"基本实现。从全国看，贫困群众普遍不愁吃、不愁穿，上学、就医、饮水安全、住房安全在大部分地区得到较好保障。预计到今年年底，全国将只剩下60个左右贫困县待摘帽，贫困人口600万左右，贫困发生率降至0.6%，明年剩下的贫困县能够实现"两不愁三保障"目标。我们在淅川调研时看到，贫困户生产生活条件与脱贫攻坚之前相比明显改善，就业门路和收入来源得到拓宽，"两不愁三保障"已较好解决。预计到今年年底，淅川贫困发生率将降至0.9%，贫困人口数减至7000人，基本达到贫困县脱贫标准。

二是贫困村基础设施和基本公共服务明显改善。从2018年全国农村贫困监测调查结果看，自然村通公路、通电话、通有线电视的比重都已接近100%，通宽带、有卫生站的比例都在93%以上，农户上幼儿园、上小学便利的比重也都接近90%，办成了许多过去想办而没办成的民生实事，也为贫困地区从脱贫逐步走向全面振兴创造了条件。就淅川而言，贫困村基础设施和基本公共服务建设投入力度前所未有，累计整合涉农资金11.7亿元用于贫困村建设，基本实现全面通路、通水、通宽带，实现基本公共服务全覆盖。

三是贫困县已初步形成持续发展的产业支撑。贫困县着力依

托特色优势资源加快产业转型升级，县域经济社会发展的后劲增强。以淅川为例，该县坚持短中长三线结合、一二三产业融合发展思路，重点发展软籽石榴、杏李等生态高效产业，着力发展汽车零部件和食品加工两大产业，以特色旅游引领现代服务业发展，三次产业比例调整到 12：47：41，目前已有 10 家企业被认定为国家科技型中小企业。县域经济发展为巩固脱贫成果提供了有力支撑。

从全国来看，随着脱贫攻坚战进入收官阶段，基层扶贫工作中出现的一些问题要高度重视。一是存在拔高脱贫标准的倾向。中西部一些贫困县为确保脱贫摘帽并顺利通过验收，工作上自行加码，部分扶贫举措偏离了"两不愁三保障"的标准。如有的县在人口稀少的偏远山村投入数十万元修建文体广场等设施，但利用率很低。超标准的投入，增加了贫困县财政负担。二是存在着脱贫工作质量不高问题。有的县与"两不愁三保障"相关的问题尚未有效解决，如有些搬迁安置房存在质量问题、部分搬迁贫困人口就业难、少量贫困群众饮水安全不达标等。这些问题反映出部分贫困县扶贫工作还不够扎实细致。三是用"造血式"举措巩固脱贫成果谋划不够。突出表现在部分扶贫产业重生产、轻市场，加工、物流等配套设施缺乏，产品附加值低等，贫困群众担心一旦支持力度下降，产业发展将难以为继。对这些问题，要尽快采取措施加以解决，增强群众对脱贫攻坚的获得感和认可度，确保脱贫成果经得起实践和历史检验。

二、脱贫摘帽县仍是区域发展的短板，脱贫攻坚期的重要政策举措要分类处理、平稳过渡

明年将历史性解决农村绝对贫困问题，贫困县也将全部脱贫摘帽。但对脱贫摘帽县经济社会发展的相对滞后性不能低估，对贫困地区自我发展能力不能高估，对巩固拓展脱贫攻坚成果的艰巨性应有清醒认识。第一，脱贫摘帽县是区域发展短板的格局没有变。脱贫摘帽县自然地理、生态环境等制约短期难以根本改观，基础设施、基本公共服务欠账仍然较多，产业发展基础还不够牢固。如淅川县 2018 年人均地区生产总值 34030 元，仅相当于河南省平均水平的 2/3、全国平均水平的 1/2；人均地方财政收入 1300 元，仅相当于河南省平均水平的 1/3，不到全国各地平均水平的 1/5。淅川县城至今不通高速公路和铁路，县内乡镇之间交通不通达，发展受到很大制约。第二，贫困地区自身发展能力弱的状况没有变。脱贫摘帽县经济社会发展基础条件落后、营商环境与其他地区比有较大差距，在资金、技术、人才等要素竞争中处于不利地位。淅川县当地汽车零配件龙头企业为吸引人才，只能把研发中心设在上海、郑州等城市。第三，脱贫人口生产生活水平较低的状况没有变。多数脱贫人口只是实现了"两不愁三保障"，但收入、基本公共服务水平等并不高，遭受灾害、疾病、市场波动等容易返贫。2018 年，贫困地区农村居民人均可支配收入 10371 元，仅相当于全国平均水平的 70.9%，汽车、洗衣机等耐用消费品拥有量也显著低于其他地区。

鉴于这"三个没有变"，国家对脱贫摘帽县发展要继续予以支

持，防止脱贫摘帽后因支持政策退出或力度骤减而形成"断崖效应"。对攻坚期的支持政策应分类处理。

一是有利于补短板、强基础、利长远的政策，应继续加强。比如，财政扶贫政策要保持中央和省级财政专项扶贫资金户头不撤、渠道不变、力度不减，支持项目和范围可视情予以调整。同时，继续加大一般性转移支付对贫困地区的支持力度，赋予脱贫摘帽县统筹整合涉农资金更大使用自主权。金融政策要继续对贫困地区予以倾斜，保留并扩大扶贫再贷款，给予小额扶贫贷款适当缓冲期。贫困地区土地政策如专项安排年度新增建设用地计划指标、城乡建设用地增减挂钩指标使用、新增耕地指标调剂等政策，要继续实施。针对贫困地区交通、水利、电力、通信等基础设施建设支持政策，人才和科技扶贫、东西部扶贫协作、定点扶贫等政策，应继续保持或加强。

二是具有超常规、临时性特征的政策，应实事求是调整优化。如一些地方针对建档立卡贫困人口的超常规医疗保障政策，不仅影响医保基金可持续运行，也易引发非贫困户心态失衡，应逐步过渡到城乡居民基本医疗保险同等水平。向贫困村选派第一书记和驻村工作队制度，对于推进贫困村脱贫和加强农村基层党建发挥了很大作用，但大规模选派干部长期驻村是难以持续的，应适当减少规模、缩短驻期、收窄覆盖面，有针对性地选派乡村治理、发展产业等急需干部。

三是针对特定乡村、特定人口的特惠型政策，应逐步转型为普惠型政策。如主要针对贫困人口的易地扶贫搬迁政策，应逐步转型为针对地质灾害易发区或生态脆弱区居民的生态宜居搬迁。

重点针对贫困户的产业和就业扶持政策、针对贫困村的基础设施建设支持政策等，应允许脱贫摘帽县从实际出发将其拓展到非贫困户、非贫困村，防止产生新的不平衡。

此外，应着眼长远发展稳定和优化扶贫机构与职能。经过国家30多年持续开展有组织大规模扶贫行动，特别是党的十八大以来实施脱贫攻坚战，形成了扶贫领域比较健全的体制机制、机构体系和一支有战斗力、有奉献精神的干部队伍。这是一笔宝贵的财富。调研中扶贫干部和其他方面对攻坚期后扶贫机构存续和人员去留都很关切。对此，要及早予以明确，以利于稳定各级扶贫机构干部预期，凝心聚力做好扶贫和后续发展工作。我们认为，农村绝对贫困问题解决之后，相对贫困问题将长期存在。促进脱贫摘帽县巩固拓展脱贫攻坚成果和发展县域经济、缩小与其他地区的差距、实现共同富裕，尚需不懈努力，专司机构不可或缺。建议保留现有扶贫机构，并根据新的历史任务对其职能及名称进行调整。明年脱贫攻坚任务完成后，可将各级扶贫开发工作领导小组及其办公室转为区域协调发展工作领导小组及其办公室，其职责是牵头协调各方面，巩固拓展脱贫攻坚成果、促进欠发达区域经济社会发展。很多国家都设有专门的欠发达区域发展促进机构。

三、抓紧研究制定脱贫摘帽县县域发展整体战略，形成内生发展长效机制

脱贫摘帽县的持续健康发展，要靠乡村振兴接续发力，靠县域经济稳固支撑，靠改革创新激发内在动力。建议根据全面建成

小康社会后脱贫摘帽县发展新形势新任务，着眼巩固拓展脱贫攻坚成果，对接实施乡村振兴战略重点举措，抓紧研究制定脱贫摘帽县县域发展战略和相关支持政策。

（一）完善现代乡村产业体系。根据脱贫摘帽县资源禀赋特色和乡村发展优势，因地制宜构建现代乡村产业体系。完善脱贫摘帽县乡村产业布局，形成短线产业稳脱贫、中线产业稳收入、长线产业能致富的衔接格局。以脱贫攻坚形成的扶贫产业体系为基础，充分发挥规模集聚效应，加快形成县域产业集群。积极拓展深加工、销售、观光旅游等高附加值环节，推进市场化品牌化发展。发挥保险对现代乡村产业发展的保障作用，农业特色产业保险优先在脱贫摘帽县试点。提升农民的组织化程度，健全企业与农民利益联结机制。研究对脱贫摘帽县产业发展实行领导干部责任制，防止片面"短平快""人走业衰"，从制度上保障产业发展连续性。

（二）加大改革力度。着力改善营商环境，破解财政、金融、土地等领域制度障碍，放活资源要素，搞活县域经济。一要深化"放管服"改革。与发达地区相比，欠发达地区在资源、区位、基础设施等发展的"硬条件"上处于劣势，只有大力推进改革，营造更佳的"软环境"，才能留住本地资本、吸引外来资本，打造比较优势、积聚发展动能。脱贫摘帽县要主动对标先进，在推进简政放权、加强公正监管、强化公共服务等方面下功夫。二要深化财政体制改革。试点赋予脱贫摘帽县更充分的涉农资金整合使用权限，允许整合资金用于乡村振兴相关领域。对重点生态功能区建设任务较重的脱贫摘帽县，增加生态补偿转移支付。三要深化金融体制改革。可考虑将扶贫再贷款转型为支持脱贫摘帽县县域经济的再贷款机制，保持比支农再贷款更优惠的利率，向县域农商行、农村合作银行、农信社和村镇银行提供期限较长资金，降低贫困地区融资成本。四要深化土地制度改革。可考虑将目前深度贫困地区享受的用地政策，包括城乡建设用地增减挂钩不受指标规模限制、节余指标跨省域调剂使用机制、协同解决土地利用规划计划指标等，拓展到所有脱贫摘帽县。

（三）促进创新创业。脱贫摘帽县多是创新洼地，应积极引入科技、管理、人才等创新要素，与自身特色优势资源相结合，提高脱贫摘帽县发展质量。一要推进对内对外开放。实施差别化支持政策，借助东西部协作体系，推动东部地区适宜的产业向脱贫摘帽县转移。通过政府购买服务等方式，鼓励和规范工商资本下乡，引导社会资本投入农业农村。二要推进乡村创新创业。深化实施激励农业科技人员创新创业改革工作，建立农民教育培训体系，完善返乡农民工创业支持政策。三要加大人才引进力度。支持贫困地区实施人才弹性引进计划，通过人才引进奖补、特殊津贴、股权激励等方式，加快引进发展的急需人才。进一步疏通优秀村干部上升通道。探索对发展特色产业、壮大集体经济有贡献的村干部奖励制度，激发村干部干事创业积极性。

（四）减轻财政负担和防范化解风险。脱贫摘帽县大多自我造血功能不强，而攻坚期内基础设施建设、公共服务质量提升、产业培育扶持等刚性支出多，部分脱贫摘帽县已形成一定的债务，并且风险防控能力总体偏弱。一要防范化解债务风险。实事求是排查脱贫摘帽县债务情况，中央财政和省级财政将其作为重点优先支持化解债务风险。有易地扶贫搬迁任务的脱贫摘帽县，要指导支持其利用城乡建设用地增减挂钩政策，做好偿还搬迁贷款安排，防止还款影响财政收支平衡。二要防范化解金融风险。重点关注金融扶贫中对扶贫龙头企业的扶贫贷款和对建档立卡户的扶贫小额信贷，完善不良信贷监测机制和续贷展期办法，兼顾巩固拓展脱贫攻坚成果和缓释金融风险的需要。三要防范化解返贫风险。加快扶贫开发与农村低保制度衔接，整合各类救助政策资金。研究制定边缘户在义务教育、基本医疗、产业发展等方面的扶持政策，统筹开发式扶贫与保障性扶贫，形成解决相对贫困的常规性帮扶机制。

基层干部对改进贫困县退出评估的建议

贺达水　　李攀辉

今年是贫困县退出高峰年，预计到年底将有330个县在接受省级专项评估后摘帽。去年退出的283个县，今年也将接受国务院扶贫开发领导小组首次组织开展的20%比例的抽查。实施贫困县退出评估，既是对过去扶贫工作成效的大验收，也是对当前扶贫工作的指挥棒。总的看，这几年各地紧紧围绕脱贫成效真正获得群众认可、经得起实践和历史检验，严格规范执行退出评估标准和程序，有力推动了脱贫攻坚深入开展。基层同志对退出评估高度关注，希望适当改进评估中的一些具体做法，以有效减轻贫困县基层不必要的负担，真正把精力用在实际帮扶工作上。

一、坚持把"两不愁三保障"作为评估的主要衡量标准

目前的贫困县退出评估，主要看综合贫困发生率、脱贫人口错退率、贫困人口漏评率和群众认可度这"三率一度"定量指标。这就需要抽查相当数量的样本，如有的省规定贫困县退出评估抽

样不少于 2.5%、样本分布不少于 20 个行政村。尽管这些样本数据由评估人员自行采集，并没有让乡村填表报数，但由于定量指标多、抽样范围广，基层干部反映，为避免因个别问题而影响整体评估，不得不反复开展拉网式筛查，不少基层同志认为，今年虽然各种会议和文件少了，但类似工作任务多了，"上面不厌其烦，下面不胜其扰"。此外，还有基层干部反映，有些省"一刀切"地要求每个贫困村贫困发生率必须降至 2%（西部 3%）以下才能退出，但对于有一定数量重度残疾户、低保户、五保户且总人口数较少的贫困村而言，达到这一要求并不现实。

鉴于国家已经部署明年对脱贫摘帽县开展脱贫攻坚普查，全面检验脱贫结果的真实性和准确性，贫困县退出评估应在功能和方式上与之适当加以区别、做到各有侧重。基层同志建议在开展退出评估时，从农村工作实际出发，重点看贫困户是否达到了"两不愁三保障"，适当减少定量评估。同时，明确贫困发生率是贫困县退出的要求，不对每个贫困村作此要求。

二、切实防止因评估而倒逼基层增加额外不必要工作负担或超出实际扩大帮扶范围

各地组织的退出评估普遍设置了村组普查环节，要求抽查村贫困人口漏评率不得高于 2%。基层干部反映，实际操作中判断是否属于漏评主要看住房条件，但目前农村有不少未拆除的危旧住房，由于户主长年在外打工联系不上，或虽已在城镇购房但无法拿出相关证明等种种原因，该户就可能被判定为"漏评户"。比

如，一些位于偏远地区的贫困村，部分非贫困户自行搬迁到邻近市县购房定居，老屋空置且处于危房状态，村干部客观上又难以掌握其在外购置房产情况。为避免有的户被错判为"漏评户"，基层政府只能派干部赴周边市县，花大量精力去逐一核实并取得村民购置房产的相关证明。一些贫困县为避免住房安全"疑似漏评"问题，在全面解决贫困户危房改造基础上，又专门统筹资金改造非建档立卡贫困户危房。

基层同志认为，在脱贫攻坚期前半段，为倒逼贫困县做到精准识别，在扶贫成效考核中引入漏评率有积极意义，起到了明显作用。但在已经开展过几轮建档立卡"回头看"、贫困户认定已相对精准、贫困村群众基本认可的情况下，不宜再强调评估漏评率，否则极易导致贫困县额外增加不必要的工作负担或超出实际扩大帮扶范围。基层同志建议在开展退出评估时，视情取消或淡化评估漏评率。

三、坚决取消行业部门与扶贫无关或直接关系不大的搭车任务

中央明确要求，对贫困县退出验收指标中超出"两不愁三保障"标准的，予以剔除或不作为硬性指标，取消行业部门与扶贫无关的搭车任务。但目前仍有不少省份要求贫困村退出必须要建有综合文化服务中心，包括文化活动室、文体广场、简易戏台、宣传栏、广播器材、体育设施器材等。基层干部反映，在一些地处偏远或者人口较少的贫困村，由于大量群众搬迁等原因，建设

综合文化服务中心实际上并没有太大必要，而且利用率也很低，但为满足退出评估要求却不得已而为之。

脱贫攻坚解决的是绝对贫困问题，重点确保贫困人口稳定实现"两不愁三保障"，乡村文化服务设施不足等问题应在推动乡村振兴中逐步加以解决。对贫困村退出提过高标准、搞任务搭车，会明显增加贫困县财政负担，不利于攻坚期后轻松上阵、持续发展。只改善贫困村的设施，又没有能力解决其他村的问题，也不利于促进贫困村与非贫困村平衡发展。基层同志建议国家有关部门对各省制定的贫困县、贫困村退出验收具体指标予以审查指导，坚决取消与解决"两不愁三保障"无关的搭车任务，确保脱贫攻坚目标聚焦、任务聚焦、投入聚焦。

四、确保评估人员具备相应的能力和水平

目前各地在确定贫困县退出评估组时，有的采取指定委托方式，有的采取项目招标方式，多由高校或科研机构等第三方承接，基本上是专家学者带队，以相关专业研究生为主。基层干部反映，评估组人员知识素养较高、视野开阔，开展评估比较超脱、客观，但其中一些在校学生缺乏相关专业知识，对农村情况、扶贫工作、相关政策等缺乏足够的认识和了解，有的专家学者也存在理论和实际联系不够的问题，导致评估时存在简单化、教条化倾向，作出的一些评估判断不符合扶贫工作实际，有的甚至与客观事实相悖。

基层扶贫工作十分复杂，评估人员特别是牵头人员不仅要熟

悉脱贫攻坚政策要求，还应了解乡土社会情况和农村基层工作，具有丰富的社会阅历和实际工作经验。基层同志建议在确定评估组时，要重视评估组人员的综合素质和专业构成，确保其具备相应的能力，提高评估工作质量和水平。可考虑从各级政府部门工作人员中选派、组织异地扶贫系统工作人员参加，还可考虑邀请人大代表、政协委员、民主党派人士等参与，充实评估力量，拓宽评估视野。对首次参加评估的专家学者和在校学生，应进行系统培训。同时，也要从评估工作独立性、评估报告质量、发现问题及政策建议质量等方面，对各评估组开展监督检查。

五、合理把握评估工作的目的和导向

调研时很多基层干部谈到，脱贫攻坚期间各级扶贫干部尤其是驻村干部不辞辛苦、默默奉献、加班加点开展帮扶，连续几年弦一直都绷得很紧，现在最大的期盼就是所在村最后能够顺利通过退出评估。如果因为个别非贫困户的"差评"影响群众认可度，或者由于个别危旧空置房屋没有修缮，导致评估结果不好，搞整改复查、层层问责，那就会让基层扶贫干部"流血流汗又流泪"。还有基层干部反映，有时评估组发现个别问题，在未进行全面深入了解、与基层沟通核实的情况下，就想当然地以点代面，对一个地方的脱贫工作和成效草率下结论。

基层同志建议，贫困县退出评估应定位在脱贫攻坚阶段性"体检"，明确主要目的是帮助贫困县更好地开展下一步工作，既要发现问题，也要总结经验。对评估发现的问题，应作为完善工作的指引、不宜作为问责依据，引导贫困县形成正确对待评估的理性预期，将主要精力放在扎实开展帮扶上，防止挫伤基层扶贫干部积极性。要建立评估组与贫困县的沟通反馈机制，评估组对评估过程中发现的问题、得出的结论，应与贫困县及时沟通协调，如贫困县存有异议，应允许其作出解释和说明。

优化完善财政支持政策
促进稳定脱贫和经济社会持续发展

高振宇

近几年围绕支持脱贫攻坚，各级政府持续加大财政资金投入，加强资金管理，为各项工作顺利推进提供了重要财力保障。在脱贫攻坚即将圆满收官的情况下，各方面对贫困县摘帽后财政支持政策是否会出现变化，普遍十分关心。近期，我们前往河南省淅川县对此进行了调研，现提出以下几方面建议。

一、摘帽后应继续保持财政专项扶贫资金稳定支持，并进一步优化贫困县涉农整合资金使用

加大财政资金投入是解决贫困县突出问题的关键手段。近年中央财政持续加大专项扶贫资金投入，2019 年安排 1261 亿元、实现连续 4 年每年增加 200 亿元；省级专项扶贫资金也总体保持增长态势，2019 年各省合计投入 675.5 亿元，比 2015 年提高114%。同时，积极支持贫困县开展涉农资金统筹整合试点，2016年以来在 832 个贫困县整合资金累计超过 1 万亿元，有效改变了

以往财政资金投入小而散的状况，集中力量支持了贫困县基础设施、扶贫产业、公共服务等重点领域的建设和发展。从淅川县的情况看，2017年至今统筹整合涉农资金15.23亿元，在这三个方向上的支出占比分别为42.9%、34.3%、20.2%，促进贫困村、贫困户的生产生活条件发生了显著变化。从各地反映情况看，财政专项扶贫资金投入持续增加和贫困县涉农资金统筹整合使用，对扎实推进脱贫攻坚发挥了至关重要的支撑作用。

脱贫摘帽后财政专项扶贫资金政策是否延续、保障力度还有多大，是贫困县普遍关心的问题。根据调研了解情况，建议从各地实际出发，在贫困县脱贫摘帽后设置一定时间的政策扶持缓冲期，缓冲期内中央财政专项扶贫资金和省级专项扶贫资金至少要维持现有支持力度不减，既避免脱贫摘帽县扶贫投入急剧下降、影响脱贫攻坚成果巩固，也对外释放保持财政支持政策连续性稳定性的明确信号，稳定各方面的预期。同时，其他纳入统筹整合的资金，也要着眼于脱贫摘帽县巩固拓展脱贫攻坚成果需要，保持相对稳定。主要是因为：基础设施、公共服务等仍是制约贫困县发展的突出短板，后期还需大量投入跟进；很多扶贫产业刚刚起步，发展壮大还需要继续支持。比如，淅川县为支持林果、中药材、蔬菜等种植业发展以带动脱贫，目前每亩奖补400元。从这些产业发展情况来看，如果脱贫摘帽后就取消有关补贴，一些扶贫产业项目将难以为继，可能导致部分已脱贫人口返贫。

同时，建议在贫困县涉农资金整合使用方面，要根据巩固拓展脱贫攻坚成果需要适当进行优化调整。一是赋予贫困县更大资金使用自主权。一些地方同志反映，目前整合资金使用限制仍然偏多，有的扶贫项目资金沉淀较多或者效益偏低，而同时当地发展亟须的不少项目又缺乏必要的资金支持。建议允许脱贫摘帽县从实际出发优化资金使用方向，合理使用整合资金支持当地巩固拓展脱贫成果亟须的项目。二是适当扩大整合资金使用范围。有地方同志反映，这几年基础设施项目建设主要集中在贫困村，导致一些非贫困村的基础设施明显落后于邻近的贫困村。这样的情况在贫困县较为普遍。建议下一步整合资金使用中，要在保障好贫困村后续投入的基础上，适当向非贫困村倾斜，以便于地方更好统筹贫困村和非贫困村发展。三是更好发挥整合资金的撬动作用。要注重用好市场化手段，通过贷款贴息等方式，吸引银行贷款、社会资本等共同支持和参与基础设施建设、扶贫产业发展等。同时，积极加强整合资金绩效管理，进一步完善动态监控机制，保证资金得到高效使用。

二、加大一般性转移支付支持力度，更好保障贫困县财政运转

贫困县财政主要依靠上级转移支付的状况短期难以改变。以淅川县为例，该县 2018 年一般公共预算收入为 9.2 亿元，但财政供养人员工资支出就约 14 亿元，一般公共预算收入离保障工资发放的缺口超过 1/3；一般公共预算支出为 50.2 亿元，其中 80% 以上依赖上级转移支付；人均一般公共预算收入为 1300 元，仅相当于该县所在省份平均水平的 1/3，不足全国各地平均水平的 1/5。类似情况在贫困县比较普遍，有的贫困县预算支出中上级转移支

付占比甚至高达 90% 以上。

建议适当加大上级转移支付规模，确保贫困县"三保"工作不出问题。在中央层面，对各省的一般性转移支付要进一步体现对贫困县的支持。比如，很多贫困县位于重点生态功能区，生态环保任务很重，地方经济发展也受到制约。他们希望中央财政进一步加大重点生态功能区一般性转移支付力度，并继续向贫困地区倾斜。在省级层面，要更好发挥统筹协调作用，努力缩小贫困县人均财力与全省平均水平的差距，避免他们在发展水平滞后和财力保障不足方面陷入恶性循环。

三、规范管理扶贫相关债务，有效防范化解贫困县债务风险

由于贫困县财政收支压力普遍较大，他们的地方政府债务风险值得关注。从淅川县的情况看，该县 2018 年地方政府债务限额 45.8 亿元，地方政府债务余额 38 亿元，同时还有规模大体相当的隐性债务，两者合计约为该县一般公共预算支出规模 1.5 倍、预算收入规模 8 倍。从各地情况看，贫困县政府债务管理中存在一些值得重视的问题。比如，有的地方因缺乏合理举债规划造成资金闲置，前段时间审计抽查的 46 个贫困县中，有 9 个县 40 多亿元债务资金闲置 1 年以上。有的地方在前期债务没有落实还款来源的情况下，还在继续大规模举借债务。有的地方打着脱贫攻坚的旗号搞变相融资，甚至将举借资金挪借给企业或进行投资理财。有的地方一些隐性债务以拖欠企业工程款的形式存在，导致有关

企业不仅难以及时回笼资金，而且要承担大量利息支出；潜在风险还会通过债务链条层层传导，影响地方整体金融环境。

贫困县的债务承受能力比一般地区要弱，政府债务管理应当更加规范，上级财政亦应加强支持。一是分类平稳处置存量债务。切实加强债务规范化管理，着力保障好债务利息支出，防止政府失信，避免长期拖欠本息拖垮相关企业。二是合理确定新增举债规模。严格执行有关规定，合理控制新增举债规模，避免在无法落实前期债务还款付息来源的情况下继续大规模举借新债。三是适当加大地方政府专项债券支持力度。很多贫困县建设任务仍然较重，在坚决堵住违法违规举债"后门"的同时，要开好专项债券等合法合规举债"前门"。各省在分配专项债券时要适当向贫困县倾斜，支持他们推进脱贫发展亟须的重大项目建设。四是加强对债务资金使用和偿还情况的监测分析。确保债务资金按举借用途规范使用，防止以脱贫攻坚名义搞变相融资、挪用债务资金，避免出现一方面"债台高筑"、一方面大量资金闲置的状况。落实省、市、县级政府债务偿还和风险防控责任，特别要发挥好省级政府统筹协调作用，确保贫困县不发生大的债务风险。

增强政策衔接性普惠性
确保金融支持扶贫"活水"不断

冯晓岚　孙国君

随着脱贫攻坚战临近收官，部分贫困地区担心"特惠型"金融扶贫政策一旦撤出，巩固拓展脱贫攻坚成果、实施乡村振兴战略、发展县域经济将面临较大困难。为此，我们赴河南省淅川县进行了调研。总的看，这几年金融扶贫工作成效明显，但贫困地区金融发展滞后状况没有根本改观，有必要对金融扶贫政策设定缓冲期，解决目前面临的突出问题，确保金融支持"活水"不断。

一、解决各方对金融扶贫预期不稳、担心政策无法衔接的问题

近年来，各地金融机构加大了扶贫贷款投放力度，2019年6月末全口径精准扶贫贷款余额接近4万亿元，小额信贷余额达到2000多亿元。淅川县的扶贫贷款投放余额比2017年初增长了

12 倍，对建档立卡贫困户实现扶贫小额信贷全覆盖，不仅为贫困户提供基准利率贷款，还推动降低了非贫困户的贷款成本。但有金融机构指出，扶贫贷款收益低、风险大，离开优惠利率、财政贴息等扶持政策将难以为继，而现行金融扶贫政策存在体系碎片化、前景不明朗等问题，导致金融机构发放产业扶贫贷款时在认定、执行等方面标准不一致，项目选择不够精准，政策效果不够理想。

此外，不少贷款在 2020 年集中到期，地方政府压力很大，对金融扶贫政策能否延续很是担心。县金融工作局表示，全县扶贫小额信贷中，90% 的"户贷户用"贷款、42.9% 的产业助力贷和 31% 的软籽石榴贷将在 2020 年集中到期，其中 11—12 月到期的"户贷户用"贷款又占全年的 90%，形成还款"高峰"。县财政局表示，脱贫攻坚期内对扶贫小额信贷贴息有政策依据，但对 2020 年尚未到期的贷款合同，以及贷款期不满 3 年、2020 年到期后希望续贷的合同能否贴息还不确定。村镇银行反映，省农信担保公司以脱贫工作快结束为由，拒绝与其对接新增的金融扶贫贷款。

目前距离完成脱贫攻坚目标任务只有一年多时间，要抓紧研究脱贫攻坚与乡村振兴的金融衔接政策。现有的金融扶贫政策不宜骤然退出，建议根据不同政策实施效果和形势要求，分别采取保持延续、稳步退出、逐步扩大等办法，实现从"特惠型"向"普惠型"转变。一是继续执行扶贫再贷款、扶贫小额信贷等优惠政策，保持比支农再贷款更优惠的利率，根据贷款主体的生产周期适当延长贷款期限 1—3 年。加强财政、人民银行、银保监、扶贫等部门在精准扶贫贷款方面的数据共享，完善无还本续贷和贷款展期的具体办法。二是对扶贫小额信贷贴息政策，脱贫攻坚期后实行逐步退出、边退边调整，直到利率与普通的农户小额贷款利率大体持平，既能满足农户合理贷款需求，也能充分用好信贷资源。三是对不良率超标地区暂停贷款发放、实行风险"熔断"等特色做法，在试点基础上逐渐扩大适用范围。完善风险补偿基金使用办法，对合理范围内的贷款损失应补尽补，避免其成为"休眠基金"。

二、解决县域信贷投放规模不大、结构失衡的问题

淅川县的信贷投放规模和其经济总量不太匹配，全县 2018 年末金融机构贷款余额与当年 GDP 之比为 0.59∶1，远低于全国 1.56∶1 的平均水平。由于有效信贷需求不足，今年上半年各项贷款较年初增长 4.9%，比全国平均贷款增幅低 2.9 个百分点。全县仅有 8 家银行业金融机构执业，整体存贷比为 54.6%，低于全国 72.9% 的平均水平。其中，农信社的存款、贷款余额在全县占比分别为 51% 和 68%。工商银行、农业银行、建设银行、邮储银行淅川支行贷款余额均不到 10 亿元，最多仅到农信社的 10%；其存贷比不仅低于农信社，也低于全县银行业金融机构的平均存贷比（见下表）。

淅川县商业性银行业金融机构存贷款情况表

时间：2019 年 6 月底　　单位：亿元

存贷款情况	全县	工商银行	农业银行	建设银行	邮储银行	中原银行	村镇银行	农信社
各项存款余额	259.11	22.72	21.24	16.68	45.84	9.01	5.42	132.59
各项贷款余额	141.55	9.66	7.88	8.92	2.01	6.92	3.25	96.12
占全县贷款余额比重	1.00	0.07	0.06	0.06	0.01	0.05	0.02	0.68
存贷比	54.6%	42.5%	37.1%	53.5%	4.4%	76.8%	59.9%	72.5%

据了解，大型商业银行无论资本实力还是风险承受能力都有优势，但在县域的覆盖面不大，部分县域仅有农业银行和邮储银行，而且这些大型商业银行依然是农村地区资金"抽水机"，其严控信贷审批权、依靠"白名单"自上而下筛选客户等措施制约了基层机构的自主性。不少银行表示，今年很难完成小微企业贷款增量 30% 的目标。因此，金融扶贫的责任和风险集中到地方性中小银行身上，中原银行、村镇银行的当地支行存贷比分别为 76.8% 和 59.9%，比四家大型银行支行的存贷比要高。这一格局不改变，势必影响金融业对县域经济的支持力度。

建议继续推动大型银行管理制度改革，引导其加大对贫困地区的信贷投放，改善县域贷款投放失衡状况。一是向银行县域分支机构进一步下放贷款审批权，提高企业贷款和个人贷款审批限额。二是鼓励银行积极发掘潜在客户，建立支行"自下而上"和总行"自上而下"双向推荐相结合的客户管理制度，扩大合格客户范围。三是监管部门从修订完善考核指标着手，引导大型银行提高在县域的存贷比，对容忍范围内的不良贷款实行尽职免责。

三、解决金融风险底数不清、信用环境亟待优化的问题

随着经济下行压力加大，不少县域面临一些突出金融风险。一是企业担保圈风险。担保圈在部分县域普遍存在，越是经济不发达地区，银行越倾向企业以抵押担保方式获取贷款。如淅川县以企业保证担保方式发放的贷款占贷款余额的 70% 左右，存在互保总金额超过 60 亿元的若干个企业担保圈，纵横交错、结构复杂，一旦某家企业发生资金链断裂或违约，风险就会迅速蔓延扩散，经营正常的企业也会被波及。二是贷款投放过于集中的风险。目前，农信社一家机构承担全县大部分贷款投放，其存贷比和不良率已接近 75% 的监测指标和 5% 的不良率"红线"。如果出现贷款集中违约或大范围坏账，农信社将深陷风险"旋涡"，不排除地方金融出现"崩盘"的可能。三是扶持政策减弱带来的信贷风险。对于那些市场前景不佳、经营能力不强的贷款主体，如果扶贫政策力度减弱，很可能面临经营成本增加和偿债能力恶化，进而导致金融机构不良贷款上升。加上部分地区对扶贫贷款重发放、轻偿还，政策宣传方面也有不足，容易形成过度负债的风险，一些贫困户存在"因债返贫"的可能。

　　为巩固拓展脱贫攻坚成果和缓释金融风险，建议针对上述情况摸清风险底数，做好应对预案。一是由金融监管部门统筹负责，对县域企业担保圈、担保链等情况全面摸底排查，有序分类处置短期风险、"解圈断链"；同时建立风险防控长效机制，限制非关联企业担保行为，推动地区金融信用环境建设。二是对城商行、农商行、农信社等地方中小金融机构加强监测，密切关注风险状况，及时提示预警。三是加强对金融扶贫、涉农金融服务、小微企业金融服务等政策的宣传解读，帮助广大扶贫干部和贫困户知晓和掌握相关政策。

加强基础设施建设
增强贫困地区发展后劲

龚健健　杨诗宇　孙国君

加强贫困地区基础设施建设，不仅有利于稳投资、扩内需，也是巩固拓展脱贫攻坚成果、实施乡村振兴战略、促进县域经济持续发展的客观需要。近年来，贫困地区大力加强基础设施建设，农田水利、道路交通、能源、通信、公共服务等设施条件明显改善，有力加快了脱贫攻坚进程，但也还存在着对经济发展支撑不够、建设筹资难、运营管护难等问题，值得高度关注。

一、贫困地区基础设施总体依然落后，亟须整体布局、重点推进

从调研情况看，不少贫困地区由于地理位置偏远等原因，基础设施建设难度大、成本高，仍然是制约发展的突出瓶颈。主要表现在：一是交通基础设施落后仍然是阻碍县域经济发展的第一道坎。以淅川县为例，由于没有纳入上级部门规划，多条高速公路、铁路都绕县城而过，刚开工的高速公路也要到 2022 年才能通

车；因南水北调中线水源地建设，库区周围路网结构被淹没破坏，不少县乡道路成为断头路。内外连接不通达，严重影响生产要素集聚和经济发展。当地有的企业反映，与其设在邻县的工厂相比，本地工厂物流成本要高出近30%。二是支撑产业发展的基础设施短板突出。贫困地区的产业除工业外，多以农业、林果业为主。从淅川县情况来看，现有石榴、杏李、核桃等林果业30多万亩，但由于缺乏水利灌溉基础设施，多数都是靠天吃饭，加上缺乏冷藏保鲜、精深加工等配套设施，产后损失率较高，上市销售时间受限，产业发展效益还有很大提升空间。三是部分保障民生的基础设施还无法满足需求。贫困地区普遍财力紧张，对公路、电力、饮水、防洪等设施很难做到统筹兼顾。比如淅川县处在南水北调中线水源地，县城供水却依赖深层地下水，今年因干旱造成地下水位下降，打井需比往年多打25米，一些贫困村已经解决的饮水安全问题又重新显现。

当前，贫困地区正处于推进脱贫攻坚收官的关键时期，亟须继续加强基础设施建设，以增强经济发展后劲。一是在区域交通基础设施规划布局上，要加强对贫困地区的支持。在铁路、公路国省道规划建设时，要优先考虑贫困地区。规划建设高速公路时，要一体规划修建通往贫困地区的连接线。二是提升基础设施的系统支撑能力。调研中一些干部反映，对于贫困地区常常是"锦上添花"的小项目多，"雪中送炭"的大项目少。应多从民生和产业发展急需、便利人口集聚等出发，提前统筹谋划贫困地区水利、道路、电力、通信、冷链物流等基础设施。三是基础设施建设标准应因地制宜。既要有一定的前瞻性，也不能盲目追求高大上。

调研中发现，有的地方要求贫困村道路路基不能超过 4.5 米，而以前的"村村通"公路就有六七米，新修道路反而更窄；有的地方如个别山区道路硬化使用砂石料就能解决，但却要求修水泥路，造成浪费。

二、加快完善投融资体制机制，破解基础设施建设融资难题

当前，贫困地区基础设施建设需求既集中又紧迫，需要筹集大量资金。这方面，基层同志反映主要有两个问题。一是在资金筹集上，要求地方配套比例高。上级部门审批地方基础设施项目时，一般都要求地方提供配套资金。这在一般情况下有其合理性，但由于贫困地区自身财力不足，结果往往导致很多项目难以落地。以淅川县为例，在基础设施建设方面，县里项目平均配套比例达43%。当地有同志反映，之前公路水利建设项目资金一般是地方配套 30%，现在部分项目达到 70%。二是在资金使用上，涉农资金整合用途受限。近年来，淅川县在整合涉农资金支持重要基础设施建设上积极探索，有效解决了项目支离破碎和重复建设问题。但地方同志反映，按照目前相关规定，涉农整合资金在用于道路建设时，只能用于贫困村之间通村道路建设，不允许用于修建县乡公路及通往非贫困村的道路，使得乡村对外主要通道公路等级低、质量差，通往非贫困村的断头路频现，并没有从根本上解决贫困地区的交通问题。

推进贫困地区基础设施建设，必须完善投融资体制机制，尽

可能吸引社会资本参与。对于以政府投资为主的项目，要提高资金使用效率。一是适度降低项目配套资金的比例要求，赋予县级部门更多自主权，在加强财政绩效管理基础上，让县级主体决定资金重点投向。二是扩大贫困地区政府专项债券的资金使用范围，鼓励专项债券支持道路交通、水电气热等市政设施和农村基础设施，以及供水、污水处理、生态环保等有一定收益的公益性项目；同时，引导金融机构配合专项债开展项目配套融资，保障后续资金。三是推进城乡建设用地增减挂钩节余指标跨省交易融资，在限制规模量级、确保风险可控的条件下，尝试进一步扩大贫困县节余指标交易范围，拓宽筹资渠道。

三、提高运营管护能力和水平，促进基础设施有效发挥作用

"重建设、轻管护"是贫困地区基础设施建设方面存在的通病，尤其是农村基础设施常常因为缺乏资金和专业运维人员造成维护不当、出现毁损，影响设施的正常运转和使用。比如，淅川县为了"保一渠清水永续北送"，在县城和乡镇投资建设多座污水与垃圾处理设施，后续管理维护费用每年近7000万元，运营管护资金筹集压力较大。又如，淅川县目前列养的干线公路近400公里，其中有200多公里干线公路已投入运营但还未验收，养护经费存在较大缺口，人员工资都无法保证，致使路面病害多发，降低了通行效率，也影响道路安全。再如，点多面广的农田水利基础设施，由于没有明确的管护单位和经费，加上缺少专业维护人

员，影响了农田水利工程效益发挥。

基础设施运营管护不到位、水平不高，归根结底是没有建立多方参与、利益共享、费用分担、长期持续的运营管护机制。建议以提高设施利用效率、延长设施寿命为目标，注重建设与管护相结合，完善运营管护机制，确保贫困地区群众能长期受益。一是在基础设施项目设计阶段就将运营管护纳入规划，通过"建管一体"，合理安排资金和参与方，在项目验收阶段同步验收运营管护机制是否到位，实现项目全生命周期管理，提高基础设施的运行效率和运营质量。二是按产权归属落实各参与方责任，强化村级组织和运营企业的管护责任，鼓励引导村民主动参与设施管护，通过以奖代补等方式调动农民积极性。三是根据各地经济发展水平和基础设施特点分类选择管护模式，有收益的基础设施项目要积极引入专业化、市场化主体参与，在分享收益的同时建立管护费用分担机制，对收益不足以弥补运营成本的，可由政府对运营企业给予合理补偿；没有收益的非经营性设施可更多采用政府购买服务的方式，提高运营效率，降低维护成本。

分类施策培育壮大贫困地区产业

张顺喜　李钊　杨春悦　梁希震

发展产业是实现稳定脱贫的根本之策。贫困地区产业基础薄弱，产业发展壮大需要一个长期过程。脱贫摘帽后，支持产业发展的政策力度、工作力度都不能减，但各地情况千差万别、产业类型多种多样，应因地制宜、分类施策。最近，我们到河南省淅川县对此进行了实地调研。从调研情况看，培育壮大贫困地区产业，应分门别类采取相应举措，着力发展壮大一批近年新培育的扶贫产业、改造提升一批原有支柱产业、充分挖掘一批特色优势产业。

一、对近年新培育的扶贫产业要继续予以扶持，着力增强其自我发展能力

脱贫攻坚以来，贫困地区培育了一批产业，对促进贫困人口脱贫和区域经济发展发挥了重要作用。但目前这些产业总体上仍处在起步期，自身发展能力还不足，没有形成完善的产业体系，很大程度上靠政策支持和外部帮扶，完全走向市场还面临许

多困难和制约。脱贫摘帽后，要让这些产业在巩固脱贫成果、促进增收致富中发挥应有作用，必须想方设法加快提高自身市场竞争力，不能总是依赖特殊支持。比如，有的地方依靠政策扶持上马大批花木瓜果、食用菌等种养项目，产品差异度不大，缺乏深加工等高附加值环节，同类产品大量上市后市场价格大幅下跌，导致"价贱伤农""丰产不增收"的情况时有发生。有的贫困地区地处偏远，产业配套设施欠账较多，在市场竞争中处于天然劣势。某农产品电商企业反映，由于缺少仓储保鲜、分拣加工、冷链物流等配套设施，公司接到订单后，要分散到各个种植基地寻找货源、分拣配货，成本很高，去年就因此赔了几十万元。

产业能不能在市场竞争中生存，主要取决于能否获得持续稳定的收益。建议加快把贫困地区扶贫产业发展重心从上项目转到提效益上来，注重市场风险防控，努力让更多项目活下来、发展好。要以市场需求为导向，大力延伸产业链条，积极拓展深加工、网络销售、观光旅游等高附加值环节，促进一二三产业融合发展，增强项目盈利能力。要发挥龙头企业和产业大户引领带动作用，将一些市场前景好、发展模式相对成熟的扶贫产业项目，逐步由贫困村向其他地方推广，产生规模效应和集聚效应，加快形成有市场竞争力的县域产业集群。要结合当地产业布局，加快完善仓储保鲜、冷链物流、货物转场、城市配送等产业配套设施，帮助企业提升生产效率、降低经营成本。

二、对支柱产业要加大改造提升力度，努力保持和增强其市场竞争优势

经过多年发展，部分贫困地区已经形成了一些优势支柱产业，有效带动了贫困人口脱贫。脱贫摘帽后，巩固拓展脱贫攻坚成果、发展县域经济，仍然需要这些产业继续发挥作用。当前，一方面科技革命、产业革命风起云涌，新技术新业态新模式日新月异；另一方面，中美经贸摩擦仍在持续，国内经济下行压力加大，贫困地区这些支柱产业要在复杂严峻的市场环境中继续保持优势，必须走创新驱动发展之路，依靠创新实现转型升级。淅川县汽车零配件产业就是这方面的典型。作为淅川县的工业主导产业，在近年来整个汽车行业下滑的情况下，汽车零配件产业却能一枝独秀，主要就是靠创新。当地龙头企业淅减公司着力在自主创新上下功夫，在主打乘用车减震器的基础上，积极开发其他产品。今年上半年，公司传统产品产销量同比下降，但新业务同比大幅增长。当然，贫困地区类似这样具有创新优势的企业还不多，大多数企业和经营主体创新能力明显不足。调研中许多企业反映，高端人才引进难、留住难等问题十分突出，创新能力弱已经成为制约企业转型升级的最大瓶颈。

与其他地区相比，贫困地区推进产业转型升级面临的困难更多，需要给予更多的倾斜支持。一是多措并举引进外部人才。借鉴"千人计划""星期天工程师""政府发展顾问""金融副县长"等方式，支持贫困地区实施人才弹性引进计划，通过人才引进奖补、特殊津贴、股权激励等方式，加快引进产业转型升级亟须的

人才。二是支持当地科研单位积极参与本土传统产业改造提升。淅川县一家食品公司通过引进本市一所学院的低盐发酵技术，将调味酱含盐量由 25% 降至 6%—10%，有效提升了产品品质、拓宽了市场销路。所以，要注重发挥当地科研机构作用，通过完善成果转化、收益分配、参股入股等政策，促进产学研协同发展。三是激发贫困地区经营主体创新动力。加大创新奖励支持力度，在用地用能、创新平台培育、智能化改造、绿色发展等方面给予政策倾斜，鼓励运用新技术新业态新模式改造传统产业，保持和提升核心竞争力。

三、积极挖掘当地资源禀赋，加快培育一批区域特色优势产业

贫困地区大多位于丘陵、山地、高原，生物资源丰富、生态环境优良、民族风情独特，具有丰富的特色优势资源，很多甚至是独一无二的，只要开发利用好了，完全能够做到以特取胜。近年来，淅川县围绕南水北调核心水源区打造"淅有山川"生态品牌，围绕渠首所在地、楚国发祥地打造观光旅游品牌，辐射带动生态经济和旅游产业发展，取得了积极的效果。但调研中也发现，目前当地的土蜂蜜等特色资源还没有开发出来形成规模，南水北调核心水源区等区域品牌价值有待进一步发挥。

改变这一局面，要着力改善营商环境，不断激发市场主体活力和社会创造力。在这方面，一些贫困地区还有不少差距。比如，有的地方政策多变，2 年内 3 次变更水泥企业除尘标准，企业为

达标只好接连改造环保设施，前后共投入近 5000 万元，意见很大。有的园区反映土地报批流程复杂、时间过长，从企业选定厂址到拿到土地证一般至少需要 6 个月，严重影响项目落地，甚至导致有意向的企业落户别处。有的地方财政奖补政策迟迟没有兑现，影响企业发展信心。有的企业根据市场需求多开了几条生产线，因为没有及时向电力部门申报，就要被处以高额罚款。这些政府管理中的桎梏，导致很难吸引市场主体来投资兴业。

促进贫困地区产业发展，要扬长避短，走"特精专"的发展路子。建议贫困地区坚持差异化竞争战略，依托本地资源禀赋积极培育新产业新业态，积极利用"互联网＋营销推广"，集中宣传推介本地特色农产品和旅游资源，持续加强区域公共品牌建设，加快把特色资源优势转变成产业市场竞争优势。贫困地区的资源禀赋、区位条件等硬环境短期内难以改变，但改善营商软环境、创造特色产业发展条件却大有可为。建议贫困地区努力巩固和强化在土地、能源、用工等方面成本低的优势，提高政府服务质量和办事效率，做到经营成本比其他地区更低、投资兴业便利度比其他地区更高，切实为各类市场主体解决生产经营困难，让企业投资更加省心、经营更加安心。

加大技能培训支持力度
为稳定脱贫和县域发展提供支撑

王存宝　　姜秀谦

加强技能培训，无论对贫困群众脱贫致富，还是为乡村振兴提供人力人才支撑，都有十分重要的作用。在淅川县调研发现，该县虽然广泛开展了培训，但很多贫困群众未将培训成果转化为有效就业，从事的工作大多技能要求低、稳定性差、收入不高，稳定脱贫难度不小。基层干部群众希望国家在开展大规模技能培训工作中，加大贫困地区技能培训力度，提高就业脱贫质量。

一、把贫困劳动力作为技能培训的重点

贫困劳动力技能水平普遍不高，据有关调查数据，贫困劳动力中具备一定技能水平的不足10%。据淅川县有关部门介绍，该县有就业能力和意愿的贫困劳动力2万人左右，其中有55%参加过政府补贴性培训，扩大培训的空间还很大。进一步加大技能培训，对于帮助贫困人口就业和稳定脱贫十分紧迫。

当前全国正在开展职业技能提升行动，建议更加突出对贫困

劳动力的培训。一方面，加大对贫困劳动力培训的支持力度。目前用于技能培训的 1000 亿元失业保险基金结余，可通过省级或市级调剂余缺方式对贫困劳动力培训给予适度倾斜。将尚未脱贫特别是未接受过培训的贫困劳动力全部纳入职业技能提升行动支持范围，通过政府购买服务或项目制方式给予免费培训。在现有培训规模基础上，力争在全面脱贫前普遍培训一遍，实现应培尽培。同时，对建档立卡贫困劳动力建立技能培训档案，实施终身职业技能培训，持续提升技能水平，促进稳定就业。另一方面，统筹整合分散的培训资金资源。从现有培训资金来源看，除了用于培训的失业保险基金结余外，还有就业补助资金、职业教育经费、新型职业农民培育资金、产业资金等用于培训的项目，资金和培训的组织分散在教育、人社、农业农村、文化旅游、住建和群团组织等部门和单位。建议在保持现有职能分工不变基础上，实施统一的贫困劳动力培训规划，增强技能培训的整体性和协调性，形成握指成拳的合力。对各类培训资金，应统筹相关部门资金在培训地区、内容和对象上进行精准投放，避免培训小散短弱和多头重复培训。

二、强化技能培训的企业需求导向

技能培训与市场需求和就业岗位衔接不紧密，促就业的效果不明显，成为开展技能培训面临的一大难题。从淅川县的情况看，入门型的初级技能培训偏多，比如焊工、电商、烹饪以及农业实用技术培训等。培训后就业质量总体不高，据介绍，除公益岗位安置的 1 万多人外，在本地就业的约 3000 多人，月工资 1800 元左右。同时，当地一些生产汽车零部件、耐火保温材料、管业等制造类企业反映，生产急需人才的培训做得还不够，可用之人不好找。虽然在培训上花费不少精力，但很难形成有效就业，群众不买账，企业也不满意。

提高培训促进就业的有效性，实现"适销对路"，关键是强化培训的企业需求导向。建议更好发挥贫困地区企业特别是龙头企业参与培训的作用，加大对他们兴办职业教育培训的支持力度。应鼓励支持建设职工培训中心或与职业（技工）院校合作办学，承接更多的政府补贴性培训。对符合有关条件的，优先纳入产教融合型企业目录，加大税收优惠和教育费附加抵免等支持力度，充分调动大企业兴办职业教育培训的积极性，培养更多县域经济发展所需的人才。对贫困地区企业缺乏培训能力的，大力开展定向委托、订单式培训，扩大企业新型学徒制等培训规模，提高培训与就业衔接的精准性。

三、以技能培训打造具有竞争力的劳务品牌

对于以外出务工为主要收入来源的贫困地区群众，形成品牌效应的劳务更有竞争力。比如，青海化隆县依托牛肉拉面这一民族饮食打造青海化隆牛肉拉面师劳务品牌，已带动 1.6 万人实现脱贫，山西 7000 多名"吕梁山护工"走出大山实现就业等。淅川县约有 20 万人外出务工生活，但自发分散性就业多、有组织的劳务输出少，很多采取打零工的方式，换工作较为频繁，从事的也

多是对技能要求不高的建筑业、代工企业或生活服务业，缺乏品牌和竞争力。虽然有关部门对部分贫困地区的劳务品牌做了征集和推广，但总体看，贫困地区劳务组织化、品牌化还远远不够。

劳务品牌的培育要和市场需求、产业发展、劳动力自身情况结合起来，实行量体裁衣式培训。一是聚焦市场需求打造劳务品牌。特别是就业门槛低、量大面广、用工稳定的服务业。比如，养老、托幼、家政等民生服务需求巨大，但专业人才严重短缺，据预测，到2020年仅家政和养老护理服务的专业人员缺口就有2000万人。可系统梳理职业种类和缺口，遴选出若干适合贫困群众年龄和文化层次、技能基础、就业意愿的工种，有针对性地组织开展培训。二是体现规模性和差异性。至少要在县或市范围内形成一定规模的从业人数，并通过培训提升专业化水平，使品牌能够叫得响。同时也要体现差异性，打造"一县一技"，不同地区尽量避免同质化培训，即便是同一行业的劳务，也要更多地在专业细分领域做文章，比如建筑领域的瓦工、木工等。三是加大劳务品牌推广。充分利用各类招聘网站、就业服务机构信息发布渠道，强化劳务输出机构、技能培训机构和用人单位劳务信息有效衔接，形成就业培训一站式格局。

四、大力提升区域性技能培训能力

目前全国共有各类中高职业院校（含技工院校）1万多所，但中高职院校各项办学条件均达标的较少，贫困地区的职业院校培训基础尤其薄弱。在淅川调研发现，当地有信息工程学校和电子中专两所中职学校，一年能承接的政府补贴性培训在 2000 人左右，与 2 万人的培训需求相比差距较大。民办机构发育也不健全，除了教育、艺术、驾校等培训机构外，其他专业技术类的培训机构很少，规模也不大。

职业院校是技能培训的基础，也是提高贫困劳动力特别是贫困学生职业技能水平的重要途径。一是保障贫困县基本的培训能力。应在保证每个县都有一所职业院校基础上，适度加大财政投入倾斜力度，加强师资能力建设，开发适应市场需求的培训课程，推广"职业培训包""互联网+"等培训方式，着力提升教育培训水平。二是大力推动培训资源的集约化利用。把投入重点放在提升区域性技能培训能力上，依托优质职业（技工）院校加快建立若干区域性的公共实训基地，加强实训设备建设，共享技能培训资源，实现对多个贫困县的辐射带动。在坚持就近就地培训为主的同时，进一步用好东西部职业院校协作等机制，加大对中高级技能人才培训力度，形成初中高级培训相结合的梯队结构。

防范化解医保基金支付风险
增强持续稳定支撑能力

王敏瑶　姜秀谦

看病贵特别是大病负担重，是贫困地区致贫返贫的重要原因，像淅川县因病因残致贫人口比例超过68%。实现贫困人口基本医疗有保障的目标，既要提升县域服务能力、让群众有地方看病，又要织密织牢基本医保网、让群众看得起病。近年来，许多地方高度重视健康扶贫特别是医保扶贫工作，提高贫困患者医保报销比例，探索对部分慢病大病病种实行特殊保障。淅川县一方面推动基本医保向贫困人口倾斜，另一方面多方筹措资金设置多重保障体系，显著减轻了贫困患者看病就医负担。但调研中我们也发现，贫困地区医保筹资水平较低，群众罹患大病的风险较高，医保基金支出压力很大，甚至面临"崩盘"的可能，很多苗头性、趋势性问题值得高度关注。

一、贫困地区医保基金运行风险快速加大

医保基金的安全稳定运行是卫生健康事业可持续发展的基础

保障，更是巩固健康扶贫成果的重要支撑。从全国情况看，基金安全不容乐观，2018年居民医保670个统筹地区有183个当期结余为负数。贫困地区由于筹资水平低、财政实力弱，防范基金运行风险的难度更大。据了解，西部某省34个贫困县医保基金当年收不抵支。中部某省各级政府对贫困人口医保扶贫政策"层层加码"，部分贫困县基金运行难以为继，不得不在脱贫摘帽后一次性取消了所有地方性政策。从淅川县情况看，2017年以来城乡居民医保人均筹资标准每年上调70元，今年达到740元、当期筹资4.49亿元，但医保基金仍连年超支，超支金额快速上涨。2017年统筹基金超支595万元，结余1.02亿元；2018年超支6591万元，结余3062万元；根据今年上半年情况推算，预计全年超支1.05亿元，不仅会用光全部累计结余，还要透支近7500万元。据了解，造成这一问题的原因主要包括：

一是参保人数减少，特别是青壮年比例下降。2018年全县参保62.08万人，今年参保60.64万人，减少了近1.5万。调研中不少居民反映，对于农村4—5口之家而言，参保意味着每年千元左右的支出，是不小的负担，很多身体状况较好的青壮年缴费意愿低。

二是医保扶贫政策叠加，贫困户小病大治的情况比较普遍。淅川县共有各级建立的七次报销制度，除国家规定的基本医保、大病保险和医疗救助外，还包括河南省统一建立的大病补充保险和南阳市建立的医保救助工程、特殊医疗救助、"政福保"工程。据了解，经过七次报销，贫困户的住院费用报销比例可达95%，有些甚至基本实现100%报销。很多贫困户认为住院吃住有保障、空调暖气一应俱全，以种种理由延长住院。医疗机构也乐见其成，以增加业务收入。今年上半年贫困患者住院报销 12435 人次，医保基金支付 4423.3 万元，分别同比增加 37.3% 和 42.4%，占全县医保基金住院报销支出的 20.3%、同比增加 4 个百分点左右。

三是慢性病诊断比较宽松，报销人次增长过快。2017 年，南阳市将 19 个病种纳入门诊慢性病管理，不设起付标准，按照 65% 的比例报销，对贫困人口报销比例提高至 85%。今年 5 月，淅川县集中开展慢病鉴定清零行动，将 39960 名贫困患者纳入慢病管理范畴，占贫困人口总数的 41.4%。调研发现，贫困人口中确实慢病患者比例较高，但也存在因诊断不严格导致人数虚高的问题。以高血压为例，按照规定需要非同日 3 次测量诊室血压，并经副主任医师以上人员初审、现场体检、复审等程序后，方能提出诊断意见。然而实际操作中，不少乡镇卫生院的主治医生仅凭一次测量结果，便在贫困户的要求下将其纳入高血压患者管理。今年上半年，贫困患者门诊慢病报销 74583 人次、报销费用 953.7 万元，而去年同期仅为 10284 人次和 105.1 万元，同比分别增长 625%、807%。预计下半年报销人数将进一步攀升，全年报销费用可能超过 4000 万元。

四是外地就医患者占比偏高，报销费用较多。与县域内相比，在城市大医院就医费用大幅增加。淅川县医保住院报销患者中，县外就诊的占 15% 左右，但花费的医保资金占 30% 左右。县外就诊率偏高，既有贫困地医疗水平不高的因素，也与部分患者预期过高、常见病也要去大医院就诊的心态有关。县人民医院一位医生跟踪调查了一位乳腺良性结节患者转诊报销情况，该疾病的诊断治疗都相对容易，在本院只要花费 4000 元左右即可；但该患者坚持转到省会大医院治疗，最后医药费 2 万多元，加之食宿、交通费用，花费更高。另外，淅川是一个劳务输出大县，约有 20 万人在外务工生活，其中很多人都办理了异地就医手续。县外就医患者中，在外务工人员约占 60% 左右。他们得病后按照就医地（多为大城市）的报销范围和淅川县的报销比例（相对较高），报销金额普遍较高。

五是不同程度的过度医疗，占用了宝贵的医保资源。近两年，淅川县住院率快速上升，2017 年和 2018 年分别为 16.4% 和 18.1%，预计今年将突破 20%、超过全国平均水平。其中不仅有贫困户赖床住院的问题，大量非贫困人口的住院率也在上升。我们查看了县人民医院的有关数据，2018 年和 2019 年（预计数），出院人数分别比上年增长了 20% 和 12%，住院收入分别增长了 26% 和 19%，然而同期县外就诊率并没有下降，不排除将部分不需住院或可以在乡镇卫生院住院的患者收治在县医院。另外，也有同志反映，个别民营医院存在骗保问题，给医保基金带来了一定损失。

二、医保基金超支影响卫生健康事业可持续发展

为了解决医保基金超支问题，许多地方医保部门实行严格的总额控制，但总控额明显低于实际报销支出，差额部分需要医疗机构垫付。大量医保欠费严重影响了医疗机构健康发展，水平高一些的市县级医院只好想方设法"做大"自费项目，进而加重了

患者负担；乡镇卫生院则生存艰难，很多连工资都不能全额发放。比如，淅川县根据 2014—2016 年医保基金支付情况测算每个医疗机构的总控额度，远低于当前实际需求。县人民医院今年上半年医保基金应支付 7500 万元、实际拨付只有 3194 万元，西簧乡卫生院上半年医保基金应支付近 120 万元，然而全年的总控额度只有 108 万元，医院维持正常运转压力很大。

三、多措并举确保医保基金运行安全

解决医保基金超支问题既需要长短结合，将健康扶贫标准控制在适宜范围，逐步提高医保基金保障能力；又要供需兼顾，加快提升医疗机构服务能力，引导规范患者理性就诊。结合调研情况，提出如下建议：

第一，稳妥有序推进健康扶贫有关政策待遇更趋合理。据了解，现有的健康扶贫政策大多于 2020 年到期，之后的政策走向是各方面都很关心的问题。从实际情况看，提高贫困户医保报销比例是必要的，但比例过高也会引发道德风险，消耗大量医疗医保资源；针对贫困户建立的多层次补充保险制度，主要由财政出资，也给地方财政带来一定负担；而且贫困户与非贫困户之间实际报销比例相差 30 个百分点左右，还会引发社会矛盾。不少基层医务工作者反映，现有贫困人口即便脱贫，在一段时间内因病致贫返贫的可能性仍然高于非贫困人口。建议对现有优惠政策设置 3 年左右的过渡期，逐步降低报销比例，减少额外保险的政策和项目。长远来看，要从制度上防止因病致贫返贫，必须充分发挥医保的风险分担作用，不断加固包括基本医保、大病保险、医疗救助在内的多层次保障网。对特困群体给予一定倾斜性支持符合国际惯例和我国国情，但也要把握"保基本"的功能定位，严把报销范围和标准，不能随意开口子、吊高"胃口"。

第二，处理好医保政策中普惠性政策和特惠性政策的关系。近年来，各地针对疾病负担重的部分病种，相继出台了一些医保报销政策。如西部某省对农村贫困人口确定了 30 个大病救治病种。河南省也在城乡居民医保中，建立了门诊慢性病、重特大疾病保障制度，具体实施办法由各地市制定。南阳市将 19 个病种纳入门诊慢性病管理，将 33 个住院病种和 35 个门诊病种纳入重特大疾病保障，不设起付线，在限价标准内按比例报销。这些举措确实缓解了群众看病贵，但有的病种花费较高，如门诊慢病管理中的异体器官移植术后治疗，每月报销限额在 3200—4800 元，给医保基金带来较大负担。与此同时，针对特定病种和特定人群的特惠性政策过多，必然会侵蚀统筹基金提供普惠性保障的能力。事实上，我国在 2012 年启动建立大病保险之时，选择按照患者支付金额设置大病标准，而非针对特定病种予以保障，就是为了兼顾不同患病群体之间的公平性。建议国家层面加强统筹协调，指导各地遴选发病率高、单病种金额可控的病种纳入特殊保障范围，数量不宜太多；新增筹资主要用于提高统筹基金和大病保险保障能力，确保医保制度的公平普惠。

第三，多管齐下减轻县外就诊对医保基金带来的支出压力。从淅川的情况看，导致县外就诊率较高的因素比较复杂，需要有针对性地综合施策。首先，提高县域就诊能力是降低转出率的治本之策。我们专程调研了远程医疗对提升县域医疗服务能力的作用，发现目前远程医疗仅能开展资料传输和病例讨论，每年开展的病理诊断只有五六十例，会诊病例三四十例。医生们认为虽然对提升诊疗水平有帮助，但效果还不明显。这其中既有医院信息化水平不高、网络基础设施建设滞后等因素，又与缺乏相关收费和医保支付机制有关。要促进远程医疗更好发挥作用，必须加快提高医院信息化水平和装备保障能力，改造提升传输网络，促进物联网、虚拟现实等新技术手段的广泛应用。同时完善医保、价格、收入分配等激励机制，调动好各方面的积极性。其次，要完善分级诊疗制度，落实好各级医疗机构的功能定位。一些常见病患者选择县外就诊，既与他们对县域诊疗水平的不信任有关，也与一些大医院规模扩张太快、对基层患者产生"虹吸"效应有关。建议通过绩效考核、医保支付等杠杆，促进各级医疗机构切实履行功能定位，强化分工协作。一些地方探索明确各级医院的病种诊疗范围，对下级医院有能力治疗、但实际由上级医院治疗的病种，医保不予报销或显著降低报销比例，这一经验值得借鉴。同时，要进一步完善不同级别医疗机构的医保差异化支付政策，促进患者在基层首诊获得更多便利和实惠，有效引导和约束患者就医行为。最后，针对部分贫困地区劳务输出较多的实情，要从机制上缓解外出务工人员异地就医花费医保基金较多的问题。建议国家层面密切关注实施异地就医直接结算后的医保资金流向，加强地区间统筹平衡，探索对筹资水平低、资金外流明显的地区给予一定的风险补偿。

第四，贫困地区"硬件"提升要适宜、"软件"建设要加力。

贫困地区卫生健康事业欠账较多，软硬件都存在"补短板"的问题，但软件提升更是健康扶贫可持续的重要支撑。一些贫困地区在医院建设和设备配置等硬件方面标准过高，形成高额债务和医疗资源闲置，而在留人留心、培训培养、能力提升等软件建设方面却相对滞后。其中一个突出问题是医务人员收入待遇不高。从淅川情况看，县级医院医生平均月收入为 4000 多元，乡镇卫生院医生为 2000 多元，一些村医只有 1000 多元。待遇低导致吸引人才、留住人才都很困难，近 5 年县级医院仅招录了 3 名二本毕业生，其余招录的本科生均为三本或专升本；乡村两级的医生流失更为严重。基层网底薄弱，加剧了病人上转，进而给医保基金带来更大压力，形成恶性循环。建议贫困地区调整卫生健康事业投入结构，将"硬件"投入控制在适度范围内，严格执行县级医疗机构建设和设备配置标准，倡导使用适宜技术；将更多资源向"软件"建设倾斜，提高医务人员收入待遇水平，加大人才引进和培训培养力度，促进县域医疗卫生事业健康可持续发展。

易地扶贫搬迁应重视解决好的几个问题

杨春悦　张顺喜

易地扶贫搬迁是脱贫攻坚的标志性工程，是直接惠及近千万贫困群众的重大民心工程。截至 2018 年年底，全国已完成 870 万贫困人口的搬迁建设任务，到今年年底再完成剩余 110 万人的任务后，易地扶贫搬迁建设任务将全面完成，成绩前所未有。但同时也要看到，当前贫困群众在搬迁入住中还面临一些困难和问题。如果不抓紧解决好，就有可能会使易地扶贫搬迁这一民心工程变成"失心"工程。在脱贫攻坚收官阶段，一定要把易地扶贫搬迁这项花费了大量人力物力财力的民心工程巩固好，为全面打赢脱贫攻坚战"加分"。结合到贫困县实地调研，我们感到当前要特别重视解决好以下几个问题。

一、要重视解决好集中安置区搬迁贫困群众稳定就业问题

易地扶贫搬迁以集中安置为主，务工是搬迁贫困群众的主要收入来源。如果搬迁贫困群众出现大面积失业，不仅会导致大量

已脱贫人口返贫，还会造成社会治安、城镇贫困等诸多问题。据有关部门初步统计，在已完成搬迁建设任务的 870 万贫困人口中，有 600 多万人采取的是集中安置方式。另据脱贫攻坚第三方评估对 1077 户集中安置区易地扶贫搬迁户的调查，有高达 40.7% 的搬迁户家中无一人稳定就业。实地调研的贫困县情况也基本如此，在全县 19813 名搬迁贫困群众中，有 74.5% 是集中安置到县城和中心镇；在 7925 名搬迁贫困家庭劳动力中，有 25% 外出务工、44.5% 在本地就近务工，务工就业的比例虽然达到近 70%，但大多不稳定。我们实地调研的一个位于县城的搬迁安置小区，有 2700 名劳动力，其中 61.1% 没有实现稳定就业。

当前我国经济发展面临新的风险挑战，国内经济下行压力加大，给包括搬迁贫困家庭劳动力在内的农民工务工就业带来新的冲击。据有关部门调查，今年上半年本地农民工和外来农民工失业率都高于去年同期水平，搬迁贫困群众务工就业面临的风险不容忽视。建议有关部门抓紧组织开展搬迁贫困群众务工就业情况摸底调查，并据此研究出台有针对性帮扶措施，防止出现大面积失业。从实地调研的贫困县经验看，除应继续做好公共服务岗位、公益岗位等安置外，还应进一步加大对企业吸纳搬迁贫困群众就业的支持力度，加强对搬迁贫困群众的就业培训和外出务工组织，全面拓展务工就业渠道。

二、要重视解决好部分搬迁群众"两头跑"问题

由于集中安置区大多没有耕地、养殖场所等农业生产资源，

很多没有务工就业机会和能力的搬迁群众仍需要返回原住地发展种养，一些甚至还以此为主要收入来源。据脱贫攻坚第三方评估对集中安置区 1077 户搬迁户的调查，有 11.3% 的搬迁户主要收入来源是在原居住地发展产业。我们在一个安置小区调研时，多位在院子里纳凉的搬迁群众反映，"搬来住新房挺好，就是回去种地不方便，远的有好几十公里"。随机走访的几户搬迁户中，只有 1 户把地流转了出去，其他都要回原住地种地，有的还养了猪、羊，夜里也得看着，只能租住其他农户住房；有的原住地房子全拆了，只能搭个窝棚暂住。

"两头跑"在一定时期内是难免的，因为安置区往往就业和产业发展机会并不多，要在短期内满足所有搬迁群众"换穷业"的需求是不现实的。但不能因此而忽视其给搬迁群众带来的困扰，不能让这桩"烦心事"一直烦下去。目前，实地调研的贫困县正在通过引导土地流转、成立土地股份合作社、发展集体经营、在安置点附近建设农业孵化园等方式，积极探索减少搬迁群众"两头跑"的办法，取得了初步成效。建议结合深化农村改革和农业产业发展相关政策，加大迁出地农业农村资源流转盘活力度，支持发展农民合作社和农业生产托管服务，既为搬迁群众在迁入地务工就业减少后顾之忧，也为他们在迁出地发展农业生产提供便利条件。

三、要重视解决好安置房质量问题

住房安全是"三保障"的重要内容，备受搬迁贫困群众和社会各方关注。从各方面反映的情况看，全国大部分搬迁安置房质量是好的，但也有个别地方存在屋顶漏水、墙面裂缝、地基塌陷等质量问题，有的还引起了舆论炒作。现在，距离第一批搬迁人口入住安置房已经有三年左右的时间，一些地方房屋质量问题正在逐渐暴露出来。有的安置小区楼梯水泥用的少，半年时间就有多处破损；有的群众很激动地反映，"房门严重晃动，快要掉下来了"；有的抱怨说，"窗户缝特别大，从家里就能看见外面，说了半年多也没人管"。

这些问题虽然并不一定会影响居住安全，但却降低了搬迁贫困群众的获得感，有的甚至会滋生不满情绪，影响易地扶贫搬迁工作的社会声誉。建议从现在开始，在重点地区开展一次易地扶贫搬迁住房质量问题"回头看"，对工程实体质量和水暖、电气、节能保温等设施，以及门窗、地面等进行全面检查，对发现的问题及时进行整改，切实保障好安置房质量。

四、要重视解决好搬迁贫困群众拒迁、回迁问题

现在，各地搬迁入住进展总体顺利，但也有一些地方出现了拒迁、回迁问题，搬迁群众不去安置房住、仍在原居住地生活。西部有个地方计划搬迁群众出现反悔，曾有好几百户不愿领取安置房钥匙。有的搬迁群众怕搬过去不知道靠什么生活，还没想好要不要搬；有的习惯于在原住地自给自足的生活，怕适应不了安置区什么地方都要花钱的生活不敢搬；有的已经搬迁入住了，但由于不习惯城镇安置区生活，又搬回了原住地。一个村9户搬迁

群众，有 7 户已经迁了回去。

安土重迁是我国的文化传统，对拒迁、回迁问题不可小视。我们在南阳市淅川县南水北调展览馆看到的何肇胜老人的事迹，就从一个侧面证明了搬迁群众蕴藏的强大拒迁、回迁动力。为了丹江口水库和南水北调工程，老人 52 年里曾三次移民，前两次迁出后都又返回了淅川县，第三次在 75 岁叶落归根的年龄搬到辉县一年后去世了。易地扶贫搬迁目的是要解决一方水土养不活一方人地区的贫困人口脱贫问题，如果持续大规模出现拒迁、回迁，将引发社会各方对这项重大民心工程的质疑。建议有关部门和地方逐户详细了解拒迁、回迁原因，有针对性地加以解决。对因安置区房屋质量、配套公共服务和基础设施等不到位造成的，要加快通过易地扶贫搬迁结余资金和其他渠道补上短板。对因安置区缺乏收入门路造成的，要积极在安置区配套相关产业和岗位。对个别执意拒迁或回迁的搬迁群众，不能急于求成、简单采取强制措施，要做深入细致的工作，给他们留些等一等、看一看的时间，并注意保障好他们原住地住房基本安全。

着力完善驻村帮扶工作长效机制

刘一鸣

向贫困村选派第一书记和驻村工作队进行帮扶是脱贫攻坚的一项重大措施。目前，全国县级以上机关、国有企事业单位共选派驻村工作队 24.2 万个、驻村干部 90.6 万人，其中第一书记 20.6 万人，他们同乡镇、村社干部一起构成基层脱贫攻坚的中坚力量。我们对淅川县驻村帮扶工作进行了调研，走访贫困村并对多位驻村干部进行访谈，现将有关情况报告如下。

一、驻村干部发挥了不可替代的帮扶作用

作为河南省四个深度贫困县之一，淅川县着力选准、配强、管好、激活驻村干部队伍，现有各级选派的驻村第一书记 188 名，其中中央和国家机关派驻干部 1 名、省派干部 4 名、市派干部 13 名、县派干部 170 名，驻村干部共计 520 名。从调研情况看，淅川县驻村帮扶工作有序开展，产业扶贫、教育扶贫等工作形成地方特色，驻村干部的作用发挥受到普遍肯定。

在建强基层组织上，驻村干部是农村党建工作的一个"发动

机"。目前，淅川县驻村帮扶队伍平均年龄 40 岁，比村干部平均年轻近 10 岁，大专以上学历达 91%，成为基层管理的一支年轻力量。驻村干部帮助健全了村"两委"班子，有效解决了部分村"两委"班子不团结、软弱无力等问题，为全县脱贫攻坚夯实了最基础的组织保障。在促进产业发展上，驻村干部是产业扶贫的"引路人"。淅川县将驻村干部精准扶贫的责任细化到产业项目上，重视培养贫困户的自我发展能力。驻村干部熟悉所在村情况后，大多能快速找到产业脱贫的门路，并充分利用自身的学识、经验和社会关系，帮助贫困户解决产业发展资金、联系技术人员、提供市场信息等。很多驻村干部在此过程中也成长为"土专家"，提高了贫困户生产经营的效益。同时，驻村帮扶干部在脱贫攻坚一线也得到了历练，在推动发展、做群众工作、解决基层各种"疑难杂症"等方面有了很大提升，一大批干部成长起来。

二、驻村帮扶工作面临五个方面的困惑

调研过程中，不少基层干部群众反映，在驻村干部的帮扶下，今年底或明年初本地贫困人口全部脱贫没有问题，但他们在政策预期、成果巩固和可持续发展等方面，还存在一些困惑。

一是驻村帮扶政策未来走向的困惑。现在离 2020 年底只有一年多的时间，全面脱贫后驻村帮扶政策会如何调整，特别是驻村帮扶队伍的去留问题，基层干部群众对此抱有不同程度的担忧。对贫困村而言，驻村干部去留与否直接关系到脱贫攻坚成果的巩固和各项工作的开展；对派出单位而言，需要根据下一步政策要

求及早作出人员和工作的统筹调配。许多地方下一批第一书记和驻村工作队的驻村时间还会跨到 2020 年后，具体政策如何变化，产生的影响也是多方面的。

二是村"两委"班子能力建设的困惑。淅川县通过这几年的调整，村"两委"班子结构得到优化，全县村党支部书记平均年龄从 55.8 岁降低到 52.4 岁，高中以上文化程度达到 77.8%，比上届提高了 11.76%。但部分村干部的年龄仍然偏大、文化素质不高，一些工作十分依赖驻村干部，导致有的驻村干部进行"保姆式"帮扶。如果驻村干部一下子从这些村庄撤出，村"两委"班子是否已经具备带动村民自我发展的能力，还存在很大的不确定性，有些工作可能会因此停滞。

三是扶贫产业延续发展的困惑。贫困地区的许多扶贫产业项目是驻村干部引进来的，由于本村缺乏懂经营的人才，他们往往冲在生产管理和市场营销一线。淅川县贫困户 80% 以上的收入来自扶贫产业，很多产业都是贫困村脱贫和可持续发展的重要支撑。如果驻村干部撤出，当地村民一旦经营不善，不少产业很容易倒闭，导致返贫不说，还可能形成村集体债务。本地村民能否尽快熟悉、接手、独立运营这些项目，直接影响到扶贫产业能否延续发展。

四是驻村干部个人发展的困惑。按照中央有关文件要求，驻村工作队每期不少于 2 年，第一书记任期一般为 1 至 3 年。但在执行中，不少驻村干部的实际驻村时间为 3 年或更长。在调研中，我们访谈的一位第一书记已经驻村 4 年，而且还可能再延长 1 年。许多驻村干部最担心的问题是，由于长期不在原单位，既少了原单位的工作业绩，人际关系也日渐疏远，有可能影响个人在原单位的发展。

五是驻村干部兼顾工作和家庭的困惑。调研中，一些驻村干部表示，脱贫攻坚这一场硬仗历经几年，个人有成就感，也很受锻炼，但家庭生活面临不小的困难。有的干部夫妻双方都在驻村，且相隔甚远，家里孩子又小，只能交给父母来带或自己带着驻村，座谈时一位驻村的女干部为对不住老人和孩子而落泪；有的将80多岁的老父亲带到所驻村里照看。许多驻村干部由于返回原单位没有明确的时间表，对家庭生活的安排深感担忧。

三、进一步做好驻村帮扶工作的几点建议

当前，全国正处于脱贫攻坚和实施乡村振兴战略的交汇期，这对驻村帮扶工作提出了新的要求。建议及时明确政策方向、稳定预期，为驻村干部注入新的动力，提升帮扶的针对性和实际效果。

一是按照"减少一批、保留一批、拓展一批"的原则适时调整驻村工作队伍。驻村干部既是中央政策的落点，也是精准扶贫的支点。脱贫攻坚期内，现有的驻村干部人数不能减少，帮扶力度不能削弱。脱贫攻坚期结束后，建议根据不同村情适当调整驻村帮扶力量，完善驻村帮扶长效机制。在村"两委"班子素质高、能力强、作风硬，产业发展较成熟的村逐步减少驻村干部数量；在脱贫后返贫风险大、产业发展基础较脆弱的村保持驻村队伍基本稳定；对软弱涣散村和集体经济空壳村继续派出第一书记，并

向乡村振兴任务重的村拓展。

二是因村视情加强驻村帮扶力量的投入重点。当前脱贫攻坚进入最后阶段，驻村干部必须全力以赴。对村"两委"班子仍然薄弱的，要把更多力量放在抓基层党建上，助力选好配强班子成员，尽快把基层党组织建成坚强有力的战斗堡垒。对脱贫攻坚任务较重的，加大产业扶持力度，努力培养农村致富带头人，真正增强贫困村的自身"造血"能力。对条件较好的，积极稳妥做好脱贫攻坚与实施乡村振兴战略的有效衔接；同时还要逐步把已经引进的项目"交出去"，更多地让村里人去接手经营。

三是积极引凤回乡培养乡村治理的稳定力量。无论是打赢脱贫攻坚战还是促进乡村振兴和县域经济发展，必须筑牢本土人才支撑。建议以亲情乡情为纽带、政策激励为导向，不断完善有利于乡村本土人才返乡就业创业的长效机制。针对村"两委"年龄大、学历低且村里年轻人少的情况，要进一步拓宽"两委"班子来源，持续从返乡创业大学生、农民工、退役军人等群体中选拔村干部。进一步畅通从村干部中选拔县乡机关公务员的通道，加大从优秀村党组织书记中选拔乡镇领导干部的力度，从机制上增强村"两委"工作吸引力，促进乡村本土人才回流，充实和稳定基层干部队伍。

四是进一步完善驻村干部选拔机制。为了确保驻村帮扶取得实效、得到群众拥护，要努力把想干事、能干事的优秀年轻干部和后备干部选派下来，防止镀金思想和短期行为，杜绝用"抓差"或"摊派"的方法选派干部，对出现"走读式""挂名式"帮扶问题的干部要严肃问责。适时根据驻村干部日常表现、群众评价和年度考核结果，对综合评价靠后及不适应工作任务的驻村帮扶人员进行调整，保证驻村帮扶工作的质量。

五是加强对驻村干部的培养和关爱。坚持在脱贫攻坚和乡村振兴一线考察识别干部，将其作为考核、使用干部的重要指标。对完成任务好、各方面表现优秀的，长期沉在基层、贴近群众、务实重干的驻村干部，要按照有关规定予以优先使用。对驻村干部派驻年限，建议以2年为周期，以便各相关方面稳定预期、合理安排工作。积极帮助解决驻村干部个人生活中遇到的困难和问题，在精神上给予更多的关心关怀，营造让驻村干部心无旁骛干事业的浓厚氛围。

确保高质量完成脱贫攻坚任务

——在 2019 年淅川脱贫攻坚调研督导反馈会上的发言

黄 守 宏

（2019 年 8 月 3 日）

时隔一年整，我们国研室一行 16 名同志，再次来淅川开展调研督导，同大家见面交流，倍感亲切。去年这个时候，我和郭玮同志带领国研室 24 名同志到淅川进行了集中调研，形成了 20 篇调研报告，得到党中央、国务院多位领导同志批示肯定。国务院扶贫开发领导小组成员单位对调研报告反映情况和建议进行了认真研究，形成了一批具有重要指导性的政策。通过去年的调研，淅川的脱贫做法和经验、干部群众的意见建议，有些已为国家层面的决策提供了参考，这也是淅川为全国脱贫攻坚作出的特殊贡献。

这次来淅川之前，我们多次召开调研组全体会议，对调研督导作了研究安排。主要有三方面考虑。一是落实定点扶贫责任，开展督导调研。总的思路还是"从全国看淅川、从淅川看全国"，把淅川点上情况和全国面上情况结合起来，以"小切口"看"大政策"。特别是围绕当前包括淅川在内绝大多数贫困县即将摘帽的新形势，调研了解摘帽前后的脱贫攻坚工作变化，分析研究如何巩固脱贫攻坚成果，如何实现脱贫攻坚与实施乡村振兴战略有效衔接，如何推进脱贫县县域经济可持续发展，等等。二是按照"不忘初心、牢记使命"主题教育安排，开展专题调研。主要是直接听取基层一线意见建议，查摆工作短板和不足，提升政策研究和决策咨询工作水平和实效。今年以来，为激发市场主体活力、促进经济平稳运行、推动高质量发展，党中央、国务院作出实施更大规模减税降费、缓解中小企业融资难融资贵等重大决策部署。我们要把主题教育和业务工作结合起来，了解基层和企业对政策落实的看法，提炼面上的政策建议，为党中央、国务院决策提供参考。三是围绕更好践行党的初心和使命，开展实地教育"拉练"。我们这次较多安排年轻干部参加调研，就是希望通过深入脱贫攻坚一线，使他们深刻认识领会党中央的战略考量，进一步了解基本国情农情，直接感受一线扶贫干部的精气神，推动学习贯彻习近平新时代中国特色社会主义思想走深走实，锤炼忠诚干净担当的政治品格，增强用"笔杆子"报效党和人民的使命感责任感。

几天来，调研组一行分4个小组，结合各自调研重点，走访了贫困户和产业发展基地、搬迁安置区、企业、学校、医院等，与县直单位、乡镇负责同志和驻村第一书记、农民群众、企业代表进行了交流，并利用晚上时间，同县四大班子领导进行了工作交流。调研既突出了解产业扶贫、易地扶贫搬迁、教育扶贫、健康扶贫、财政扶贫、金融扶贫、社保兜底扶贫等脱贫攻坚重点工作进展，也注重了解县域经济发展、"放管服"改革、减税降费、中小企业融资、县级财政运行、基础设施建设、就业创业、生态环保、乡村人才等经济社会发展面上情况。在调研中，每位同志都把所见所闻、所感所想认真记录下来，形成调研实录。昨天晚上，调研组专门开了碰头会，交流调研情况和体会。大家普遍感到，这是一次接地气、受教育、转作风的调研，触动很大、收获良多、不虚此行。通过调研学习，大家进一步感受到了淅川县乡村各级干部身上体现出的强烈责任担当和无悔奉献精神，受到很大信念砥砺和精神鼓舞。大家表示，与淅川的同志特别是和一线扶贫干部相比，我们在思想认识、工作作风等方面还有不小差距。我们要把淅川的好做法好经验带回去认真总结，把淅川的好典型好作风带回去认真学习，转化成做好国研室工作的动力。

通过这次调研，我们深切感受到淅川县认真贯彻落实以习近平同志为核心的党中央决策部署，坚持以脱贫攻坚为抓手统揽经济社会发展全局，突出重点、尽锐出战、因地制宜狠抓扶贫工作落实，脱贫攻坚综合成效居全省先进行列，县域经济社会发展有动力、有后劲，同时还积极探索出一些可学习借鉴、能普遍推广的工作经验。淅川县在派驻第一书记和扶贫工作队、教育扶贫、健康扶贫等方面的有效做法，得到国务院领导同志肯定，"坚持短中长生态可持续脱贫"的产业扶贫模式被评为第二届中国十佳优秀扶贫案例，是全国易地扶贫搬迁现场会主要观摩点。应该讲，淅川的工作有声有色，成绩可圈可点，经验值得总结。从调研了解情况看，按照"两不愁三保障"标准，淅川如期脱贫摘帽不存在大的问题。同时也要看到，脱贫攻坚是"入之愈深、其进愈难"，高标准完成剩余任务还很艰巨，必须做深入细致的工作。这里，结合调研情况，按照督导工作要求，我简要谈几点想法，供大家参考。

第一，要毫不放松抓好脱贫攻坚各项工作。明年要打赢脱贫攻坚战，使现行标准下农村贫困人口全部实现脱贫、贫困县全部摘帽、区域性整体贫困得到解决，这是党中央提出的重大政治任务。现在淅川脱贫攻坚正处在决战决胜的关键阶段，越是这个时候越不能松劲，必须响鼓重锤、振拔身心、全力以赴，确保高质量实现脱贫攻坚目标。这次调研也发现了一些值得重视的情况。比如，有的搬迁户反映个别搬迁安置房存在漏雨等建设质量问题；有的干部群众建议注重增强扶贫产业可持续性，加快建设仓储、冷链、加工等配套设施；有的基层干部反映今夏几十年一遇的干旱暴露出一些山区农村饮水安全仍有待加强，在水源区守着水却没水吃，少量山村群众存在饮水难问题；还有的干部群众建议对撤并乡村小教学点审慎论证，防止出现上学难甚至辍学情况。这些是调研组听到的反映，请县里进一步核实。如果反映的有些情况确实存在，要高度重视，现在能解决的要抓紧采取措施及时解决，一时难以解决的要积极创造条件推动解决。其中有些问题，像农村饮水安全，需要大量资金投入，如果县里有困难要积极向上级反映、争取支持。贯彻落实好党中央关于打赢脱贫攻坚战的决策部署，是检验我们是否牢固树立"四个意识"、坚定"四个自信"、做到"两个维护"的重要标尺。第二批"不忘初心、牢记使命"主题教育将从今年9月开始，希望淅川县不折不扣贯彻党中央部署要求，促进主题教育与脱贫攻坚工作深度融合，引导广大党员干部保持锐意奋发、励精图进的昂扬斗志，以高度的政治责任感和历史使命感，扎扎实实做好脱贫攻坚各项工作。

第二，要努力营造有利于脱贫攻坚的环境条件。今年以来，面对错综复杂的国内外形势，我国经济延续了总体平稳、稳中有进的发展态势，主要宏观调控指标保持在合理区间。同时，我国经济已深度融入世界经济，国际经济形势的复杂多变和外部环境的不确定性对我国经济产生较大影响，当前经济下行压力加大，国家将出台新的政策举措予以应对。从这次调研看，淅川经济运行总体保持平稳，但受国内外不确定因素影响，也面临不少困难。当前，淅川正处在脱贫攻坚的关键时期，保持经济社会平稳发展对于高质量完成脱贫攻坚目标任务至关重要。要认真贯彻落实党中央决策部署，善于从宏观经济形势变化和重大政策举措中寻找机遇，在改革创新中挖掘潜能，对可能遇到的各种情况早作谋划研究，做到心里有数、应对有方，为推进脱贫攻坚、巩固脱贫成果创造良好的环境条件。

第三，要深入总结脱贫攻坚的制度创新成果和精神文化成果。脱贫攻坚战以来，淅川县各级组织开拓进取、蹈厉奋斗，深入推进扶贫政策举措和重点工作落实，淅川面貌焕然一新，贫困人口生产生活水平显著提高。在这个过程中，淅川县既创造了看得见的脱贫攻坚物质财富，也取得了一些弥足珍贵的制度创新、精神文化成果。比如树立正确政绩观、引导干部既做显功更做潜功，建立严格要求和有效激励干部机制，再比如统筹力量抓基层基础建设，还有实事求是抓落实、较真碰硬促工作、长短结合谋发展，等等，不一而足。特别是在脱贫攻坚过程中淬炼出来的勇于攻坚克难、甘于牺牲奉献的精神尤为宝贵，应该传承下去，结合新的实际发扬光大。在去年和今年的调研中，通过与基层干部、农民群众深入接触，让我深受感动。著名作家魏巍在《谁是最可爱的人》里面讲："谁是我们最可爱的人呢？我们的战士，我感到他们是最可爱的人……他们的品质是那样的纯洁和高尚，他们的意志是那样的坚韧和刚强，他们的气质是那样的淳朴和谦逊，他们的胸怀是那样的美丽和宽广！"在和平年代，我深深感到，我们淅川的老百姓、淅川的党员干部就是这样的最可爱的人。淅川的老百姓，为了南水北调这个国家大局，多次易地搬迁、背井离乡，付出了多少代价，这种舍小家为大家的精神令人肃然起敬。在脱贫攻坚过程中，我们的干部同样展现了这种精神，无论是县领导还是机关干部，无论是乡村干部还是驻村第一书记，大家都是一如既往、无怨无悔，真可以说是"捧着一颗心来，不带半根草去"。在昨晚的驻村书记座谈会上，几位第一书记讲完之后，我真的感慨良多。有位女同志和她爱人，两口子都担任第一书记，同时驻村帮扶，相距200多里地，她一个人带着幼小孩子坚守在贫困村，克服重重困难，风里来雨里去为老百姓办实事，受到群众的交口称赞，她驻村期满后，村民还不惜"托关系""走后门"，想让她继续留任。任何一项工作都需要制度来保障。这些驻村第一书记之所以能够扑下身子、倾情投入，与县里鲜明的激励导向和完善的配套保障措施密不可分。无论是巩固脱贫攻坚成果还是推进乡村全面振兴，关键就是要有这么一支坚强有力的基层工作队伍，这样脱贫攻坚的思路措施才得以精准谋划、群众活力才得以充分激发、上下行动才得以有效衔接。要下大力气把基层队伍建设好、配备强，通过行之有效的激励措施，让留在农村建功立业的年轻干部、新锐"能人"越来越多，让带领群众致富的阳光大道越走越宽。这一大批知群众、懂群众、爱群众的扶贫干部，连同他们与群众搭得上话的工作经验、和群众交得了心的服务能力，再加上密切联系群众的自觉意识和奉献牺牲精神等，都是脱贫攻坚战创造的宝贵财富。要把这些制度性成果和精神财富总结好、传承好、运用好，成为下一步深入推进乡村振兴、促进经济社会持续发展的强大动力和重要支撑。

从国研室来讲，要按照党中央、国务院关于中央单位定点扶贫工作的部署，坚持把定点帮扶淅川县作为重大政治任务，继续举全室之力、集全室之智，进一步加强对淅川县脱贫攻坚工作的指导和支持，尤其是更好地发挥国研室优势，深入做好"智力帮扶""软件帮扶"工作，全力助推淅川县脱贫攻坚。这次调研中，县乡村干部、贫困群众、企业负责人等反映了一些需要上级帮助解决的问题，我们将把这些问题带回去认真梳理，尽力协调和推动相关方面予以支持。

实践证明，直接参与定点帮扶是年轻干部成长进步的难得机遇和宽广舞台。国研室派出的帮扶干部方松海、王涛同志已分别在淅川挂职锻炼3年和2年。两位同志在淅川各方面的关心和支持下，全身心投入扶贫工作，取得了一些成绩，综合素质和能力也有很大提高。方松海同志去年挂职已满两年到期，因表现出色被县里积极挽留，他也克服家庭困难又延长挂职时间一年，体现了对扶贫事业的热爱和责任担当。王涛同志先后被评为中央和国家机关脱贫攻坚优秀个人、河南省脱贫攻坚奖贡献奖、河南省共产党员先进典型。今后，国研室要把选派优秀年轻干部到淅川挂职作为一项制度坚持下去，这有利于通过实践、实战培养锻炼干部，也有利于做好定点帮扶工作。希望淅川县委、县政府对国研室派来的挂职干部要继续压担子，在各方面严格要求，让他们"多在事上磨"，多经事、多干事、多扛事，促进他们更好成长进步。挂职干部要切实做到"实挂"不"虚挂"，放下架子、扑下身子，脚踏实地、真抓实干，在摸爬滚打中增长才干、在基层历练中积累经验，全面提高自身综合能力。

2020

决战决胜

2020 年是决胜全面建成小康社会、决战脱贫攻坚之年。突如其来的新冠肺炎疫情对脱贫攻坚有哪些冲击和影响？面对极为复杂严峻的宏观经济环境，脱贫摘帽县（全国 832 个贫困县已有 780 个摘帽，剩余 52 个将于 2020 年底摘帽）如何巩固提升脱贫成果、有效防止返贫和产生新的贫困？怎样做好脱贫攻坚与实施乡村振兴战略的有机衔接？围绕这些各方面比较关心的问题，我室组织 11 名同志于 2020 年 8 月上旬利用暑休时间，由黄守宏主任带队连续第三年赴定点扶贫县——河南省淅川县开展专题调研。此次调研深入贯彻习近平总书记关于扶贫工作重要论述和重要指示批示精神，继续坚持"从全国看淅川、从淅川看全国"的思路，在深入"解剖麻雀"的同时，对全国面上情况进行了综合分析，在此基础上形成了 9 篇调研报告。

应把巩固提升脱贫成果作为脱贫摘帽县实施乡村振兴战略的首要任务

贺达水　李攀辉

一、如期完成脱贫攻坚目标任务完全能够做到

2020 年是脱贫攻坚战最后一年，从中央到省市县乡村各级攻坚保持良好势头，措施实、力度大、针对性强，决战决胜脱贫攻坚各项硬任务能够较好完成。

一是啃下最后脱贫"硬骨头"。从全国面上看，脱贫攻坚挂牌督战力度加大，剩余 266 万建档立卡贫困人口"两不愁三保障"基本实现，能够如期脱贫。从淅川县看，该县在整体实现脱贫摘帽后，对未脱贫的 2557 户 5537 人逐户逐人精准采取供养保障、低保保障、综合保障等方式予以保障，有劳动能力未脱贫户均有到户产业或安排公益岗位，弱劳动力户均纳入低保，独居老人均落实供养扶持，剩余贫困人口脱贫任务较好完成。

二是答好疫情冲击"加试题"。各地深入贯彻习近平总书记在决战决胜脱贫攻坚座谈会上的重要讲话精神，统筹推进疫情防控和脱贫攻坚取得决定性进展。截至目前，全国外出务工贫困劳动

力数量超过去年，扶贫龙头企业和扶贫车间基本复工复产，扶贫项目建设进展顺利。淅川县与湖北接壤，疫情发生后，淅川县采取紧急措施应对疫情冲击，保障扶贫产业生产不中断，点对点输出贫困劳动力 2.6 万余人，实现"应出尽出"；成立消费扶贫专班，拓展扶贫农产品销售渠道，累计签约额超过 7000 万元，有效降低了疫情对脱贫攻坚的直接影响。

三是夯实脱贫成果"家底子"。脱贫摘帽县严格落实责任、政策、帮扶、监管"四个不摘"要求，把巩固提升脱贫成果摆在突出位置，认真整改各渠道发现的问题，脱贫质量进一步提升。以淅川县为例，全县围绕产业扶贫、就业扶贫、危房改造等重点工作实施"七大清零行动"，开展贫困村退出达标、脱贫人口脱贫质量等"五大回头看"活动，组织对全县 491 个行政村、21798 户建档立卡户进行全覆盖走访，全面查缺补漏，确保问题全部整改到位。

四是打造防止返贫"保险锁"。脱贫摘帽县全面建立防止返贫监测和帮扶机制，对收入大幅缩减或刚性支出大幅上升的脱贫户、边缘户进行动态监测，及时采取针对性帮扶措施。淅川县认真执行防止返贫机制，精准确定监测对象，实现帮扶政策应享尽享。针对农村高龄独居老人、无自理能力人员等特困群体兜底保障难题，淅川县探索实施村级幸福大院集中托管、乡镇敬老院集中供养、社会福利机构集中托养、卫生机构集中治疗康复等"四集中"模式，较好解决了 1988 名特困人口的基本生活保障问题。预计到2020 年底，淅川县建档立卡贫困人口能基本清零，实现较高质量的脱贫。

通过连续三年对淅川县脱贫攻坚跟踪调研，结合全国总体进展情况，点面相互印证，我们强烈感到，在以习近平同志为核心的党中央坚强领导下，经过各方面艰苦努力，到2020年底完全能够顺利完成现行标准下农村贫困人口全部脱贫、贫困县全部摘帽的脱贫攻坚目标任务。调研中，广大干部群众对习近平总书记驰而不息亲自抓脱贫攻坚予以高度评价，表示由衷感谢。一致认为打赢脱贫攻坚战是中华民族发展史上具有里程碑意义的重大事件，短短几年间贫困群众生产生活条件显著改善，贫困乡村发生沧桑巨变，交出了一份让人民满意、令世界惊艳的减贫成绩单，具有极为重大而深远的意义。

二、脱贫摘帽县当前和今后一个时期推进乡村振兴的重中之重是巩固提升脱贫成果

调研中，脱贫摘帽县的干部群众非常关心脱贫攻坚之后干什么、怎么干、政策如何调整等问题，普遍担忧减贫战略和工作体系出现大的变化、政策支持力度明显弱化。对此，习近平总书记在决战决胜脱贫攻坚座谈会上明确指出，"可以考虑设个过渡期，过渡期内，要严格落实摘帽不摘责任、摘帽不摘政策、摘帽不摘帮扶、摘帽不摘监管的要求"。目前，有关部门正在抓紧研究脱贫攻坚与实施乡村振兴战略有效衔接的政策设计，提出了设立5年过渡期的设想，各方面都表示赞成，但过渡期的具体内涵和主要任务尚未明确。我们认为，5年过渡期的目标应定位为"巩固提升脱贫成果"，同时建议进一步细分为两个阶段，前两年重在"巩

固",后三年重在"提升"。应认真总结近几年脱贫摘帽县的经验做法,将脱贫攻坚的机制体系、政策体系、工作体系等平稳过渡到巩固提升脱贫成果上来,继续对脱贫摘帽县予以倾斜支持。这主要基于以下几方面考虑:

第一,扶贫产业发展基础尚不牢固。脱贫攻坚以来,全国共实施产业扶贫项目100多万个,建成扶贫产业基地超过10万个。全国92%的贫困户参与了产业发展,67%的已脱贫人口主要通过发展产业实现脱贫。前几年,绝大多数扶贫产业还处在培育期、成长期,普遍未经历充分的市场竞争洗礼。随着这些产业陆续进入丰产期,市场销售压力明显加大。像淅川县在脱贫攻坚期间大力发展软籽石榴、杏李等产业,扶贫林果种植面积迅速增加到38.7万亩,今年起陆续大量挂果,产量将比去年翻番,市场销售成为最大瓶颈制约。考虑到脱贫摘帽县仓储、加工、冷链物流等现代化设施建设滞后,科技服务、专业人才等不足,产业发展基础仍然薄弱,干部群众普遍担心,一旦政策支持力度减弱,产业发展将难以为继。

第二,疫情带来的影响不可小视。脱贫摘帽县经济基础和医疗卫生条件差,疫情防控能力相对较弱,产业、就业等受外部环境影响大。虽然前期较好应对了疫情,但其不利影响还在持续,突出表现在脱贫人口就业不稳定、部分外出人员工资收入下降。当前,国际疫情仍在蔓延,国内疫情反弹压力持续存在。疫情对脱贫摘帽县经济社会发展的影响将延续相当长时间,是巩固提升脱贫成果面临的重要变数。

第三,基础设施和公共服务仍有短板缺项。尽管脱贫攻坚显著改善了建档立卡贫困村面貌，但脱贫摘帽县乡村基础设施和公共服务建设总体欠账仍然较大，特别是一些边缘村近些年面貌变化不大。以淅川县为例，全县491个行政村，其中159个为贫困村，近几年道路、饮水、电力、通信、危房改造以及教育、医疗卫生等项目建设，重点向贫困村倾斜，以至于即使是相邻村，非贫困村的建设已不如贫困村。一些非贫困村由于地质灾害风险、生态保护等原因，客观上也存在搬迁需求。如果不持续加大支持，解决好边缘村、边缘户在"三保障"和饮水安全等方面的短板弱项，就很容易产生新的贫困。

第四，防止返贫机制有待拓展强化。防止返贫机制是巩固提升脱贫成果的重要保障。根据国务院扶贫办调度，截至2020年7月底，各地共有420多万已脱贫人口和边缘人口存在返贫致贫风险，其中有50.7万人是今年以来新增的监测帮扶对象。调研中基层反映，防止返贫机制仍然存在监测对象认定条件复杂、程序繁琐，事前预防措施难落实，帮扶方式以救助为主、相对较为单一等问题。亟待根据巩固提升脱贫成果的需要不断拓展强化防止返贫机制，并加大对县乡村基层机制运行的支持保障力度，使之真正成为针对农村低收入人口和困难群众开展日常性帮扶的支柱机制。

总的来讲，贫困县尽管都能顺利脱贫摘帽，但与其他地区在工业化、城镇化快速发展条件下全面推进乡村振兴不同，其发展起点低、基础薄，脱贫人口增收长效机制还没有全面建立，县域自我发展能力还没有稳定形成，现阶段具有很强的过渡期特征。对脱贫摘帽县而言，促进脱贫攻坚与实施乡村振兴战略有机衔接，并不是要另起炉灶或另辟他径，其首要任务必然是、也必须是巩固提升脱贫成果，而脱贫摘帽县着力巩固提升脱贫成果，本身就是实施乡村振兴战略的应有之义。要看到，农村绝对贫困问题解决之后，相对贫困问题将长期存在，而且主要存在于脱贫摘帽县。对这些县，仍需在较长时期内给予倾斜支持，不能与其他地区推进乡村振兴一样对待，对此应有清醒认识。

三、巩固提升脱贫成果、推进乡村振兴要继续坚持精准方略

习近平总书记准确把握扶贫工作新形势新任务，提出了精准扶贫、精准脱贫基本方略，有力有效解决了农村工作长期以来存在的"大概其""大水漫灌"等问题，极大提升了帮扶工作的针对性和实效性。精准方略是脱贫攻坚重大的理论创新和实践创新，也是我们做好"三农"工作和各项工作的宝贵财富，应长期坚持和发扬，不断提高"三农"工作的质量和水平。应将精准方略贯穿于巩固提升脱贫成果、推进乡村振兴全过程，做到精准支持、精准巩固、精准提升。具体建议：

（一）对脱贫摘帽县进行综合评估，予以分类支持。支持对象要精准，这是巩固提升脱贫成果需要首先解决的问题。国家实施有组织、大规模扶贫开发以来，对国家扶贫开发重点县的调整，采取"总量不变下的微调"方式，支持力度较为平衡和精细。经过脱贫攻坚，脱贫摘帽县的发展基础和条件总体得到了提升，客观上也出现了内部分化。其中，既有以"三区三州"为代表、远

离经济中心、发展基础薄弱的县，也有经济社会发展某些方面存在较突出短板的县，还有靠近中心城市、资源禀赋较好、具备一定产业基础的县。建议打赢脱贫攻坚战之后，实事求是对832个脱贫摘帽县进行综合评估，明确其中需全面重点支持的薄弱县、需在某些方面特别支持的短板县，将帮扶资源精准向这些县倾斜，避免平均用力。脱贫摘帽县也应评估确定需要重点支持的薄弱村、短板村，包括一些相对落后的非贫困村。这是精准帮扶方略在后脱贫攻坚时期的新实践。

（二）赋予脱贫摘帽县统筹整合涉农资金更大自主权。这是巩固提升脱贫成果政策举措精准实施的关键所在。经过近几年精准扶贫的实践，脱贫摘帽县最清楚自身需要巩固提升的领域在哪里，也最清楚如何把财政资金真正用到刀刃上。建议保持中央和省级财政专项扶贫资金户头不撤、渠道不变、力度不减，将支持重点放在脱贫摘帽县巩固提升脱贫成果上。同时，继续加大一般性转移支付对脱贫摘帽县的支持力度，赋予脱贫摘帽县统筹整合涉农资金更大自主权，扩大资金使用方向和领域。只要脱贫摘帽县将整合过的资金用于巩固提升脱贫成果的工作和项目，就视同合规、不予追责。

（三）对脱贫摘帽县特色优势产业发展，探索开展领导干部责任制试点。扶贫产业需要长期培育、长期支持方能成为群众稳定脱贫逐步致富的主要依托和解决相对贫困的经济基础，这是各方面的共识。为有效防止基层片面追求"短平快"、避免"换一届领导翻一次烧饼"，应精准落实责任特别是领导干部的责任。建议针对乡村产业培育发展中普遍存在的"重生产、轻市场"等短期行为，强化产业规划约束力，科学延长考核年限，研究对脱贫摘帽县特色优势产业发展实行领导干部责任制，从制度上保障产业发展连续性，促进县乡干部遵循产业发展客观规律，一届接着一届抓，坚持不懈提高产业发展质量。

（四）加快培养打造乡村"不走的帮扶工作队"。调研中，县乡村各级普遍认为，基层党组织不强、人才短缺是巩固提升脱贫成果最大的风险，加强组织和人才保障是"造血式"巩固提升脱贫成果最重要举措。各方面都认为应继续选派优秀干部帮助乡村巩固提升脱贫成果，但也提出像脱贫攻坚期间那样大规模选派干部长期驻村是难以持续的，建议可考虑适当减少人员规模、缩短派驻期限，有针对性地选派产业发展、乡村治理等急需干部。选派第一书记重点应放在加强村党支部建设上，从返乡大学生、农民工、退役军人等中发现人才，将其纳入"村两委"后备力量进行培养。对于在巩固提升脱贫成果方面表现突出的村干部，应给待遇、给出路、给政治荣誉，在乡镇公务员招录等方面给予特殊安排和倾斜支持。

四、几个值得重视并应及早解决的问题

一是尽快明确脱贫攻坚与实施乡村振兴战略有效衔接的政策取向和框架。鉴于脱贫摘帽县经济社会发展相对滞后的局面没有根本改变，推进脱贫攻坚与实施乡村振兴战略有效衔接，既有利于巩固提升脱贫成果，又能让基层干部群众和社会放心。建议有关部门抓紧对各项政策举措进行全面梳理评估，明确哪些需要长

期坚持甚至加强，哪些需要根据形势变化予以调整或退出，做到分类处理、平稳过渡，并及早将政策框架公之于众，以稳定人心、稳定预期。

二是尽快对"政策断崖"风险进行摸底预判和提前防范。攻坚期结束后，由于一些特惠政策向普惠政策转变，一些具有超常规、临时性特征的政策将退坡或取消，对脱贫村、脱贫户的支持力度客观上不可能再保持攻坚期的同等力度，一旦处理不好，一些领域和地方可能因支持力度骤减而出现"政策断崖"效应。建议对产业类帮扶项目如特色农业、乡村旅游等，摸底评估项目运行状况和成熟程度，对基础较好、有成长前景、需继续支持的，纳入乡村产业振兴重点支持项目，强化市场开拓等政策支持。对社会保障类帮扶项目如兜底措施、公益性岗位、临时救助等，要明确资金投入渠道，纳入预算安排，确保帮扶救助可持续运行，同时研究建立退出机制，实行动态监测评估，防止"只进不出"。此外，对易地扶贫搬迁集中居住区也要在摸底基础上，持续推进解决搬迁户基本公共服务需求，从产业、就业、社会保障等维度推进搬迁社区"二次发展"。

三是尽快研究建立扶贫资产管理长效机制。脱贫攻坚以来，大量扶贫资金通过基础设施建设、发展产业等多种形式转化为扶贫资产。但目前相当部分地区尚未将扶贫资产管理纳入工作范围，也未建立相应管理机制，扶贫资产底数不清、权属不明，经营管理能力不足，存在流失风险。把这些扶贫资产管好用好，使之能长期发挥效益，直接关系脱贫攻坚成果的巩固提升和乡村振兴战略的实施。建议尽快出台规范扶贫资产管理的指导意见，抓紧开展扶贫资产清产核资和登记确权。其中，对基础设施、公共服务等公益性资产项目，应做好后续运营管护，明确责任主体、资金来源、管护标准等，避免设施保养不力或闲置浪费。如通村道路、组内道路等，应尽快明确其产权归属、养护主体及养护资金来源，防止失修损毁，确保脱贫群众能长久受益。对扶贫产业、入股出租等经营性资产项目，应提升专业化管理水平，鼓励农村集体经济组织、农民合作社等参与项目运营，促进保值增值，完善收益分配机制，严格资产处置监管，防止跑冒滴漏。

四是尽快研究对未完成的易地搬迁任务的压茬推进规划和政策储备。由于地质灾害易发区避灾需求、生态脆弱区保护需求、基础设施和公共服务建设成本高难度大等情况，以及攻坚期内易地扶贫搬迁存在的应同步搬迁而未搬迁人口，目前脱贫摘帽县仍有相当数量的待搬迁户。从国土整治、区域统筹开发保护和民族长远发展等方面考虑，迫切需要针对脱贫摘帽县制定并分阶段实施生态宜居搬迁中长期规划，防止这些待搬迁户成为易致贫人口。建议总结借鉴易地扶贫搬迁经验，结合乡村建设总体规划，研究压茬推进生态宜居搬迁的规划和政策储备，统筹谋划好搬迁布局和资金安排，进一步提升搬迁脱贫成效。

五是尽早准备防范和化解脱贫摘帽县债务和金融风险。脱贫摘帽县大多财力薄弱，自我造血功能尚待健全，财政收入仍然高度依赖上级转移支付，而攻坚期内基础设施建设、公共服务质量提升、产业培育扶持等"补短板"刚性支出多，部分脱贫摘帽县客观上已经形成一定的债务，有的规模还比较大。在金融领域，由于脱贫摘帽县风险防控能力总体偏弱，有的风险隐患已经逐步显现和释放。建议有针对性地采取措施，将脱贫摘帽县作为化解债务风险的重点予以优先支持，重点防范化解对扶贫龙头企业的扶贫贷款、对建档立卡户的扶贫小额信贷等风险，兼顾巩固提升脱贫成果和缓释金融风险的需要，帮助脱贫摘帽县减轻负担、降低风险，使脱贫摘帽县能够轻装上阵，更好巩固提升脱贫成果。

六是尽快明确将扶贫机构转型为推动脱贫成果巩固提升、解决相对贫困问题的专司机构。对攻坚期后扶贫机构存续问题，各级扶贫干部都很关心。有的地方扶贫干部因担心去留而人心浮动，甚至一定程度上影响了部分地区的攻坚士气。从国际经验和国内扶贫实践看，促进落后地区发展，缩小与其他地区的差距，解决相对贫困、实现共同富裕，专司机构不可或缺。设置专司机构，有利于及时反映脱贫摘帽县面临的特殊困难，有利于更加精准地把握巩固提升脱贫成果的重点和难点、聚焦资源和政策予以倾斜支持，也有利于加强扶贫资产管理、促进帮扶项目可持续运行。建议根据巩固提升脱贫成果、解决相对贫困的新形势新任务，将现有扶贫机构改组为欠发达地区发展促进机构，统筹各方面资源支持脱贫摘帽县经济社会发展。

脱贫摘帽县仍需强化财力保障

潘国俊　　牛发亮　　包益红

党的十八大以来，各级财政用于脱贫攻坚的资金投入规模和财税政策支持力度前所未有，成效有目共睹。通过对全国面上的分析，结合淅川县调研，我们认为，2020 年贫困县全部脱贫摘帽后，要继续强化财力保障，保持资金投入和扶持政策的连续性，推动脱贫成果巩固提升、促进乡村振兴。

一、强化脱贫摘帽县财力保障十分必要

这些年，各级财政持续大幅增加脱贫攻坚资金投入，贫困县财力明显增强。2015—2020 年，中央财政专项扶贫资金由 461 亿元增加到 1461 亿元，连续五年保持每年 200 亿元的增量；县级基本财力保障机制奖补资金由 1778 亿元增加到 2979 亿元，年均增长 13.8%，重点向贫困地区等倾斜。教育、医疗卫生、住房保障、交通等行业扶贫投入力度显著加大，贫困地区民生保障水平大力提升。从河南全省看，2016—2020 年统筹安排的专项扶贫资金年均增长 22.9%，比财政支出增速高 14.7 个百分点。从淅川县看，

2016—2020年财力年均增长15%，为该县脱贫摘帽提供了坚实资金保障。

脱贫摘帽县财力基础普遍薄弱，财政收支矛盾大的状况在摘帽后仍将持续。主要表现为三个特征。一是本级财政收支缺口大，对转移支付资金形成强依赖。全国832个贫困县的财政支出中，本级财政收入平均只占15%左右，来自上级转移支付约占85%。2019年，河南省53个贫困县（含国家和省级扶贫开发工作重点县）本级财力缺口平均为40.2亿元，是本级财政收入平均数的10.7倍。2017—2019年，淅川县财政收入增速分别为9%、8.3%、8.6%，但同期财政支出增速分别为11.2%、13.6%、20.7%，支出增速比收入增速快，且快得越来越多。淅川县预计，未来三年即使考虑了上级转移支付，财力缺口平均每年还在3亿元以上。二是"吃饭财政"特征明显。脱贫摘帽县的财力相当部分用来保工资、保运转，用于支持发展的资金不足。2019年，淅川发工资的财政支出17亿元左右，是本级收入的1.7倍。三是摘帽后的财力需求有增无减。脱贫摘帽县有相当部分群众是低收入群体，医疗、就业等扶持措施一时难以退出。同时，脱贫摘帽县自我发展能力相对较弱，产业发展的脆弱性、不确定性较大，新冠肺炎疫情对扶贫产业带来较大冲击，巩固提升脱贫攻坚成果、接续推进解决相对贫困、实施乡村振兴战略，都需要继续强化财政投入保障。淅川县还反映，作为南水北调中线工程核心水源地，生态环保要求高，一些地域特色项目想上却上不了，影响群众增收，持续巩固脱贫成果的压力较大。此外，这些年持续实施减税降费，财政减收也不少。如果财力保障跟不上，这些因素叠加影响，一些脱贫摘帽县有可能重新陷入困境。

增强脱贫摘帽县的财力保障是有基础、有条件的。贫困县财政支出占全国财政支出的比重约为 20%，河南 53 个贫困县财政支出占全省财政支出比重是 26.5%，维持甚至适度提高这个比重，全国财政可承受。同时，我国经济长期向好的基本面没有改变，未来一段时期我国财力还将逐步增强，稳定和适当加大对脱贫摘帽县的转移支付力度，财政可以支撑。

二、加大力度和完善制度并举

建议综合施策，资金投入和政策完善同步发力，使脱贫摘帽县的财力稳中有升。

一是继续加大转移支付力度。保留并调整优化财政专项扶贫资金，资金规模在保持总体稳定的基础上力争每年适度增长。持续加大脱贫摘帽县重点生态功能区转移支付力度。过渡期内，这些资金重点用于巩固提升脱贫攻坚成果，支持刚刚脱贫摘帽地区改善发展环境、提升产业发展水平、提高基本公共服务能力等。稳定兜底救助类政策，通过现有社会保障资金渠道，对低收入人口实施救助帮扶等。

二是完善和推广涉农资金整合政策。整合涉农资金能够聚零钱为整钱，集小钱成大钱，解决资金"小散乱"和项目安排"碎片化"的难题。2016—2019 年，全国 832 个贫困县整合资金 1.26 万亿元。2016 年以来，河南省扩大涉农资金整合范围，全省 63 个试点县整合各级财政涉农资金 1009.7 亿元，其中 38 个国贫县整合 768.2 亿元，有力提高了项目资金使用精准性和规范性。淅川县整合了 19.9 亿元，认为这个做法非常好，有利于地方因地制宜安排资金投向，把钱用在最需要的地方。目前，大部分县级可用财力相对有限，建议延续执行并逐步完善涉农资金整合政策，扩大政策适用地区范围，在加大财力下沉的同时，提高县级财政使用涉农资金的自主权和灵活性。

三是调整完善财政扶持政策。脱贫攻坚期间，中央财政运用税收优惠、财政补贴、贷款贴息、政府采购等政策工具，调动企业、社会、个人参与扶贫的积极性。其中的一些政策，比如支持易地扶贫搬迁、促进贫困人口创业就业、引导社会力量参与扶贫捐赠等相关税费政策，将陆续于 2020 年底至 2022 年底到期。建议适时进行统筹评估，分类调整完善，总体以延续实施为主。

四是减免公益性建设项目县级配套资金。中央已经明确，国家在贫困地区安排的公益性建设项目，取消县级和西部集中连片特困地区地市级配套资金。由于诸多原因，有的投资领域还要地方配套 40%—60% 不等的资金。调研了解到，2017 年以来，淅川县有 17 个建设项目，总投资 9.67 亿元，但需要县级配套 5.05 亿元，占 52.2%，其中的一些公益性建设项目也要求县里配套。由于配套资金压力大，导致一些项目建设缓慢。建议进一步减免脱贫摘帽县建设项目特别是公益性建设项目的配套资金，加大中央和省级财政投资补助比重，缓解县级财政压力。

五是继续加强财政资金监管。目前已建立起财政扶贫资金动态监控平台，同时通过加强审计监督等方式，及时发现和纠正了一批扶贫资金违规使用问题，提升了扶贫资金使用的安全性、规范性。建议完善扶贫资金动态监控机制，确保资金不被挤占挪用。

三、以用好用活专项债资金为抓手，增强脱贫摘帽县持续发展能力

2015 年我国开始发行地方政府专项债，到 2020 年底新增专项债规模累计将达到 8.55 万亿元，有效改善了地方基础设施条件，推动了教育、医疗等社会事业发展。河南今年首批发行的医院建设类专项债券 127.7 亿元，有力促进了市县公共卫生建设补短板。近年来，淅川县使用了近 10 亿元的专项债，迁建县人民医院和新建县一中高中部，对改善群众就医上学发挥了重要作用。淅川县反映，该县还有 20 多个项目符合专项债使用要求，未来专项债还有空间和潜力。

调研中了解到，专项债的发行使用也有需要进一步改进的地方。

一是拓展专项债使用领域。目前专项债重点用于交通基础设施等"7+4"重点领域，但其他领域也有一些符合专项债券使用要求的好项目，在审核时被排除在外。建议对项目不搞"一刀切"，对确实符合条件、准备成熟的其他领域项目，也纳入专项债支持范围，尤其是加大对巩固提升脱贫成果、推进乡村振兴等领域项目的支持力度。

二是简化法定审批程序。目前的政策要求地方在专项债额度下达的当月就启动发行，一个月内发行完毕。但预算法规定，增

发地方债是预算调整事项，发行前 30 天要报同级人大常委会初审，债券发行的时间要求与法定审批程序之间存在冲突。建议特殊时期简化地方债发行审批机制，允许地方在核定的新增债务限额内，向同级人大常委会备案后先发行使用债券，人大常委会会议召开时再报送预算调整方案，避免时间安排上的矛盾。

三是明确和细化专项债项目审核标准。这几年，地方申报专项债积极性很高，但对审核标准了解不够，项目淘汰率居高不下，有些甚至淘汰 70% 以上。建议明确和细化项目审核标准，对项目申报领域等提前进行明确并在一定时期内保持相对稳定，以便各地按照标准提前开展工作，提升项目准备的效率和质量。

四是搭配好一般债与专项债。与专项债相比，一般债使用条件较为宽松，而且可以借新还旧。有地方反映，一些省把一般债主要留在省本级使用，把专项债下放到市县基层。由于市县基层很多项目特别是市政建设项目都是没有收益的公益性项目，对一般债的需求很大。建议督促各省合理搭配一般债和专项债结构，提高市县特别是脱贫摘帽县的一般债比重。

五是高度关注 2 年后专项债还本风险。目前一般债可以通过发行再融资债券借新还旧，但新增专项债到期要还本，不能发行再融资债券。按照期限测算，全国各地将在 2022 年后进入专项债还本高峰期。以河南省为例，2020 年需使用财政资金偿还的新增专项债券到期本金 125.2 亿元，2022—2024 年分别为 325.6 亿元、501.65 亿元和 823 亿元，加之利息支出也随债务规模逐年增长，部分市县专项债还本风险不容忽视。2020 年淅川专项债还本付息 2.24 亿元，2022 年和 2023 年将迅速上升到 3.04 亿元和 3.51 亿元。

从全国来看，一些专项债项目收益覆盖不了本息。2019 年前，1/3 左右的专项债用于土地储备，地方政府可以借助土地出让收入偿还专项债本息，今年开始专项债不得用于土地储备，2022 年后部分地方专项债的还本将主要依赖财政资金，财政有可能不堪重负。建议高度关注 2 年后专项债还本压力，提早谋划对策，在防范地方政府道德风险、确保专项债借用还可持续的情况下，防范化解县级特别是脱贫摘帽县专项债还本风险。

调研中，脱贫摘帽县还希望给予税费支持。据抽样调查，当地近 6 成企业反映今年上半年营业收入同比减少；半数企业表示现有订单只能维持 1 个月左右生产；部分企业认为税费偏重。当地有关部门和企业建议：完善税费减免等优惠措施，促进脱贫摘帽县招商引资和产业转型升级；对困难地区、困难企业适当延长社保减免等助企政策期限，最大程度保留政策利好；相关优惠政策要解读到位、执行到位、服务到位，确保得到有效落实。

新增财政资金直达脱贫摘帽县等市县基层的落实情况和下一步建议

潘国俊　牛发亮

新增财政资金直达市县基层、直接惠企利民，是应对疫情冲击的有效手段，是积极财政政策的重大创新，也是缓解脱贫摘帽县财政压力的重要举措。我们在淅川调研期间，了解了河南省和淅川县有关情况，结合分析全国基本面，感到目前这项政策的落实总体是到位的，效果正在逐步显现。建议引导地方加大保市场主体的力度，同时，研究扩大中央直达资金范围并制度化。

一、中央直达资金有三个特点：预算下达快速、资金使用及时、监测监管严格

今年中央新增赤字和发行抗疫特别国债共 2 万亿元，扣除用于弥补减税降费 3000 亿元，需要直达市县基层的是 1.7 万亿元。一些用于基本民生的中央财政转移支付资金，包括企业职工基本养老保险中央调剂基金、困难群众救助补助资金等共 1.77 万亿元，也参照直达资金管理。

中央直达资金和参照直达资金管理的 3.47 万亿元，已快速下达到市县基层。今年两会结束后，中央财政加快节奏，按照"中央切块、省级细化、备案同意、快速直达"的原则，集中力量快速推进这项工作。6 月底开始将资金下达市县基层，7 月初下达进度接近 90%，7 月底基本将额度下达完毕。地方各级财政狠抓政策落实。调研了解到，河南省财政部门明确不截留挪用，要当好"过路财神"、不做"甩手掌柜"，提出"非常时期、非常举措、非常效率"，避免出现"中梗阻"。河南全省获得直达资金 869.7 亿元，参照直达资金管理 912.4 亿元。截至 7 月底，除了按规定预留 20% 抗疫特别国债外，其余已全部下达到市县基层。淅川县 6 月底开始陆续获得直达资金指标，截至 7 月底，下达到该县的直达资金 6.42 亿元，参照直达资金管理 6.4 亿元。

直达资金细化落实到具体项目很及时。资金监控系统数据显示，直达资金已经落实到全国近 22 万个具体项目。河南省 235.2 亿元抗疫特别国债已全部落实到市县的 2229 个具体项目，其中基础设施建设项目 1845 个，主要用于公共卫生体系、重大疫情防控救治体系、市政设施、交通、生态环境治理等；用于抗疫相关项目 384 个，主要用于困难群众救治、基本养老保险补助、援企稳岗补贴等。淅川县累计调拨到位资金 2.07 亿元，其中 6553 万元的抗疫特别国债资金，已有 6253 万元拨付到具体项目，用于 P2 实验室建设、公共卫生医学中心建设等。淅川县人民医院院长反映，抗疫特别国债项目从获得批准到建成，用了不到 1 个月时间，这个速度大大超出预期。他提到，如果在平常，项目立项、审批、招投标等耗费的时间，一般得需要 6 个月到一年。

资金监测监管严格。中央财政升级改造了财政扶贫资金动态监控平台，搭建起了全覆盖、全链条、可追溯的直达资金监控系统，对直达资金实行单独下达、单独标识、单独调拨，实现了全程留痕、流向明确、实时监控，有效防止截留挪用、虚报冒领。审计部门加强跟踪审计。河南省财政对惠企利民的资金实行实名制管理，要求市县提前摸透基层实情，找准真困难、真需求，建立细化直观的实名台账，按照名单拨付资金，确保笔笔资金在分配使用的全过程看得见、可溯源。从目前情况看，地方没有将直达资金用于楼堂馆所和形象工程、政绩工程建设，总体符合资金使用规定。

在与地方座谈中，地方干部对这项政策普遍给予很高评价。有些地方 2019 年财政入不敷出，今年疫情对财政形成很大冲击，加上抗疫支出，地方负担进一步加重。淅川县今年上半年用于疫情防控的资金 6400 万元，对财政形成了额外压力。中央直达资金成为补充地方财政缺口的"及时雨"，有力解决了基层特别是一些脱贫摘帽县面临的临时性特殊困难。同时，相当部分资金已经形成实物工作量，下半年将有更多资金投入使用，能够持续稳定和扩大有效投资，对提振信心也有着积极作用。

二、统筹当前与长远，推动地方将更多直达资金用于保市场主体

中央直达资金有关实施方案明确，地方可自主用于支持减税降费、减租降息等相关领域。调研了解到，直达资金增强了市县

财力，有力推动了减税降费政策落实，但地方在资金使用上更注重投向项目建设和民生保障，为市场主体补贴房租或贷款贴息等相对要少。

主要原因有两个：一方面，操作难度较大。市场主体特别是个体工商户数量众多，如果补贴资金少了，对个体工商户意义不大，达不到救助的效果；如果补贴资金过多，财政不堪重负，也难以持续。另一方面，我国应对大灾大难全面冲击的救助制度还不完善。目前，无论是中央还是地方，对上项目都有经验，项目立项到建设的进度可快可慢，既可以按程序有条不紊进行下去，也可以特事特办、急事急办。但在大灾大难的全面冲击下，如何快速有效救助市场主体和失业人员，我国还没有形成一套成熟的做法。调研中，在谈到有关补贴个体工商户房租的情况时，地方有关部门说以前没有做过，上级也没有明确的、操作性强的指导意见，不知道怎么补、补多少，也就搁置下来了。我们了解到，这种情况不仅在脱贫摘帽县中存在，在全国县级基层也较为普遍。

建议统筹当前和长远有序解决这个问题。一是当前要加强对基层的指导，让地方特别是县级便于操作。重点指导地方因地制宜对市场主体补房租或贷款贴息，尽可能帮助市场主体渡过难关。二是长远要研究建立一套成熟的救助制度。大的灾难对企业经营和居民就业形成全面冲击时，政府及时有效的救助非常重要。建议总结这次疫情冲击下的救助经验教训，加强深入研究和长远谋划，在建章立制上迈出实质性步伐。

三、探索扩大中央直达资金范围，完善转移支付资金下达和拨付机制

这些年，为提高基层预算编制的科学性和完整性，中央提前下达转移支付预算指标，县级财政拿到指标也较早。但转移支付资金拨付到县级国库账户上，还需要一段时间。国库资金的管理有客观规律，上级财政要根据入库资金多少、项目支出进度、库款余额等，分批有序拨付给下级财政。但也要看到，县级财政特别是没有实施财政省直管县的县级财政，转移支付资金经过省市两级下拨后，不仅有可能出现"雁过拔毛"、额度减少的现象，而且也可能延迟到第二年，甚至久拖不拨付，导致县级国库库款紧张，现金流压力大。有脱贫摘帽县反映，有的月份拨付下来的转移支付资金只有 6000 万元，还不到全年下达指标的 2%。如果中央转移支付到县级的资金不经过省级和市级国库，而是坐上"直通车"快速直达，将及时有力缓解县级财政的现金压力。

为此，建议借鉴这次中央直达资金的做法，梳理中央转移支付项目，拿出部分资金直达县级财政。总体上，有三类资金可以考虑纳入：一是直接用于民生的刚性支出。比如，今年参照直达资金管理的困难群众救助补助资金、城乡居民基本养老保险补助资金、城镇职工养老保险补助资金等。二是以县为单位安排的项目。比如，县级基本财力保障机制奖补资金、产粮大县奖励资金。三是每年资金规模相对固定的转移支付项目。比如，调整工资转移支付、基层公检法司转移支付等。同时，也要加强对县级财政资金使用的监督，强化预算执行跟踪监控，确保转移支付资金专款专用。

在优化脱贫摘帽县金融
环境上狠下功夫

杨诗宇

今年以来，金融机构按照党中央、国务院决策部署，进一步加强对实体经济的支持力度，企业融资状况总体有所改善。我们在淅川县调研中发现，金融服务实体经济情况比去年有所改进，但仍然存在金融助企纾困政策落地不理想、信贷资源投放失衡、金融生态环境亟待优化等问题。建议通过完善纾困政策配套机制、改革银行信贷管理体制、提高地方法人银行服务能力、改善地方信用环境等，强化对脱贫摘帽县的金融支持，增强发展后劲。

一、抓紧完善配套机制，确保金融助企纾困政策落地生根

脱贫摘帽县企业承担风险能力相对较弱，对助企纾困政策也更为渴望。但地方政府和企业反映，对一些政策"只听雷声不见落雨"。抽样调查数据显示，淅川县 81.25% 的企业反映资金周转仍然困难。一是延期还本付息落地比例低。有的银行反映，上级

行没有制定简便易行的业务流程，对延期还本付息申请按照贷款展期程序办理，导致企业申请办理困难。有的银行担心小微企业贷款"一延了之"，会导致到期后风险集中爆发，办理意愿较低。还有多家受访小微企业负责人表示，金融术语过于专业，虽然当地做了宣传，但企业确实不知道该政策实际上比"到期再贷"和"贷款展期"更能维护企业资金链安全。截至6月末，全县银行机构仅为14家企业9982万元贷款本息办理了延期手续，仅占普惠型小微企业贷款余额的6.08%。二是县域金融机构使用再贷款再贴现资金积极性不高。该县8家银行中只有县农商行和村镇银行获得了5000亿元专项再贷款中的1.5亿元和0.15亿元资金额度，目前已经全部发放。而对于新增的专门针对中小银行的1万亿元再贷款额度，县农商行表示，由于资金成本过高（1年期支农支小再贷款利率为2.25%，而7月份同业拆借加权平均利率为1.9%），不会再申请。三是信用贷款发放较慢。目前央行按照发放信用贷款本金的40%给予银行优惠资金奖励，鼓励加大信用贷款投放。当地银行负责人普遍表示，该政策虽然能略微降低银行资金成本，但远远不能对冲发放信用贷款带来的违约风险，无法改变基层网点和客户经理的风险偏好。截至6月末，淅川县银行机构共发放小微企业信用贷款1022万元，虽然较去年同期增长53%，但仅占上半年小微企业贷款增量的3.69%。

对脱贫摘帽县要实施更有力度的金融助企纾困政策，帮助企业走出困境、实现稳定发展。一是全面落实应延尽延政策、提高延期还本付息覆盖面。指导银行机构通过上门走访等方式，让中小微企业及时了解政策。明确延期还本付息办理流程，降低正常门槛、畅通办理渠道、提高审批效率。监管部门要加强对脱贫摘帽县小微企业贷款延期还本付息落实情况的督促和考核。加大贷款拨备提取，主动应对可能出现的风险集中暴露。二是进一步降低对脱贫摘帽县地方法人银行再贷款的资金成本。研究定向降低地方法人银行使用 1 万亿元再贷款资金的利率，提高地方法人银行申请再贷款资金的积极性，推动实现涉农、小微企业和民营企业贷款增量、降价、扩面。三是构建贷款风险分担机制推动信用贷款发放。借鉴扶贫小额信贷的风险分担方式，明确由银行机构和省、市、县三级风险补偿金按照一定比例，分担新增信用贷款的风险损失，推动提高信用贷款投放比例。

二、形成各类型金融机构支持合力，改善县域信贷投放失衡格局

近年来，大型银行从总量上持续加大对小微企业的信贷投放，但从结构上看，一些脱贫摘帽县的信贷投放仍然主要依靠农村中小金融机构，没有形成金融支持县域经济发展的合力。截至 6 月末，淅川县存贷比为 59.59%，虽然比去年同期的 54.6% 有所提高，但远低于全国 74.60% 的平均水平；小微企业贷款余额 53.68 亿元，仅较年初增长 5.44%。抽样调查数据显示，当地 65.63% 的企业反映今年贷款没有增加。一是大型银行线上服务能力不足以满足县域金融需求。目前大型银行服务县域企业普遍采用总行通过大数据确定"白名单"，再由基层客户经理上门营销的方式进行，对不在"白名单"中的企业贷款需求一概拒绝。访谈中，多名企

业负责人认为，县域企业情况千差万别，一味让千里之外的人指挥贷款发放，将降低信贷获得性。比如，某大型银行淅川支行截至 6 月末存款 22.89 亿元，而存贷比为 36.37%，上半年小微企业贷款余额仅增加 42 万元。二是县农商行作为县域金融支持的主力军已独木难撑。截至 6 月末，县农商行存款占全县存款余额的 52.12%，但贷款余额占到全县贷款余额的 67.48%，存贷比已达到 73.35%，进一步扩大贷款投放的空间有限。县农商行的同志表示，疫情后对小微企业贷款实行应放尽放，企业的生产经营风险都直接转为信用风险，而大型银行又掐尖"收割"存量优质客户，导致农商行不良贷款率持续上升，经营效益不断下降。截至 6 月末，县农商行利息收入同比减少 15.00%，经营利润同比下降 65.13%，实际不良贷款率达到 8%，超过 5% 的监管红线。三是县域担保机构已难以为企业提供担保增信。一方面，小微企业普遍缺乏合格抵质押物，银行信贷投放较为依赖担保机构提供担保，但银行反映淅川县唯一一家政府性担保机构有累计 3600 万元应履行的担保责任未履行，被列入失信"黑名单"，县里只有农商行接受该担保公司提供的担保。另一方面，该县担保公司认为，担保公司只收取了 2% 的担保费，却要承担 100% 的信贷风险，既无力负担信贷损失，也无力再继续提供有效担保。

只有从体制机制上推动形成各类型机构金融支持的合力，才能从根本上改变县域信贷投放失衡的局面。一是推动大型银行信贷管理制度改革、扩大县级分支机构贷款权限。对脱贫摘帽县实施信贷投放"线上＋线下"两条腿走路的模式，既依靠总行"白名单"营销客户，更要鼓励基层客户经理主动拓展新客户，提高首贷率。同时，在考虑县域经济差距的基础上，研究适度下放大型银行县域支行贷款审批权限，并对其实施最低存贷比考核。二是调动地方法人银行服务县域经济的积极性，提高农村金融机构服务县域的能力。实施好专项债补充资本金措施，完善内部考核激励机制，着力解决地方法人银行服务动力不足、风险防控能力较低、信息科技水平落后等问题。支持各地在保证县域金融服务的前提下，"一省一策"加快推进省级联社改革。三是发挥省市政府性融资担保机构作用，着力解决脱贫摘帽县担保机构能力不足的问题。融资担保机构普遍具有"小、散、弱"的特点，在与银行的合作中长期处于弱势地位，银担合作门槛高、风险收益不对等，严重制约了融资担保业务的开展，降低了金融服务可获得性。建议由省市政府性融资担保机构牵头，在脱贫摘帽县试点建立责任明晰的银担风险共担机制，逐步化解担保机构风险，促进银行加强主动风险防控，提高小微企业金融服务获得率。

三、"一企一策"为担保圈企业拆圈解链，帮助其卸下包袱轻装上阵

前几年，企业通过互保联保获取贷款的情况非常普遍，在经济下行压力加大的情况下，一旦一家企业生产经营出现困难，就会导致其他企业因为承担担保责任也陷入资金紧张状况，甚至成为失信人影响后续融资，严重影响当地经济发展。一是县域大部分企业融资都因为涉及担保圈受到不同程度影响。多家银行负责人表示，该县91家规上企业中，仅有3家不涉及担保圈问题因而

能顺利获得贷款。抽样调查数据显示，该县企业因为陷入担保圈、征信受到影响而申请贷款被拒的比例高达 53.13%。二是担保圈导致地方金融环境短期内难以好转。一方面，企业反映银行为了降低信贷风险，在续贷时往往提出压缩贷款规模、增加抵质押物等条件甚至抽贷、断贷。比如，该县某年净利润在 1000 万元以上的高新技术企业，由于有一笔 2014 年未履行的担保责任，在今年 1 月底 2000 万元贷款到期时，被要求再追加担保才能续贷，由于企业提供不出其他担保，该笔贷款已逾期。另一方面，银行反映不少企业因为担心被抽贷断贷，要么到期不还，要么假借破产恶意逃避债务，重新注册公司经营。三是一旦企业生产经营状况恶化，将对县域经济稳定运行造成冲击。当前宏观经济仍然存在很大不确定性，一旦担保圈核心企业资金链断裂，将会产生"多米诺骨牌"效应，使得信用风险在担保圈内快速传染，把其他生产经营正常的企业拖下水，严重影响地方经济健康可持续发展。

稳妥有序化解担保圈风险隐患，已经成为不少脱贫地区卸下包袱、加快发展的前提条件，必须加快推进。一是成立银团贷款委员会避免引爆风险。摸清重点地区担保圈风险底数，成立各家债权行参与的银团贷款委员会，确保统筹协调、一致行动，避免单个银行抽贷断贷引爆风险。二是优化司法执行方式，避免风险传染蔓延。在对借款人充分追偿和起诉的前提下，再向担保人主张相关责任。对承担代偿责任的担保企业采取分期偿还、减免本息等方式减轻其负担。三是总结推广行之有效的办法"一企一策"稳定担保圈内企业生产经营。总结既有成功经验，通过发展直接融资、信贷定向支持并封闭运行等方式，为圈内企业提供持续资金支持，稳住市场主体、稳住居民就业。比如，前述高新技术企业虽然 2000 万元贷款没有得到续贷支持，但由于其产品竞争力强，被列为省内科创板重点推荐企业，目前已经得到外地两家风投机构 2000 万元的股权投资。又比如，淅川县探索出"资金封闭运行"支持担保圈企业的经验，通过银行全流程监管企业资金流水并逐年扣取部分利润的方式，既实现了稳妥"拆圈解链"，又维护了企业正常运转。

巩固产业扶贫成果需坚持
和完善消费扶贫

杨春悦　徐紫光　方松海

消费扶贫是动员社会力量以消费形式参与扶贫，进而拉动扶贫产业发展、增加贫困人口收入的有效措施。当前许多地方扶贫特色产业进入丰产期，但销售面临较大压力，处理不好可能影响扶贫产业持续发展。从淅川调研和面上情况看，坚持和完善消费扶贫这一体现中国特色社会主义制度优势的重要举措，以支持销售方式对扶贫产业"扶上马、送一程"，应成为巩固产业扶贫成果的当务之急和带动扶贫产业转型升级的关键之策。

淅川县近5年新发展软籽石榴、杏李等扶贫林果38.7万亩，今年起陆续大量挂果，产量将比去年翻番，销售成为"幸福的烦恼"。淅川县深入贯彻习近平总书记"开展消费扶贫行动"的重要指示精神，把消费扶贫作为促进扶贫产品销售、巩固脱贫成果的大事要事，成立工作专班有力推进。今年已通过消费扶贫方式，实现近年培育的扶贫产品签约额超过7000万元、销售3870万元，有效缓解了销售难问题，像77%的杏李产量就以消费扶贫方式售出。其主要做法有：一是大力拓宽消费扶贫销售渠道。在对接扶贫 832 网站和定点帮扶单位基础上积极拓展销售空间，线上入驻中国移动、中国工商银行、滴滴出行等 20 余家大企业销售平台，线下与河南万邦、商丘农批等大型农产品批发市场签订销售协议，向 10 余家外地机关单位食堂集中供应农产品，并在县内推动扶贫产品"进机关、进医院、进超市"，多措并举促进扶贫产品销售。二是有针对性补上消费扶贫产品销售服务短板。为克服销售企业各自为战、产品质量把控不严、存在短期行为倾向的不足，淅川县支持组建淅有山川农业公司，发挥其专业运作优势，统一使用"淅有山川"区域公用品牌，统一组织货源、物流配送、售后服务，提升了流通配送的精细化、规范化水平，改善了消费者体验。三是多途径优化扶贫产品供给。建成 12 座冷链仓库、26 座村级小冷藏室促进产品错峰销售、均衡上市，鼓励龙头企业开发果酒饮料、香菇粉等加工产品，指导贫困户嫁接修剪 3.1 万亩果树以改善产品品质，与河南桐柏等地开展产销协作来丰富产品种类，增强了产品吸引力和市场竞争力。

许多脱贫摘帽县面临与淅川类似的问题。脱贫攻坚以来，共实施产业扶贫项目 100 多万个，建成扶贫产业基地超过 10 万个。扶贫产业特别是特色种养业的发展，带动了全国相关产业规模的快速扩大。比如，从 2013 年到 2018 年，药材播种面积增长了 45%、采摘茶园面积增长了 30%，柑橘、红枣、葡萄产量分别增加了 29%、27%、26%。随着这些产业进入丰产期，产量还将持续增加。而脱贫摘帽县普遍市场流通体系不健全，销售渠道开拓能力不强，仓储保鲜加工设施不完善，产品竞争能力不足。这些问题再加上疫情等原因造成的国内外消费需求下降，如果单纯依靠原有市场渠道销售，扶贫产品很可能面临销售不畅、价格暴跌局面，来之不易的产业扶贫成果不仅不能"变现"，还有被推倒重来的风险。当前和今后一个时期亟须深化消费扶贫、扩大产销对接，支持仍处于发展初期的扶贫产业成长壮大，打牢巩固提升脱贫成果、推进乡村振兴的产业基础。

第一，推动形成"点对点"与"多对多"相结合的网络化消费扶贫格局。依托东西部扶贫协作和中央单位开展"点对点"消费扶贫，有助于压实帮扶责任，也取得了一定成效。但各地各单位购买能力、购买需求与扶贫产品数量品种并不完全匹配，"各扫门前雪"式的组织方式使扶贫产品难以进入更大市场，扶贫产品和各方面消费扶贫资源未充分对接。建议适度减少对"点对点"消费扶贫考核，建立健全发展"多对多"消费扶贫的工作机制，完善相应激励政策和产销信息共享对接平台，并支持在供销合作社销售网点、农产品批发市场、大型商超、连锁便利店等设立扶贫产品销售专区，依托央企网络销售平台、电商企业、视频直播平台等开展扶贫产品销售，大力培育农产品供应链企业等专业化市场主体，促进线上线下销售融合互动、扶贫产品供应和采购顺畅对接。

第二，加大脱贫摘帽县流通物流设施建设力度。目前脱贫摘帽县缺乏产地批发市场和冷链物流等设施，导致货源组织难、产品损耗大，成为制约消费扶贫的突出瓶颈。这些设施投入大、回报周期长，社会资本投入积极性不高，亟须发挥财政资金引导撬动作用。建议财政专项扶贫资金和整合的涉农资金以更大力度支持产地批发市场、分拣包装、冷链物流等流通设施建设，增加地方政府债券用于流通物流设施的投入，并通过加大担保贴息奖补规模、扩大政府和社会资本合作等方式吸引社会资本投资，集聚各方资源改善扶贫产品流通条件。

第三，加强消费扶贫宣传推广。目前社会公众对消费扶贫的认知认可度还有待提高，自发消费扶贫产品的潜力尚未充分释放，需更好调动全社会力量，形成"人人皆可为、人人皆愿为"的浓厚氛围。仅依靠脱贫摘帽县宣传推介各地产品，成本较高，效果也有限。建议有关部门把消费扶贫作为整体品牌统一宣传推广，依托主流媒体加大宣传力度，把消费扶贫打造成像希望工程一样深入人心的标志性品牌，把全社会对脱贫攻坚伟大成就的高度评价转化为对扶贫产品的消费热情、对扶贫产业的有力支持，为脱贫摘帽地区和群众逐步致富加油助力。

第四，以消费扶贫引导带动扶贫产业转型升级。长远看，扶贫产业最终要在市场竞争中求生存谋发展，不可能一直依靠特殊政策"包销"。通过消费扶贫，让生产者了解消费者需求，是以需求为导向调整完善生产供给、提高扶贫产业质量的有利契机。建议指导支持脱贫摘帽县抓住消费扶贫的政策窗口期，推动扶贫产业面向消费需求发展标准化、规模化生产，推行质量安全可追溯体系，促进农产品加工转化，培育推广区域公用品牌和农产品地理标志产品，并规范扶贫产品认证标识，防止借消费扶贫之名抬高价格、以次充好等行为，提升扶贫产品知名度和美誉度。

大力增强脱贫摘帽县
县城综合承载能力

包益红

  县城是城乡融合发展的重要纽带，是实现乡村振兴的重要支撑。乡村振兴本质上是新时代城乡关系的再塑造，是县域内经济社会发展的全域振兴，必须发挥好县城承上启下的关键作用，不能将乡村振兴简单理解为农村振兴，不能将新农村建设简化为新村庄建设甚至简化为新房建设。推进脱贫摘帽县县城发展，特别是增强综合承载和辐射能力，是巩固提升脱贫成果、实施乡村振兴战略的迫切需要，也有利于拉动内需、促进就业、推进新型城镇化工业化。很多脱贫摘帽县产业发展、基础设施建设潜力大，劳动力等资源丰富，具有较大的后发优势。把这些县城建设好、发展好，就能推动形成新的经济增长点。围绕提升县城公共设施和服务能力、促进当地经济社会发展特别是产业发展和就地就近就业，我们在淅川县作了调研。现将主要看法和建议报告如下：

一、支持脱贫摘帽县县城增强承接产业转移和本地就业能力

总体上看，脱贫摘帽县产业基础比较薄弱，自我发展能力不强。淅川是南水北调中线工程渠首所在地和核心水源区，很多产业发展受到限制，农村剩余劳动力就业主要依靠外出打工。据统计，该县现有农村劳动力 20.7 万人，其中 3/4 外出务工，县内仅能解决农民工就业 3.2 万人、约占农民工总人数的 15%，主要从事建筑、餐饮、快递以及加工组装。县内农民工月收入 2500 元左右，约为外出打工者的一半。疫情发生以来，一些农民工"二次返乡"，加大了当地就业压力。巩固提升脱贫成果、推进乡村振兴，根本上还是要靠发展契合县域资源优势、就业带动力强的特色支柱产业。

从这些年的实践看，脱贫摘帽县发展产业不能分散于乡、村之中，必须向县城及中心镇集中，形成有一定规模的产业聚集区。当前，沿海地区部分产业面临向境外转移还是向国内梯度转移的抉择，应采取有力措施，将部分适宜于脱贫摘帽县发展的产业尽可能转到县城及中心镇。建议制定脱贫摘帽县县城承接产业转移的一揽子支持举措，实行差异化财税、社保、金融等政策，鼓励承接发达地区传统产业、劳动密集型产业转移，比如农产品加工、纺织服装、轻工、机电产品组装等产业。鼓励发展电子商务、现代物流等直接间接带动就业量大的产业。指导有实力的国企、民企与脱贫摘帽县开展产业协作，把更多产业投资项目放到县城。改造提升县城产业园区包括扶贫产业园，在规划、用地、资金等

方面给予倾斜支持。对符合国家环保要求和产业政策、带动就业能力强的县城制造业企业，提供中长期贴息贷款支持，鼓励开展技改、固定资产投资。加强对本地农民工的适应性、提升性技能培训，为承接产业转移做好相应的人力资源准备。

二、支持脱贫摘帽县县城补上"两新一重"建设短板

在脱贫攻坚过程中，贫困村基础设施短板等问题基本已得到解决，但脱贫摘帽县城镇建设欠账依然很多，与东部县城乃至本省经济强县相比都有较大差距，成为制约当地发展的"瓶颈"问题。以淅川为例，该县城镇化率为44.6%，全县人均公路里程为0.005公里，是河南唯一一个县城不通铁路、高速公路、国道的"三不通"县。县城传统基建比较落后，排水管道管径细，堵塞和内涝问题时常发生；县城污水处理厂日处理污水能力6.5万立方米，难以满足保水质需要。工业互联网等新型基础设施短板凸显，制约了产业转型升级。

考虑到脱贫摘帽县县城财力薄弱、各类设施欠账较多，建议国家将其作为"两新一重"建设的重点支持对象。一是补齐交通基础设施等短板。对脱贫摘帽县交通建设予以专项扶持，减免地方配套资金。支持水电气管网等县城基础设施建设。二是支持人居环境改造升级。脱贫摘帽县县城老城区棚改、老旧小区改造等任务较重，但建设资金严重匮乏。以淅川为例，当地测算棚改安置房建设资金缺口近7亿元。建议国家在推进以县城为重要载体的新型城镇化建设中，对脱贫摘帽县予以特殊扶持，将已到期的

棚改政策延长 3—5 年，加大老旧小区改造资金支持力度。三是推动发展数字化智能化基建。脱贫摘帽县县城新型基础设施建设应提前布局。支持有条件的中西部地区县城加强工业互联网等新型基础设施建设，在工业基础较好的县城打造绿色智能、集约高效的现代化"智造"体系。

三、支持脱贫摘帽县县城加快公共服务体系建设

完备的公共服务体系是打造良好营商环境不可或缺的重要内容。脱贫摘帽县在教育、医疗、文化、科研等方面存在较多短板，制约了项目招引和人才引进，也不利于巩固提升脱贫成果、推进乡村振兴。比如，淅川不少企业反映，很难吸引高层次人才，来了也留不住。福森、淅减等骨干企业开出 50 万元年薪招聘科研人员但无人应聘，而一二线城市以 30 万元年薪就能招聘到同等科研人员。很多淅川籍大学毕业生也不愿回本地就业。

脱贫摘帽县县城集聚全县优质公共服务资源，应坚持因地制宜、科学规划，适当超前布局公共服务体系建设，巩固提升"三保障"能力，增强当地营商竞争力。一是提升教育医疗文化等公共服务设施水平。综合运用财政、金融政策，支持县级中学、县级医院等提质升级，鼓励发展育幼养老机构，补上文旅、体育等设施短板。引导生态环境良好、旅游资源丰富的县城发展康养服务等。二是强化县城科研资源共享能力建设。调研中，不少企业表示，研发投入再多都不为过，产品创新对于扛过疫情冲击、开拓新市场起了大作用，疫情以来能够化危为机、扭亏为盈靠的就

是产品创新。建议除了企业自身研发投入以外，国家应对脱贫摘帽县创新型企业给予特别资助支持，鼓励科研院所与脱贫摘帽县相关企事业单位加强合作，鼓励共享科研资源。三是加大人才培养引进力度。在脱贫攻坚结束后，对脱贫摘帽县的专项招生计划再延续一段时间，研究制定人才免费定向培养计划。鼓励和支持高层次人才、大学毕业生、研究生到脱贫摘帽县工作一段时间，在编制、职称、工资待遇、个人所得税等方面给予特殊对待。

多措并举补齐脱贫摘帽县人才短板

王存宝　　王涛　　刘一鸣

　　巩固提升脱贫成果、实施乡村振兴战略，人才是关键。资金、政策、项目等要素真正落地，关键还是在人。从对淅川县的调研情况看，目前脱贫摘帽县既面临引才留才难的普遍性问题，也存在人才活力释放不充分、引才政策不精准等机制性问题。人才支撑不足，已成为脱贫摘帽县的突出短板，直接影响脱贫成果巩固提升和扶贫产业可持续发展。要创新政策机制，吸引各类人才到基层干事创业，为乡村振兴筑牢人才基石。

　　一、畅通村干部职业发展通道。村干部队伍是巩固提升脱贫成果、推动乡村振兴的基础力量，稳定和优化村干部队伍至关重要。截至 2018 年底，全国共有村委会 54.2 万个，村委会成员 221.5 万人，加上每个村 1 名党组织书记，平均每个村有 5 名村干部。2015 年以来全国累计选派第一书记约 52 万人，目前仍有约 24 万人在岗。统算下来，村干部总量并不少，但人员结构、年龄结构失衡等问题较为突出。据调查，全国大部分地方村干部平均年龄在 50 岁以上，淅川县最近一次村"两委"换届后，村干部平均年龄仍然达到 53.7 岁。基层反映，由于待遇低、环境差、发展空间小，年轻人不愿来、留不住，许多大龄村干部也难以专心工作，基层队伍稳定性不足，亟待优化。加固村干部这个"底座"，关键是要畅通职业发展通道，增强基层岗位吸引力。一是健全从优秀村党组织书记中选拔乡镇干部机制。可考虑每年在乡镇拿出一定岗位，定向招收优秀村党组织书记，逐步提高具有村党组织书记工作经历人员在乡镇领导班子中的比例。二是进一步突出选人用人的基层导向。目前淅川县乡科级后备干部全部下派到村任第一书记，可借鉴这一做法，并逐步扩大下派范围，推动更多乡科级干部在农村一线工作历练。三是强化对村干部的教育培养。增加村干部参加教育培训的规模和频次，探索组织高中及以下学历的村干部到高校学习，鼓励相关高校和专业定向招录符合条件的大学生村干部攻读研究生。

二、盘活用好脱贫摘帽县本土人才资源。脱贫摘帽县有大量熟悉情况、有干事创业热情的各类人才。即便是引进人才，也只有实现"本地化"，才能更好发挥作用。调研中不少干部群众反映，一些退休的老干部、企业管理和技术人员仍希望继续投身乡村发展。目前全国已有850万人返乡入乡创业、约80%为返乡农民工，淅川县近3年通过创业担保贷款支持了791名返乡农民工创业，超过20%从事种养等产业。与此同时，限于培训师资不足、文化和技能水平低等因素，脱贫摘帽县本土人才也存在与产业发展、乡村管理需求不相适应的问题，亟待提高质量、提升层次。在推进乡村振兴过程中，应立足当地、大胆创新，更大激发本土人才潜能。一是不拘一格选配人才到基层工作。对本地各类人才，特别是群众工作经验丰富的退休人员、深耕专业的行业专家，以及优秀的返乡农民工、退役军人等，可通过公开选拔村干部、支持设立专家工作室、退休返聘等多种形式，为他们积极投身乡村振兴创造条件。二是培育一批乡村产业技术人才。聚焦巩固和扩大产业扶贫成效，对乡村产业涉及的分拣包装、加工、冷链物流等环节技术人才，引导科研院所、龙头企业提供技术和培训支持，加强农业合作社、涉农创业主体及种养农户等人员培训，增强脱贫摘帽县发展特色产业的人才支撑。

三、完善基层人员待遇保障机制。待遇水平低、保障不稳定，是很多地方人才下不去、留不住的一个重要原因。目前淅川县村支书和村委会主任月收入约 2000 元，村"两委"其他成员更低，而当地农民外出打工月收入多在 4000 元以上，在本县打工也有 2500—3000 元。多数服务类、技术类人员，如农机手、电商运营人员等仅 3000 元左右，乡村医生、电路管护人员等 2000 元左右，有的工资还不能正常发放。应采取多种方式稳定基层队伍收入，强化待遇保障。一是对收入明显偏低的村干部，应在财力允许情况下，逐步提高村干部基本报酬补助标准。目前部分脱贫摘帽县村干部基本报酬由县、市财政按比例分担，针对地方财政收支平衡压力加大的困难，可探索通过加大转移支付方式确保按时足额发放。对村干部普遍关心的养老保险问题，应鼓励以灵活就业人员身份参保并给予补贴。二是对特岗教师、乡村医生、"三支一扶"等基层服务岗位，既要扩大招募规模，适度提高相关补贴标准，更要严格落实服务期满优先入编、定向招录等政策，并适当扩大比例。拓展公益性岗位政策功能，将部分基础设施管理维护、公共服务等具有公益性质的岗位纳入临时性补贴范围，弥补部分收入不足问题。

四、支持基层实施更灵活精准的人才政策。人才需求掌握不准确、引才招才盲目追求"高大上"等问题，与基层待遇水平、生活工作环境和公共服务缺乏吸引力相互影响，加剧了基层用人难困境。以淅川为例，该县公共服务、产业技术等方面人才较为短缺，全县的养殖场和屠宰场配备了 12 名兽医，但仍有 15 人缺口；农机操作、水路管护、电商运营等人员缺口从 100 人至 2000 人不等。该县在 15 个乡镇设立了 7 个区域农技站，普遍面临有站无人的困境。制药、汽车配件、林果等主导产业技术人才短缺问题突出，部分企业由于招不到人，只能把研发中心建到上海等地，人工成本也成倍上涨。但与此同时，一些脱贫摘帽县对引进教育、医疗等类型人才不够积极，而是盲目设定高层次人才认定范围，将两院院士、国家最高科技奖获得者等人才划入引才范围，明显脱离实际。应指导基层根据需要灵活施策、精准引才，有效解决人才供需匹配问题。一是对设计研发、农业技术等方面的高端人才，鼓励采取技术入股、合作、租赁、协作等方式引进人才，形成长效合作机制。探索与高校、科研院所等合作在本地设立研发机构、教学实践基地，开展技术人才双向交流学习。二是对乡村产业和乡村管理所需的支持性人才，比如农机操作、水路管护、兽医等，鼓励兼职从业、跨区域人才共享，通过多种方式扩大供给。三是探索点菜式的人才服务方式，对脱贫摘帽县人才需求和缺口进行摸底，采取基本需求和定制需求相结合，在职称评定、职业资格认定等方面给予基层更大弹性空间，为巩固提升脱贫成果、推进乡村振兴提供坚实的人才保障。

脱贫摘帽县抓常态化疫情防控
更要科学精准

王敏瑶

新冠肺炎疫情发生后，脱贫摘帽县依托完备高效的脱贫攻坚组织动员体系，迅速投入到疫情防控阻击战中，全国建档立卡贫困人口共计确诊 800 余人，防控成效比较显著。以淅川县为例，该县辖 17 个乡镇（街道），其中 7 个乡镇、48 个村与湖北接壤，不少村相互毗邻、人员交往密切，边界线长达 308 公里。淅川县在武汉"封城"的前一天即进入"战时状态"，"早半拍"动员部署、包片封村、排查人员，牢牢把握住应对疫情的战机，全县累计报告新冠肺炎确诊病例 2 例，为南阳市最低，现已全部治愈出院，打出了疫情防控的漂亮一仗。疫情形势好转后，审慎解除管控，稳妥有序推进复工复产，巩固住了来之不易的防控成果。

然而，与应急状态相比，随着疫情防控进入常态化阶段，做好防控工作更加需要专群结合、发挥专业力量优势，这对脱贫摘帽县是不小的挑战。一旦疫情出现反弹，将对巩固提升脱贫攻坚成果带来很大冲击。应立足当地人力财力物力实际，帮助脱贫摘帽县有针对性地补齐专业能力不足的短板，切实提高应对疫情的科学性精准性水平，坚决防止疫情反弹。

一是疫情监测预警应增加"哨点"、延伸"触角"。淅川县比较重视人员流动可能带来的疫情传播风险，针对境外入淅人员、境内特别是中高风险地区来淅人员，建立健全追踪管控机制。但对食品冷链等非常规途径带来的传播风险，还应进一步提高监测预警水平，这也是内陆地区特别是县一级面临的共性挑战。从武汉、北京等地的疫情看，冷链食品及物流传播新冠病毒的风险不能排除，不仅口岸城市需要加强检验检疫，非口岸地区也不能掉以轻心。建议加强指导和督促，高度重视从不同源头、不同渠道传播疫情的可能性，推动各地完善和落实冷链物流行业防疫措施，做好对农产品批发市场污水和重点摊位的环境监测，切实减少疫情"物传人"的风险。

二是提高核酸检测能力应注重资源统筹协调。淅川县人民医院和疾控中心分别建有 P2 实验室，但并不具备核酸检测能力，疫情发生后，所有样本都需送至 100 多公里外的南阳市疾控中心检测，不仅费时费力而且容易贻误战机。在抗疫特别国债的支持下，近期两家 P2 实验室已相继启动建设 PCR 实验室，目前县人民医院已建好待验收。按照国家的规划，今年秋冬季来临之前，县级疾控机构和 1 家县级医院要具备核酸检测能力，这是有必要的。但长远来看，如何统筹检测资源、科学布局实验室，还需要细致研究。比如综合医院建好实验室后，中医院要不要再投资建设；与中心城市距离近、交通便利的县，同地处偏远、交通不便的县，建设要求是否存在差异；等等。在调研中，有同志表达了对实验室运行成本较高的担忧。据介绍，虽然每家实验室改造升级的一次性投入由国债资金承担，但日常成本需要各单位自己解决，比如每检测一次样本所需的人员防护费用、检测耗材费用、水电气暖费用等在800元左右，PCR实验室的空气清洁、废物处理、设备运维等都成本不菲。与医院相比，疾控中心开展核酸检测不能对外收费，运行压力更大。还有同志认为，实验室建好容易、管好很难，不仅要有具备资质的操作人员，还要有专业水平较高的管理人员，这对脱贫摘帽县是相当大的挑战。建议细化实验室建设方案，统筹考虑地理位置、人口分布、防控形势等因素，合理布局实验室，发挥常规检测、快速检测等多种检测技术的优势，提高资源共享水平和配置效率。我国县域情况差异很大，应当允许地方在达到基本配置标准后，因地制宜完善建设方案。脱贫摘帽县的实验室建好后，应充分发挥上级医疗机构和疾控中心的作用，加强人员培训和管理帮扶，确保实验室的高效检测和安全运行。

三是重点场所防控应配足力量、落实责任。与城市相比，县域内交通场站、农贸市场、商场超市等重点场所卫生基础条件差，是防控重点也是难点。从淅川的情况看，仅靠现有专业力量，难以承担起重点场所防控任务。以环境消杀为例，作为重点场所防控的重要一环，淅川县疾控中心在疫情发生之初就组建了消杀小组，负责预防性消毒、随时消毒、终末消毒工作开展和技术指导。但由于消杀小组的4名工作人员均从其他科室临时抽调，进入常态化疫情防控后，他们只能兼职从事消杀工作，往往在企事业单位复工复产复学复业前开展消杀验收，但对日常消杀工作难以进行全面系统的指导督查。据反映，大多数县级疾控中心都没有设置独立的消杀科室，相关工作依靠兼职或临时聘用人员承担，到了乡镇一级人员更是捉襟见肘。建议在基层疾控体系改革中，有针对性地加强消杀等防疫力量，允许在"平时"提供社会化服务获得收入，确保"战时"有一支稳定的专业队伍。

四是县级应急物资储备应突出重点、供需对接。疫情发生后，淅川县也经历了一段时间的防疫物资紧张，个别流通企业"坐地涨价"、以高于平时几十倍的价格出售物资，这都使县里增强了做好应急物资储备的紧迫感。目前，县级医疗机构增加了医用物资和药品储备，有关部门认为，政府也应加强物资储备，以满足社会面上防疫需要，但县级政府是否要建立应急物资储备库、物资储备的品类如何等问题，尚无明确指引。建议国家有关部门加强对县级层面物资储备的指导，一方面以实物方式储备好疫情发生初期所需的必要物资，另一方面建立与生产企业的产销对接机制，确保随着疫情发展防疫物资有货源、能调度。

五是继续引导群众加强个人健康防护。调研发现，随着连续数月未发生新增确诊病例，加之天气闷热潮湿，群众基本都已摘掉了口罩。省里的同志也说，除了省城和一些较大城市戴口罩还比较普遍外，到了县市一级群众基本不戴口罩了。建议随着秋冬季的到来，加强对良好卫生习惯的宣传教育，引导群众提高防范意识，重新戴口罩，注意勤洗手，在减少疫情传播风险的同时，也降低其他呼吸道传染病的发生率。

脱贫摘帽县医改如何落实
预防为主方针

王敏瑶

预防是最经济最有效的健康策略。脱贫摘帽县财力有限、医疗卫生基础薄弱，无论是应对疫情的现实需要，还是用较小成本维护群众健康的长远要求，都应更加坚定地落实预防为主方针。但要做到这一点，仅仅依靠公共卫生专业机构开展工作是远远不够的。应将预防为主贯穿县域医改全过程、各方面，充分调动医疗卫生机构做好公共卫生工作、促进医防结合的积极性主动性创造性，广泛激发人民群众参与爱国卫生运动的活力动力，共同打造适应县域特点的公共卫生防线。

一、疾控体系建设应全面提高专业能力

公共卫生工作具有很强的专业性，疾控体系能力上不去，就难以指导和保障县域内各项公共卫生工作的有效开展。但调研中发现，包括淅川在内的脱贫摘帽县县级疾控中心面临较大的生存发展困境。一是招人难。去年县里拟为疾控中心招聘 5 名本科毕

业生，但最终无人报考。今年将学历要求降至大专，最终招到4人。由于我国目前缺乏专科层次的公共卫生专业，招到的人都是临床医学或检验等专业，如要承担流行病学调查、环境卫生监测等工作，需入职后进行大量培训。二是人员总量不足、结构老化。按照每万人口1.75人的编制配备标准，县疾控中心应核编117人，但实际编制只有75人；目前在编61人，其中有15人将在5年内退休。与医疗机构具备较为成熟的继续教育体系相比，疾控中心缺乏制度化的在职培训，容易出现老员工知识更新慢、新员工熟悉业务慢的"青黄不接"状况。三是激励机制不活、制约业务发展。按照规定，疾控中心不能通过提供社会化服务收取费用。一些科室如结核病防治门诊，虽然提供的服务与医疗机构相同，但由于不能收费，影响了人员积极性；还有一些科室如消杀科，与其他多个科室合并办公、人员兼职，只能承担一些指令性任务，无法兼顾企事业单位个性化的消杀需求。四是人员工资普遍偏低。我们访问的一位有30年工龄的检验科长，月收入不足4000元，但这已是中心内部人员收入的较高水平。刚入职的毕业生往往收入只有1000多元，比县里农民工的打工收入都低。临床专业学生"跳槽"去医院、本科毕业生考研深造等是常事。

到了乡村基层，承担公共卫生工作的专职人员更为匮乏。乡镇卫生院预防保健科（站）虽然有编制数保障，但人员学历层次和专业素质普遍不高，很多都是医疗岗位难以安排的"冗员"，有的还是兼职工作。到了村一级，村医收入往往与服务人口数相关，导致一些人口少、地处偏远的村庄难以留住村医。一名村医同时服务两三个村，做好日常诊疗服务尚且力不从心，更难以兼顾公共卫生服务。

针对调研发现的问题，提出如下建议。一是培养满足县域需求的公共卫生人才。在高职院校设立公共卫生专业并扩大招生规模，培养县域所需的流行病学调查、检验检测、环境卫生监测等方面的专业人员。二是建立健全疾控体系继续教育制度。制定在职培训的标准规范和硬性要求，与高校和上级疾控中心开展合作，发挥各类线上培训平台作用，为基层公共卫生人员深造创造更多机会。三是改革机构运行和收入分配机制。在疾控中心提供社会化有偿服务、完善公共卫生人员绩效工资制度等方面，可以在省、市、县不同层面分别搞一些试点，体现多劳多得、优绩优酬。近期，湖北省在疾控体系改革中，探索对疾控中心实施公益一类保障和公益二类管理，在收入分配方面实行适应疾控体系特点的"两个允许"制度（允许突破现行事业单位工资调控水平，允许在完成核定任务基础上提供医疗卫生技术服务，收入扣除成本并按规定提取各项基金后主要用于人员奖励），应密切关注改革推进情况、及时总结推广经验。

二、医疗体系改革应探索建立有利于预防的激励机制

重治疗、轻预防是我国医疗体系存在的一大"顽疾"，在县域表现得尤为突出。资源配置完全由医疗服务提供情况所主导，预防工作做得怎么样、群众健康水平高不高等因素，难以发挥应有的激励作用。从医院的层面看，虽然抓好预防工作有利于促进健康，但人们得病少了、医疗机构和医务人员的收入也会相应减

少。县医院数据显示，今年上半年儿科住院量同比下降64%；即便在疫情缓和后的6、7月份，每天住院患儿也不足30人、有时甚至只有个位数，而去年同期在100人左右。据访谈了解，这一方面说明疫情期间的防护措施有利于减少儿童呼吸道、消化道等疾病发生，另一方面也表明过去的儿科住院有相当部分是不需要的。然而与之相伴的是儿科医生收入锐减，医院需在院级层面统筹以保障其收入达到全院平均水平。从医保的层面看，医保基金主要是购买医疗服务，医院为了获得更多医保收入，必须做大医疗服务"蛋糕"。最近几年淅川县医保基金承受了较大运行压力，2017年和2018年统筹基金分别超支595万元、6591万元。2019年淅川县加强医保基金监管，特别是严控县外就诊（县外就诊率从15%左右降至5%左右、为南阳市最低），统筹基金超支明显下降、为1232万元。但县内住院花费高的问题却难以得到有效解决，全年超支33%，住院率提高到20%左右、超过全国平均水平。访谈中有人指出，县医院升级了设备、扩大了病床，自然要多收病人以满足运行需要。虽然做好预防是控制基金支出的有效手段，但医保并没有配套的激励措施。从乡镇卫生院的层面看，由于兼具基本医疗和公共卫生两方面职能，二者对资源配置的需求并不一致。不少位于城乡接合部的乡镇离县城很近，群众看病就医一般会直接去县级医院，乡镇卫生院的医疗功能萎缩很快，进而导致卫生院的收入下降、职能弱化。然而在这次疫情中，恰恰是这些地区流动人口多、防控压力大，对乡镇卫生院的公共卫生服务要求更高。

县域内卫生健康行业的主体是医疗机构，落实预防为主方针的重点和难点也在医疗机构。虽然在疫情期间，医疗机构普遍认识到预防工作的重要性。但如果不能扭转激励机制，疫情结束后，医疗机构还是会回归到重治疗、轻预防的老路上来，单纯依靠扩大医疗服务以取得更多收入。建议从试点入手，充分发挥医保支付的杠杆作用，建立健全医疗机构补偿机制和激励机制，推动落实预防为主方针。具体可以作三方面探索：一是推动医保资金购买免疫规划、疾病筛查等预防保健服务，这一举措虽然可能短期增加基金支出，但可以有效遏制医疗费用上涨趋势。二是创新县域医疗卫生共同体补偿机制，将医保和财政资金"打包"，建立以健康绩效为导向的支付方式，促进医共体内部医疗服务和公共卫生服务的有效衔接。三是改革家庭医生签约服务的评价和支付机制，统筹使用医保基金和公共卫生服务补助资金，对预防做得好、签约群众健康明显改善的家庭医生，给予更多激励。

三、爱国卫生运动应在抓日常、建机制上下功夫

淅川县于 2017 年正式申报创建国家卫生县城（以下简称创卫），用 3 年时间创卫成功，创建成效在疫情防控中得到了充分体现。一方面，创卫期间大面积实施环境卫生治理，全面规范"七小"场所管理，引导群众养成良好卫生习惯，这都为快速阻断新冠病毒传播创造了条件。另一方面，创卫所采取的上下联动、全民动员等有效做法，也为疫情防控积累了经验。但是调研也发现，创卫结束后，围绕怎么搞好日常爱国卫生运动，基层还有不少困惑。在"做什么"方面，目前还主要停留在环境卫生治理、张贴

宣传画、公共场所保洁等较浅层面，现在要求爱国卫生运动要向全面社会健康管理转变，这具体包含什么内容、与专业公共卫生工作如何衔接等，就面临不少难题。在"怎么做"方面，随着爱国卫生运动的内涵越来越广，传统方式不管用、新的手段不会用的情况比较普遍。特别是越到乡村基层，从事爱国卫生运动的人员中，很多并没有接受过专门培训，"不会干"的问题十分突出。在"谁来做"方面，县级层面，各地爱卫办在人员配备、经费保障等方面参差不齐，有的地方与文明办合署办公，纵向归口管理不明确，横向难以协调相关职能部门。在乡镇一级，政府层面推动爱国卫生运动的职责不清晰，工作具体由乡镇卫生院组织实施，但存在人手少、以兼职工作为主的问题。一些地方推动建立紧密型医联体，加强县级医院对乡镇卫生院的管理帮扶，但客观上也弱化了乡镇政府与卫生院之间的联系，给爱国卫生运动的开展带来了困难。在资金投入方面，只对专项任务有经费保障，缺乏对面上工作的资金支持。就淅川的创卫工作而言，基本都依靠县级财政投入，3年投资4.5亿元，这对于当地而言是不小的支出负担，只是在内河治理等个别项目上申请到了省级环保部门的项目资金。

爱国卫生运动是把群众路线运用于卫生防病工作的成功实践，在疫情防控中已经彰显出强大力量，应在总结经验的基础上，创新体制机制、提高能力水平，把这个我国卫生工作的独特优势发挥好。建议：一是加强品牌引领。卫生城市、卫生县城等创建工作，是推动爱国卫生工作的一个有力抓手。应完善创建内容和评选标准，统筹各方面资金给予地方一定支持，调动各地的创建积极性。从卫生城市向健康城市迈进，应当有更加丰富的内涵。

建议牢牢抓住"将健康融入所有政策"这个方针，以健康影响综合评价为抓手，打造创卫"升级版"，更好引领新时代爱国卫生运动。二是突出工作重点。爱国卫生运动覆盖面广，如果日常需要开展的任务过多过杂，就容易流于形式。建议国家层面每年确定一个工作主题，以省或市为单位，选择几个需要重点解决的卫生问题，围绕这些问题加强人员培训、规范工作流程、落实经费保障，确保任务有效完成。三是建强工作队伍。爱国卫生运动的顺利开展既需要政府层面的支持和推动，也需要专业部门的技术指导。应发挥爱卫会的统筹协调作用，强化各级爱卫办的人员配置，理顺归口管理关系。基层爱卫机构不健全的问题比较突出，应恢复乡镇和街道的相应机构设置，落实宪法规定的居民委员会、村民委员会设公共卫生委员会的要求，推动爱卫工作纳入基层社区治理。

继续在新征程上走在前列

——在 2020 年淅川脱贫攻坚调研督导反馈会上的发言

黄 守 宏

（2020 年 8 月 3 日）

　　这是我们连续第三年利用暑休时间，来淅川开展脱贫攻坚调研督导。今年是大疫之年，按照新冠肺炎疫情常态化防控要求，中央单位非必要不出差。经过反复考虑，我认为到淅川进行调研督导十分必要，也可以说是非来不可。一是定点帮扶这个政治任务要坚持不懈扛起来。党中央高度重视收官之年脱贫攻坚工作，习近平总书记在多个重大场合反复强调要坚决夺取脱贫攻坚战全面胜利。在疫情防控阻击战期间，以党中央名义召开的全国性重要会议有两个，一个是 2 月 23 日召开的统筹推进新冠肺炎疫情防控和经济社会发展工作部署会议，另一个就是 3 月 6 日召开的决战决胜脱贫攻坚座谈会，习近平总书记亲自出席并发表重要讲话，这充分体现了党中央对脱贫攻坚工作的高度重视。定点帮扶淅川县，是党中央赋予国研室的重大政治任务。我们必须全面贯彻落实习近平总书记重要讲话精神和党中央决策部署，从增强"四个意识"、坚定"四个自信"、做到"两个维护"的政治高度，助力淅川高质量完成脱贫攻坚任务。二是淅川扶贫这个调研基地作用要坚持不懈发挥好。2018 年以来，我们坚持"从全国看淅川、从淅川看全国"的思路，把淅川点上情况和全国面上情况结合起来，围绕脱贫攻坚以及经济社会领域一些重大问题，提出一系列政策建议，经领导同志批示后，直接推动了有关部门出台政策、改进工作。当前各方面都很关注摘帽县脱贫之后"做什么""怎么做"的问题，包括如何巩固脱贫成果，如何推进脱贫攻坚与实施乡村振兴战略有效衔接，等等。同时，为应对疫情影响促进经济社会平稳发展，党中央、国务院作出了一系列决策部署，各地区各部门围绕做好"六稳"工作、落实"六保"任务出台了很多政策举措。党中央、国务院领导同志非常关注基层特别是贫困县落实这些大政方针、政策举措的实际情况，比如基本民生底线有没有兜牢、基层运转有没有问题、市场主体有没有真正享受到纾困惠企政策、产业链供应链恢复状况怎么样，等等。开展调查研究，提供决策咨询服务，是国研室一项重要职能。这次调研，就是要在前两年调研积累的基础上，持续跟踪了解淅川的经验做法和困难挑战，认真听取基层一线的看法和意见，实事求是反映情况和研究提出政策建议。三是淅川这个干部锻炼平台要坚持不懈运用好。党中央之所以要求每个中央单位不管大小都要开展定点帮扶，一方面是扶贫工作所需，各部门都要尽力而为支持贫困县脱贫发展，另一方面也是转变作风、锻炼干部所需，通过参加调研督导等方式，让干部特别是年轻干部在基层一线接地气、察实情、识国情。国研室连续三年共安排 50 多人次参加淅川调研督导。室领导和司级领导干部基本都来过，大部分年轻干部也都来过，大家都感到这是一种难得经历，不仅思想上党性上作风上有明显收获，也促进了政策研究水平提升。

这次来淅川之前，我们对调研督导工作作了深入细致的研究安排。考虑到今年的情况特殊，淅川各方面任务比较繁重，为尽量避免影响县里正常工作，我们压缩行程、控制人数。调研组绝大多数同志都来过淅川，对相关领域情况较为熟悉，有利于提高调研成效。这几天，调研组一行结合各自调研重点，走访了贫困乡村、企业农户、学校、医院等，与有关方面座谈交流。昨天晚上，调研组开了碰头会，交流了调研情况，大家对淅川有力抗击疫情、扎实推进脱贫攻坚、保持经济社会平稳发展的做法和成效印象深刻，都表示淅川是块调研宝地，每次来都收获颇丰、很受启发。

总的看，淅川县认真贯彻落实党中央决策部署，统筹推进疫情防控和脱贫攻坚，坚持脱贫不脱责任、摘帽不摘干劲，在前几年良好工作基础上，一手抓完成剩余脱贫任务，一手抓巩固提升脱贫成果，进一步形成了很多行之有效的新经验新做法。需要特别提到的是，淅川县委、县政府在疫情防控过程中勇于答题、善于答题，面对与湖北接壤、卡点多、防线长、防控压力大等困难，迅速行动、周密安排，在腊月二十八也就是武汉"封城"前一天，就把视频会直接开到村组，全县总动员，取得了疫情防控工作主动权，把握了抗疫先机。截至目前，全县仅报告确诊病例 2 例，很不容易。淅川县在复工复产、劳务输出、常态化防控等方面，也有不少可圈可点之处。从调研了解的情况看，目前脱贫攻坚各项工作进展顺利，完全能够做到如期完成目标任务。现在到年底还有 5 个月时间，淅川要再接再厉、一鼓作气，确保打赢脱贫攻坚战，让脱贫实效在淅水两岸落地生根。

下面，结合调研情况，按照督导工作要求，我简要谈几点想法，与大家做个交流。

第一，希望淅川在巩固拓展脱贫成果方面努力走在前列。从全国看，脱贫攻坚期间累计减贫近 1 亿人，这是非常了不起的伟大成就，但要让这 1 亿人在稳定脱贫基础上逐步致富，还有大量工作要做。习近平总书记明确提出，脱贫攻坚之后设一段过渡期，目的就是扶上马送一程、巩固拓展脱贫成果。淅川县是国家扶贫开发工作重点县、省级深度贫困县，建档立卡人口近 10 万人，前期脱贫任务繁重，后续巩固拓展脱贫成果任务也相当艰巨。淅川这几年脱贫攻坚工作走在河南省前列，下一步巩固拓展脱贫成果也要继续走在前列。要严格落实责任、政策、帮扶、监管"四个不摘"要求，长短结合、多点发力、标本兼治，支持薄弱村加强基础设施建设、发展壮大农村集体经济，帮扶不稳定脱贫户、边缘户等发展产业、稳定就业。稳定脱贫不是轻轻松松就能迈过去的坎，巩固拓展脱贫成果的拉锯战很可能要较量一阵子，尤其需要县乡村三级的韧劲加实干，做到绵绵用力、久久为功。特别是疫情对产业、就业的影响仍在持续，旱涝等气象灾害多发，大量扶贫农产品即将进入上市高峰期，极易出现滞销，客观上存在一定返贫致贫风险。淅川要立足实际健全防止返贫机制，完善监测预警、提前帮扶和综合保障等措施，防范返贫风险，确保脱贫质量。总之，希望淅川在巩固拓展脱贫成果上能继续因地制宜探索、迈开步子创新，努力蹚出一条稳定脱贫致富的路子来，为全省全国多提供一些可推广的有效经验。

第二，希望淅川在推进脱贫攻坚与实施乡村振兴战略有效衔接方面努力走在前列。脱贫攻坚将历史性地解决困扰中华民族几千年的绝对贫困问题，但相对贫困问题仍将长期存在。打赢脱贫攻坚战之后，要继续通过实施乡村振兴战略推动欠发达地区加快发展，促进低收入人口加快致富。脱贫攻坚与实施乡村振兴战略的有效衔接是一项充满挑战、创新性很强的工作。从集中攻坚转为常态化帮扶，制度体系、政策体系、工作体系等如何平稳过渡，如何把帮扶资源进一步统筹用好，如何纳入乡村振兴框架协调推进，各方面都在研究探索。在脱贫攻坚战中，淅川在党建扶贫、产业扶贫、教育扶贫等方面积累了很多经验，这些不仅是扶贫的宝贵经验，实际也是"三农"工作的重要财富。自脱贫摘帽以来，淅川按照中央、省、市各级的要求，就衔接工作积极开展了实践探索。希望淅川发扬敢为人先的精神，做推动脱贫攻坚与实施乡村振兴战略有效衔接的闯将先锋，在创新中以先事虑事，在实践中行先河之导，多出能够在更大范围内推广的经验做法，为全国面上顺利衔接过渡作出贡献。这次调研中，县乡村干部和农民群众从不同角度介绍了衔接工作的做法，对相关政策提出了很多很好的意见和建议。我们将带回去认真研究、梳理归纳，提出完善优化政策的建议。

第三，希望淅川在因地制宜发展县域经济方面努力走在前列。郡县治，天下安。县域是治国理政的基石，也是经济社会发展的重要单元。这次应对新冠肺炎疫情，凸显出县一级治理对国家长治久安的重要作用。2月23日党中央召开统筹推进新冠肺炎疫情防控和经济社会发展工作部署会议，习近平总书记发表重要讲话，将分会场就设到县一级。习近平总书记强调，当前经济形势仍然复杂严峻，不稳定性不确定性较大，必须更好统筹疫情防控和经济社会发展工作，牢牢把握扩大内需这个战略基点，大力保护和激发市场主体活力，扎实做好"六稳"工作，全面落实"六保"任务，推动经济高质量发展，维护社会稳定大局，努力完成全年经济社会发展目标任务。习近平总书记的一系列重要指示，既着眼于战略全局，对推动县域经济发展也有很强的指导性和针对性，我们要深入学习领会、认真贯彻落实。从这次调研看，淅川经济运行面临一些困难，像财政面临收支平衡压力，中小企业融资难问题凸显，产业链供应链尚未完全恢复等，这些既有全国面上的共性问题，也有淅川自身的特殊困难。同时我们也在调研中发现一些积极的信号和可喜的变化，像一些支柱产业、龙头企业深耕国内市场，实现逆势增长，一些中小微企业主动转型、加快复产，部分返乡农民工依托乡村资源积极创业就业，这充分体现了我国经济社会发展具有超强的韧劲和巨大的回旋空间。当前和今后一段时间，要加快农产品深加工、保鲜等配套项目建设，像抓扶贫产业培育一样，下大气力发展壮大全产业链。同时，要抓好"十四五"规划和重大项目谋划，做到"好风凭借力"，争取把一批巩固拓展脱贫攻坚成果、实施乡村振兴战略等事关淅川长远发展的重大项目纳入国家和河南省、南阳市"十四五"规划之中。希望淅川更加突出抓好党中央、国务院各项决策部署的落实落地，对可能遇到的各种情况尽早考虑、先行部署，抢抓政策窗口期机遇，结合自身实际情况更加注重补短板和锻长板，用深化改革的办法进一步优化营商环境，在发展县域经济上走出有淅川特色的路子来。

面临新形势新任务新要求，国研室将认真贯彻落实党中央决策部署，继续履行好定点帮扶重大政治责任，倍加珍惜与淅川干部群众结下的深厚友谊，进一步加强对淅川县各项工作的帮助和支持，全力助推淅川县增强自我发展能力、加快发展步伐。

2016—2017 年

赴淅川调研报告选编

　　2015 年 11 月中央扶贫工作会议之后，国务院研究室党组迅速贯彻习近平总书记重要指示精神和党中央关于打赢脱贫攻坚战决策部署，专题研究定点扶贫工作，室领导多次带队赴淅川调研督导，了解淅川贫困状况和脱贫攻坚进展，为淅川三年扶贫大调研奠定了良好基础。调研认真分析贫困县推进脱贫攻坚面临的形势任务和需着力推进的重点工作，在此基础上形成了 7 篇调研报告。

脱贫攻坚是基层干部作风
转变的引领力量

郭玮　贺达水　方华　刘一宁

　　脱贫攻坚作为决胜全面建成小康社会三大攻坚战之一，受到广泛关注，一些贫困地区的干部作风问题，也因此成为舆论焦点。对此，一方面要勇于正视问题，加大监督惩处力度，不断改进扶贫领域作风；另一方面也要看到，优良作风是帮扶工作的主流，暴露出来的作风问题，很多并非源于脱贫攻坚，而是一段时期以来官僚主义、形式主义等不良风气在扶贫工作中的反映。近期，我们赴河南省淅川县调研，与县乡基层干部座谈，与中央单位、省、市、县各级选派驻村的 10 多位第一书记进行一对一交流，并实地走访了贫困村贫困户。从调研情况看，脱贫攻坚不单是经济发展层面的工作，也是淬炼干部的实践熔炉，由于力度大、工作实、要求高、监督严，贫困地区基层干部作风得到锤炼、不断改善。脱贫攻坚已经成为基层作风转变的引领力量。

　　第一，脱贫攻坚促进了干部思想作风转变，强化了为人民谋幸福的初心。突出表现在基层扶贫干部把帮助贫困老百姓办实事作为自觉行动。目前贫困地区普遍建立了领导干部与贫困村直接联系机制，县乡干部经常到结对贫困村察实情、解难事。有的县领导两年来已经跑遍了全县100多个贫困村，这在过去是难以想象的。一位村干部讲："现在领导干部'步子往下走'，隔三岔五就要到我们这种穷山村来访贫问苦、扶贫济困。"脱贫攻坚战以来，淅川全县选派4850名公职人员作为联系帮扶责任人，占全县机关干部的90%以上；抽调557名干部组成185支扶贫工作队。这些帮扶干部奋斗在扶贫第一线，"五加二"和"白加黑"是工作常态。有的第一书记家在县城但1个月也回不了一趟，工作吃紧时连续数月都在村里。调研中，很多干部讲，当初到贫困村帮扶是服从组织安排，因为后备干部不驻村不能提拔，但干上一段时间，贫困村成了"自留地"，干部自觉自愿地投入时间精力帮扶，看着贫困村一天天改变面貌，成就感很足。从服从安排下乡驻村，到"无须扬鞭自奋蹄"，基层干部在脱贫攻坚中牢固树立了为人民服务的宗旨，思想作风得到了提升。

第二，脱贫攻坚促进了干部工作作风转变，显著改善了农村干群关系。改进工作作风、密切联系群众，最重要的是为群众办好事、办实事。过去一段时期，一些干部认为农村群众关心的事情大都是鸡毛蒜皮的"小事"，不值得关注，遇到问题绕着走，或者搞形式主义应付了之，把主要精力放在项目投资、城镇建设等工作上。现在，精准扶贫提出了新要求，干部结合贫困群众实际情况，因户因人实施帮扶，帮助解决实际困难。淅川县组织开展"五个一"真情关爱活动，扶贫干部深入贫困户家中，与贫困户谈一次心、吃一顿饭，帮助贫困户规划一个项目、解决一个难题、打扫一次庭院，把"小事"当"大事""要事"来办，用自己的辛苦指数换来贫困群众的满意指数。对帮扶干部而言，贫困群众从"距离遥远"到"近在眼前"，从抽象群体到一个个有血肉有想法的个体，他们放下架子、扑下身子，听群众期盼、解群众疾苦，工作作风脱"虚"向"实"。一位"80后"驻村干部说，以前村子里的贫困户是不敢见干部的，遇到干部会紧张，现在他们哪怕是房屋漏雨、婆媳吵架的问题，都会来找驻村干部。有的贫困户感慨地说："帮扶干部比自己亲儿子还要好。"村民家里炸了油条，先端给扶贫干部。听到帮扶干部要回城，抱着土特产跑过来就往后备厢里塞，拦都拦不住。干部用心用情用力帮扶，换来了群众的真心拥护，干部群众"鱼水情"又回来了，工作作风有了很大改变。

第三，脱贫攻坚促进了干部学风转变，增强了服务基层群众的才干。解决好"三农"问题是全党工作的重中之重，懂农业农村是广大基层干部的"必修课"。近年来，一些年轻干部通过公开招考等渠道，为县乡村干部队伍充实了新生力量。这些干部知识结构新、文化程度高，但也存在不擅长基层工作、不熟悉农业农村的"短板"。脱贫攻坚为基层干部提供了学习锻炼的平台，通过向实践学习、拜群众为师，做到干中学、学中干，用汗水练就过硬本领，有效地改进了学风。淅川县多次召开第一书记座谈会，县委书记结合自身成长经历，与驻村干部交流怎样做好基层工作、怎样服务好群众，以培训促学习。淅川县盛湾镇的一位驻村干部说，驻村担任第一书记对提升个人综合能力帮助很大，以前在机关上班，每天都是按照规定动作来，不逾矩就不会犯错。而驻村以后，村民对脱贫的期盼如"泰山压顶"，作出决策要周全，考虑方方面面的人和事，沟通协调要接地气，用群众思维去想、用群众语言去讲，抓落实要走群众路线，这样才能让老百姓信服、得到老百姓的拥护。这既是挑战也是机遇，极大促进了自身的成长进步。基层年轻干部通过一线帮扶实践洗礼，逐渐认识了农业、熟悉了农村、了解了农民，树立了良好学风。

第四，脱贫攻坚促进了干部领导作风转变，提高了基层党组织凝聚力战斗力。村干部在促进村集体经济发展、提高群众生活水平等方面发挥着关键作用。但过去一些贫困乡村基层组织不管事、不顶事，长期软弱涣散，削弱了党在农村的执政基础。脱贫攻坚战打响后，驻村第一书记和扶贫工作队充实到基层治理体系当中，通过发展党员、完善制度、配强队伍，贫困村基层组织建设得到显著加强，干部领导作风也有了明显改观。淅川县毛堂乡银杏树沟村地处深山、封闭落后，过去村"两委"班子软弱涣散，只有一两名党员干部常年在村。国务院研究室选派的驻村第一书记到任后，注重以党建促脱贫，着力改进领导作风，既充分发扬民主，做到公开公平公正，又强化集体领导，坚持分工负责，党支部战斗堡垒作用得到发挥。该村根据村情实际，探索建立"党干群联席会议"制度，一改过去党员干部群众各想各、各干各的散乱状态，大事小事坐在一起公开商议。同时积极发展新党员，吸收"90后"和致富能手加入党组织，8名党员编入扶贫工作组，将村支委成员派往脱贫产业和项目上担任党小组组长，对项目业绩负责、对管理团队负责，促进党组织建设向扶贫项目、产业链有效延伸。通过党员带头、发动群众，短短几个月时间，该村集体收入从无到有，增收了200多万元，党组织权威全面确立，赢得了广大群众的高度信任。这个过去矛盾集中的"上访村"呈现出前所未有的凝聚力和向心力，目前已有20多名外出务工贫困群众自愿返乡就业创业。脱贫攻坚为农村基层组织注入新鲜血液，第一书记和扶贫工作队踏踏实实、无怨无悔、无私奉献，促进带动村干部领导作风转变，基层组织成为贫困村脱贫发展的主心骨。

第五，脱贫攻坚促进了干部生活作风转变，擦亮了清正廉洁的公仆本色。干部生活作风问题关乎党的形象。与城市相比，贫困村工作生活条件较差，帮扶干部与贫困群众同吃同住同劳动，严格要求自己和其他村干部，乡村版的享乐主义和奢靡之风得到了有效遏制。淅川一个贫困村的驻村第一书记到任后，村"两委"在村头开的小饭馆设宴欢迎，并解释说这是该村的惯例。这位第一书记当场谢绝，并就此深入群众了解情况，发现小饭馆主要是干部签单、公款买单，群众对此怨言很大。第一书记立即召开村民代表大会宣布，村干部无论公私一律不允许到小饭店吃请，上级单位下来检查调研时，只能安排到群众家吃派饭并按标准缴纳饭钱，请全体村民予以监督。这个规定执行不到三个月，村子里这家唯一的小饭店就关门了，群众们拍手称快、衷心拥护。通过脱贫攻坚，广大基层干部克服了享乐主义和奢靡之风，生活作风明显改进，彰显了党员干部清正廉洁的形象。

脱贫攻坚是一场消灭绝对贫困前无古人的伟大战役，也是转变基层干部思想作风、工作作风、学风、领导作风、生活作风的重大战役。作风硬则帮扶工作硬，作风实则脱贫成效实。打赢脱贫攻坚战，必须打赢作风攻坚战。建议结合脱贫攻坚作风建设年工作安排，全面展示精准帮扶工作中广大基层干部的优良作风，注重挖掘代表人物、先进典型和感人事迹，彰显脱贫攻坚对加强作风建设的特殊意义，正面引导扶贫领域改进作风。

加强特殊贫困人口保障性扶贫的建议

郭玮　贺达水　方华　刘一宁

随着精准扶贫向纵深推进，农村贫困结构发生了较大变化，突出表现为贫困残疾人、贫困老年人和重病患者等特殊贫困人口数量多、占比高。当前全国4000多万建档立卡贫困人口中，残疾人、老年人和重病患者等特殊贫困人口合计近1900万，比例接近一半，而且越往后这几类人的占比越高。最近我们到国务院研究室定点扶贫县河南省淅川县调研，对贫困村特殊贫困人口的状况进行了专门了解。我们感到，打好精准脱贫攻坚战，必须把特殊贫困人口脱贫问题摆到更加突出的位置，采取更加有力的超常规举措推进解决。

与一般贫困人口相比，特殊贫困人口脱贫难度更大。一是特殊贫困人口家庭普遍缺乏劳动力，难以依靠就业增收脱贫。特殊贫困人口不仅自身完全丧失劳动能力或部分丧失劳动能力，很多还需要家人照料，进一步束缚了家庭劳动力。中国残联调查发现，58%的贫困残疾人家庭无劳动力或仅有1名劳动力，76%的贫困残疾人家庭收入主要靠低保等补贴。二是特殊贫困人口医疗康复等支出多，家庭负担重。中国残联长期监测发现，残疾人家庭人均收入只相当于社会平均水平的一半，而家庭医疗康复支出则是非残疾人家庭的 1.6—1.7 倍。三是"脱贫不解困"矛盾突出，特殊贫困人口获得感不强。一些重度残疾人、孤寡老人和慢性病患者，算家庭收入账已经脱贫，但贫困人口本人的医疗康复、护理照料不足，行动不便、长期与社会隔绝，实际生活质量很差。总之，特殊贫困人口集收入型贫困和支出型贫困于一体，致贫原因复杂，既要提高其家庭收入脱贫，也要采取针对性措施帮助其解困。为此，我们建议：

一、加大特殊贫困人口保障性兜底力度。特殊贫困人口普遍无业可扶，只有对其实施社会保障兜底，增加政策性补贴等转移性收入，才有可能让他们摆脱贫困。当前我国农村社会保障制度已经较为完善，有针对低收入家庭的低保政策，有针对持证残疾人的困难残疾人生活补贴和重度残疾人护理补贴，有针对农村老人的养老保险，以及扶贫领域的资产收益扶贫等等。但这些政策覆盖面、补贴标准、政策衔接等方面还存在一些问题。有些地方基层出于"政策平衡"的考虑，享受了低保就不再确定为贫困户，确定为贫困户就不能享受低保政策。不少农村残疾人由于种种原因没有办理残疾人证，不能享受残疾人"两项补贴"。要扩大相关制度覆盖面，提高补贴标准，织牢织密特殊贫困人口保障网。第一，推动农村低保和残疾人"两项补贴"制度对特殊贫困人口全覆盖。将符合条件的建档立卡特殊贫困人口全部纳入低保范围，实现应保尽保。加快建档立卡贫困人口中残疾人的残疾证办理进度，实现应办尽办。在此基础上，全面落实困难残疾人生活补贴和重度残疾人护理补贴制度，实现贫困残疾人"两项补贴"应享尽享。第二，提高特殊贫困人口低保档次和残疾人"两项补贴"标准。特殊贫困人口享受低保档次应就高不就低。鼓励各地提高贫困残疾人"两项补贴"标准，由中央财政给予奖励。第三，资产收益扶贫要重点向特殊贫困人口倾斜。把产业扶贫、光伏扶贫、旅游扶贫等项目收益的一定比例明确到特殊贫困人口家庭，确保他们能获得持续稳定的收入。

在增加保障性收入的同时，还要完善相关政策，减轻特殊贫困人口家庭支出负担。一是完善特殊贫困人口城乡基本医疗保险、大病保险、医疗救助等多重医疗保障体系，确保小病、常见病看得起，得大病、慢性病也能保障全家基本生活。严格落实基本医疗门诊报销政策，提高门诊报销比例，增加门诊报销药物目录清单，确保自付医疗费用不超过其基本收入。二是兜底解决无自筹资金能力特殊贫困家庭危房改造。目前危房改造还需要贫困户自筹部分资金，一些特殊贫困人口家庭因拿不出自筹资金而享受不到危房改造政策。对这部分特殊贫困人口的危房改造，应予兜底保障，确保其住房安全。

二、实施贫困残疾人等辅助器具保障性适配工程。不少农村重度残疾人、高龄老人和重病患者处于失能、半失能状态，行动不便、活动范围小，有些常年卧床，有的甚至连洗浴、如厕等基本生存需要都不能很好满足，生活质量差。实施辅具保障性适配工程，为失能、半失能贫困群众适配必要的轮椅、拐杖等辅助器具，可以有效补偿和改善其身体功能，增强其生活自理和社会参与能力，让他们过上有尊严的生活。这与"两不愁三保障"一样，也是在保障失能、半失能贫困群众特有的基本需求。

辅具保障性适配以"保基本、广覆盖"为基本原则,以普通型、大众化辅具为主,重点解决贫困残疾人最基本、最迫切的辅具需求。适配人群,以建档立卡贫困残疾人中占比最高、辅具需求迫切、收益面最广的肢体残疾人为主,同时兼顾有需求的贫困老人和病人。辅具类型,以适合农村残疾人使用、需求量大,产品成熟、质量可靠的辅具为主,包括适用于截瘫、下肢功能障碍等行动不便者的功能轮椅、机动轮椅车、助行器、拐杖等,帮助肢体功能障碍如厕、洗浴的坐便椅和洗浴椅,长期卧床残疾人使用的护理床、移位辅具和防压疮垫,以及假肢矫形器等。适配方式以送实物辅具上门为主,避免现金补贴到户被挪作他用、不能精准适配到人等问题,切实增强贫困残疾人等特殊贫困群体的获得感。在适配实物辅具的同时,加强辅具使用培训和技术服务,配套进行家庭无障碍改造,提高辅具使用效能。加大对贫困残疾人等家庭无障碍改造投入力度,提高改造标准,一户一策推进,确保应改尽改、改后适用。在农村危房改造、易地扶贫搬迁中,统筹考虑贫困残疾人等的无障碍需求,同步做好家庭无障碍设施的规划和建设。

三、加强特殊贫困人口保障性照料看护服务。贫困残疾人中的精神、智力和重度肢体残疾人,有一半以上有长期照料看护需求。一些孤寡老人、留守老人等照料看护需求也很迫切。目前农村大部分残疾人照料看护主要靠家庭成员,拖累家庭劳动力就业增收,进一步加重了家庭贫困程度。一户多残、以老养残等贫困家庭得不到有效照料问题突出,一些孤寡残疾人甚至连一日三餐等也难以保证。要加大贫困重度残疾人等保障性看护照料工作力度，切实提高他们的生活质量和获得感。一是落实特困人员救助供养政策。对特殊贫困人口中符合特困人员认定条件的，如16岁以上有长期照料看护需求的重度残疾人等，及时纳入特困人员救助供养，给予其基本生活保障和日常照料。二是积极推进集中托养等专业化照料看护。依托敬老院、幸福园及托养机构等公共设施作用，对有长期照料护理需求和意愿的贫困精神、智力、重度肢体残疾人和贫困老人等，进行集中养护或日间照料，各级财政给予养护补贴。三是探索开展互助养老、邻里照料等互助性照料看护。鼓励各地通过政府购买服务等方式，在村级开发照料养护类公益性岗位，就近就便为有长期照料养护需要的特殊贫困人口家庭提供照料服务。照料养护类公益性岗位优先提供给有养护照料余力的特殊贫困人口家属，使他们能够在照料好自家人的同时，为周边有照料需求的重度残疾人、留守老人等提供照料服务，既充分发挥他们照料养护的经验和能力，扩大农村专业化照料养护服务供给，又增加特殊贫困人口家庭收入。

四、实施特殊贫困人口保障性就业工程。在特殊贫困人群中，有一部分贫困残疾人、贫困老人并未完全丧失劳动力能力。为那些有部分劳动能力的贫困残疾人等提供合适的就业机会和岗位，让他们从事简单的、低强度的劳动并获得一定报酬，既能增加其家庭收入，又能帮助他们自立自强、树立生活信心，还能形成示范效应，带动周围贫困群众增强脱贫致富内生动力。要针对贫困残疾人的特点和能力，实施保障性就业工程。设在农村的扶贫车间，要优先向有意愿、有能力的贫困残疾人等提供就业岗位，支持他们通过从事力所能及的劳动增收。加强残疾人就业创业培训，重点加强手工制作、电器维修、电商运营等适合残疾人就业创业的培训，提高贫困残疾人就业创业能力，加大对贫困残疾人创业项目支持力度。鼓励各地建设集托养照料、康复训练、文娱活动、辅助就业于一体的"残疾人之家"等公益性机构，开发更多适合贫困残疾人就业的公益性岗位。

开展贫困残疾人辅具适配服务
"拐杖工程"的建议

郭玮　贺达水　方华　刘一宁

最近，我们到一些贫困地区调研，深切感到，农村贫困残疾人是脱贫攻坚最难啃的"硬骨头"之一，贫困残疾人生活状况差是当前农村贫困的突出表现。与一般贫困人口相比，很多贫困残疾人处于失能、半失能状态，生存状况、生活质量较差，有的甚至连起码的生命尊严都得不到保障。随着各种脱贫帮扶措施落实到位，残疾人家庭收入达到脱贫标准并不很难，但如果贫困残疾人的生活状况没有明显改善，也会影响脱贫攻坚实效。

改善贫困残疾人的生活状况，一个简便的办法是适配残疾辅具。目前，贫困地区很多贫困残疾人及其家庭，对残疾辅具的功能和所能带来的便利，缺乏应有的认知，加上家庭经济条件限制，很多残疾人都没有适用的拐杖、盲杖、轮椅、坐便椅、坐浴椅、护理床、防压疮垫等残疾人辅助器具，导致行走、移位、洗浴、如厕等一些基本生活需求难以保障。有的只能依靠家人照料养护，加重家庭脱贫负担。

我们认为，贫困残疾人辅具适配服务投入小、精准度高、帮扶效果持久，既是帮助贫困残疾人补偿改善功能、增强生活自理能力的"扶贫拐杖"，更是树立生活信心、增强社会参与能力的"扶志拐杖"。因此，建议研究开展贫困残疾人辅具适配"拐杖工程"，为有需求的贫困残疾人提供必要的、适宜的辅助器具，改善基本生活质量，激发脱贫内生动力，增强贫困残疾人在脱贫攻坚中的获得感，彰显党和政府对贫困残疾人的特别关爱。

第一，贫困残疾人对辅具适配服务的需求迫切。目前我国农村残疾人辅具适配率较低，大部分贫困残疾人缺乏辅助日常生活的专门用品和器具。根据中国残联统计数据，截至 2017 年底，我国 381 万建档立卡贫困残疾人中，有各类辅助器具服务需求的残疾人约 80 万人。其中，肢体残疾人 50 万人，视力残疾人 10 万人，听力残疾人 6 万人，言语残疾人 1.6 万人，智力残疾人 3.7 万人，精神残疾人 1.8 万人，多重残疾人 6.2 万人。对这些特殊贫困群体适配辅助器具，有效改善残疾人生存状况，既有利于促进残疾人事业发展，提高社会文明程度，也有利于减轻贫困残疾人家庭负担，是打好精准脱贫攻坚战的重要举措。同时，贫困残疾人是最弱势群体，加强对他们的特殊帮扶，不会引发其他群体的盲目攀比。

第二，辅具适配服务能显著增强贫困残疾人帮扶获得感。贫困残疾人往往面临着"脱贫不解困"的矛盾。如果简单发放现金补助，虽然算家庭收入账达到脱贫标准，但因为贫困残疾人家庭负担重、花钱的地方多，政府对残疾人的补贴可能会被挪作他用，难以改善其实际生活质量。而实物辅具只有残疾人用得上，可以精准解决贫困残疾人最迫切的问题，可以使贫困残疾人每天都实实在在地体会到脱贫攻坚带来的温暖。对于有行走功能障碍的残疾人，通过提供功能轮椅、机动轮椅车等代步器具，以及功能拐杖等助行器具，可以帮助他们显著扩大活动范围，提高生活自理能力。对于瘫痪、高位截瘫等常年卧床的重度残疾人，为其适配移位辅具、防压疮垫等专用辅具，既能显著提高残疾人生存质量，又能降低家人照料负担和精神压力。对于有一定劳动意愿和能力的残疾人，通过为其适配电动三轮车等生产生活两用辅具，可以支持其走出家门、走进社会，参与就业创业、实现自力更生，促进扶贫与扶志相结合。

第三，贫困残疾人辅具适配服务财政投入不大。 目前，我国残疾人辅具市场产品成熟，企业研发生产能力强，质量可靠，价格较适宜。如功能轮椅、助行器具、坐便椅、洗浴椅、移位辅具、防压疮垫等辅具，市场价格均在千元以下，便宜的只有两三百元。价格较高的机动三轮车、护理床等，也均在5000元以下。考虑有辅具适配需求的贫困残疾人仅有80万人，相比其他帮扶项目，财政投入并不大。初步测算，如果以对辅具需求最迫切、受益面最广的50万建档立卡肢体残疾人为服务对象，按目前摸底的辅具需求，考虑部分残疾人有多重辅具需求等因素，服务对象合计72万人次，按人均1200元计算，资金需求不到9亿。即便算上有辅具需求的贫困老年人、重病患者，按大数翻一番计，中央财政总投资约18亿元。

因此，建议启动实施贫困残疾人辅具适配"拐杖工程"，作为保障性扶贫的重要内容，列入打赢脱贫攻坚战三年行动计划。按照"保基本、广覆盖"的原则，以普通型、大众化辅具为主，重点解决建档立卡贫困残疾人等最基本、最迫切的辅具需求。适配人群以建档立卡贫困残疾人中占比最高、辅具需求最迫切、收益面最广的肢体残疾人为主，同时兼顾有需求的失能贫困老人和病人。按照"中央统筹、省负总责、市县抓落实"的工作机制，中央财政安排专项资金，兜底解决全国建档立卡贫困残疾人的辅具需求；省级政府对辖区内贫困残疾人辅具适配帮扶工作负总责，鼓励其根据自身情况适当解决非建档立卡残疾人的辅具需求；县级政府负责具体落实辅具适配服务帮扶行动，送实物辅具上门，做好对贫困残疾人辅具使用的技术服务，配套进行家庭无障碍改造，提高辅具使用效率效能。对于电动三轮车等价值较高的生产生活两用辅具，可采取对贫困残疾人租借等方式，鼓励其使用辅具经营就业，不经营就业的不得租借，租借以后停止经营或就业的，有关方面可予以收回，适当施加监督约束，避免"一给了之"，鼓励自立自强。

用好第一书记和驻村干部这支
脱贫攻坚特殊力量

刘一宁

选派思想好、作风正、能力强的优秀年轻干部到贫困地区驻村，特别是精准选配第一书记，是打赢脱贫攻坚战的一项重要战略措施。最近，我们到国务院研究室定点扶贫县河南省淅川县调研，走访了毛堂乡庙沟村、西簧乡梅池村、香花镇柴沟村等6乡7村，深入访谈贫困户23户，与县乡村各级干部进行了多次交流，与多位驻村第一书记一对一访谈。我们感到，驻村扶贫工作队和第一书记，在推动各项扶贫措施精准落地、到村到户上，发挥了重要作用，是脱贫攻坚的一支特殊力量。用好这支力量，不仅对打赢脱贫攻坚战十分关键，而且对培养和锻炼干部、强化基层治理意义重大。

一、第一书记和驻村干部是脱贫攻坚的特殊力量

"正确的路线确定之后，干部就是决定的因素。"中央脱贫攻坚政策能不能到村到户，能不能取得应有的实效，基层干部特别

是村干部是关键中的关键。而村级恰恰是贫困地区干部力量最为薄弱的环节。向贫困村选派第一书记和驻村工作队，弥补了扶贫工作的短板。淅川县共选派166名第一书记，使122个贫困村和贫困户50户以上的非贫困村实现全覆盖，大大强化了攻坚力量。

一是第一书记和驻村工作队成为政策落地的推动者。过去的一些农村政策，受益最多的是农村能人。贫困户往往由于不了解政策、缺乏用好政策的能力，难以充分享受政策红利。第一书记和扶贫工作队入驻贫困村，直接成为政策的宣传员，使各项扶贫政策直通到村、到户，促进了扶贫政策精准落地，贫困户在产业帮扶、低保、医疗报销和救助等方面得到实惠，一大批贫困村的基础设施和公共服务加快改善，很多贫困户的具体困难得到解决。毛堂乡庙沟村第一书记王黎明，驻村后积极走访、弄清情况和需求，为全村联络配套建成深水井两个、大口井一个，解决了全村群众吃水难问题；修建加宽桥梁一座，基本解决出行难问题；争取到小学校舍改造、党群活动中心、文化活动广场、标准化卫生室、图书阅览室建设等项目。

二是第一书记和驻村工作队成为产业脱贫的领路人。发展产业，是贫困户脱贫的根本措施，也是实现稳定脱贫的基本依托。与贫困户相比，驻村第一书记和工作队更了解市场需求，在熟悉所在村情况后，更容易找到产业脱贫的门路。盛湾镇横山村原有农业产业结构相对单一，主要种植小麦、玉米等粮食作物，由于土壤贫瘠，产量较低，村民很难依靠生产脱贫。驻村第一书记刘小闸摸清全村情况后，联系河南省农科院等单位专家现场论证指导，并组织村民代表赴外地考察，进行市场调研，带领群众种植优质大樱桃 240 多亩，着力打造集樱桃采摘、销售及旅游观光为一体的乡村产业。不少产业扶贫项目，有资源、有资金、有市场，但贫困户受自身能力限制，要真正将各类要素组织起来取得成功，往往需要外力帮扶。第一书记和驻村工作队的精准帮扶，就是促进要素结合的重要力量。现在每个贫困户都有帮扶责任人，帮扶干部将主要精力用到帮助贫困户解决产业发展资金、联系技术人员进行指导、提供市场信息等方面，有力保障了贫困户生产经营的顺利进行。

三是第一书记和驻村工作队成为脱贫动力的激发者。实现稳定脱贫，关键要激发群众脱贫致富的内生动力。第一书记和帮扶干部，常驻贫困村，给贫困村带来生气和活力，他们不仅给贫困户直接的帮助，而且通过与贫困户交流、给予帮扶等，客观上起到扶志、扶智的作用。香花镇柴沟村驻村干部杨青春，在坚持推动产业扶贫的同时，创造性地组织开展了"弘扬南水北调精神，弘扬柴沟人文厚重、不畏困难的倔强精神，争做文明人，争做脱贫致富带头人"活动，推出了 30 个文明典型，并组织优秀党员、文明家庭、孝亲爱亲模范、脱贫致富模范公开评选。此外，通过召开大中专学生励志教育会、外出创业乡亲发展交流会，开辟帮扶活动专栏、精神文明园地，弘扬真善美，传递正能量，引导乡亲向善向上，为脱贫攻坚增添了动力。

淅川县在选派第一书记和驻村工作队时注意把握以下几点：首先是选配得力干部，改变了过去各单位派人主要选"边缘人"的做法，将最能干的干部选派出去，派去的第一书记都是想干事、能干事、干成事的干部，形成了干部选派的正向激励，第一书记由过去的无人想当，到现在是争着去当。其次是注重培训提高，加强对第一书记的培训力度，增加内外交流机会，有助于他们开阔视野、增长才干。去年以来，全县组织驻村第一书记，分批到浙江、山东、江西等地学习蔬菜种植、电子商务和乡村旅游等，组织驻村第一书记就扶贫产业发展进行观摩交流，极大提升了第一书记工作能力。再次是提供工作支持，县全面落实驻村工作"五有一确保"，即有阵地、有床铺、有用品、有厨灶、有补助，确保驻村第一书记身心均在岗在位，同时保障每名第一书记每年 1 万元工作经费、10 万元扶贫专项经费，支持他们开展工作。最后是严格执纪问责。把纪律挺在前面，出台《驻村第一书记管理办法》和《驻村第一书记召回办法》，对第一书记工作职责、工作时间等提出明确要求，对不合格的第一书记坚决予以召回，督促第一书记牢牢绷紧履职尽责这根弦，扶贫济困，不辱使命。

二、选派第一书记和驻村干部参与扶贫，对提高执政能力产生深远影响

选派第一书记和驻村工作队到扶贫一线，不仅有力推进了扶贫工作，而且对改善党群干群关系，提升农村治理水平，培养和锻炼干部，都具有十分重要的意义。

一是改善党群干群关系。农村工作事务纷繁复杂，很多事情看起来都是鸡毛蒜皮的小事，但群众利益无小事、一枝一叶总关情。在过去相当长的时间里，一些地方的部分党员干部日渐脱离群众，干部与群众的关系远了、淡了，群众有事不敢、不愿、不

屑去找干部寻求帮助，很多事情积在心里，诸多需求受到压抑。第一书记和帮扶干部驻村后，主动为群众解难事、办实事，老百姓压抑的需求逐步得到释放。盛湾镇瓦房村第一书记胡友先介绍，房屋漏雨、婆媳吵架、下蛋的母鸡丢失、手术费报销不了，这些屋里院外的小事，经常成为群众找他帮忙的原因。事情虽小，但第一书记在办理的过程中，拉近了与群众的距离，密切了与群众的关系，体现了党的根本宗旨，巩固了党的执政基础。在香花镇柴沟村调研时，刚刚易地搬迁的曹吾勋老大爷一直拉着调研组成员的手激动地说，"党的政策好，党的干部好"。

二是提升了农村治理水平。第一书记和帮扶干部驻村后，成为农村管理的一支新力量，有力加强了农村基层组织建设。不少第一书记在上级组织的领导和指导下，帮助健全了村"两委"班子，解决了部分村班子不团结、软弱无力、工作不在状态等问题。淅川县依托于第一书记等驻村干部，开展了为期半年的"清理村级财务、清理惠农项目、清理不合格党员、深化党务政务村务公开"专项活动，对全县500个行政村进行巡察，惩治基层微腐败，净化农村政治环境，为农村经济社会发展创造了良好氛围。驻村第一书记还积极推动"三会一课"制度化规范化，推进"四公开一评议"，扩大了党员、群众对村级各项事务的知情权、参与权、监督权，推动完善村规民约，农村风气开始好转。村里抱怨的声音少了、称赞的声音多了，各自为战的事情少了、团结奋斗的事情多了。

三是培养锻炼了大批干部。第一书记和驻村帮扶干部中，"80后""90后"占相当大的比重。很多年轻干部都是独生子女，从学校到机关，对基层缺乏了解。尤其是长期在城镇工作生活的干部，对农业了解不够、对农村认知不足、对农民感情不深。盛湾镇瓦房村第一书记胡友先由县财政局选派，据他讲，祖父、父母都是财政系统的干部，自己从小到大都是饭来张口、衣来伸手，参加工作后，也是在熟悉的环境按部就班，很多方面都得到照顾。到贫困村驻村后，什么事情都要自己做，要处理与村里"老干部"的关系，还要对贫困户提供实际的帮助，一开始无所适从、压力很大。但经过一段时间的磨合，对农民、村干部有了新的认知，村里干部把他当自己人一起商量着办，贫困户把他当自家孩子一样看待，他也努力为村里的脱贫办了一些实事，得到村民的认可。面对困难时，少了退缩和畏惧，多了办法和手段，解决问题的能力比在机关时明显提高。通过驻村帮扶，大量年轻干部磨炼了意志品质，锻炼了综合素质，增强了执行能力。一大批骨干力量在艰苦环境下快速成长，成为国家发展的宝贵财富。

三、为第一书记和驻村干部成长提供良好环境

随着脱贫攻坚责任逐步压实，贫困村第一书记和驻村工作队的压力也越来越大。对待第一书记和驻村帮扶干部，既要把他们当成攻坚战斗员，让他们在脱贫攻坚中建功立业，也要当作在实践中学习的学生，让他们在农村广阔天地中锻炼成长。应使用和培养并重，为第一书记和驻村帮扶干部工作和成长提供良好环境。

工作要支持。对第一书记和驻村帮扶干部，各派出单位决不能一派了之，不管不问，要当好娘家人，对帮扶工作给予大力支

持，提供坚强后盾。

生活要关心。只有留住驻村第一书记和驻村帮扶干部的身心，他们才能扑下身子、扎扎实实干下去。要重视解决好他们在贫困农村的吃住行等基本生活问题。

培养要加强。强化涉农政策、扶贫政策、产业发展、农业技术、村庄建设等方面的培训，搭建交流平台，让来自不同部门、具有不同专业背景的第一书记和驻村帮扶干部互相学习、取长补短、加强合作。

成长给空间。对考核连续优秀且任期考察突出的第一书记和驻村帮扶干部，优先提拔使用。去年年底，淅川县中层干部调整中，共有 15 名优秀驻村第一书记得到提拔重用。在全县开展的"弘扬移民精神、弘扬家风家训、争做最美淅川人"活动中，有 2 名驻村第一书记被评为全县十大"最美村官"。这极大地调动了广大驻村帮扶干部的积极性。

考核要合理。脱贫攻坚不是一蹴而就的事，培养锻炼干部也不是立竿见影的事，因此，对第一书记考核要着眼长远，适当减少考核频次和考核指标，减少现场会议和现场督导，短期内不要给第一书记过大压力，引导他们少些急功近利，多些稳扎稳打。要让他们真正安心扑下身子搞扶贫、干事情、谋发展，真心实意向群众学经验、与群众交朋友，在实践中逐步长知识、增才干、练本领，把扶贫工作做好。

贫困地区中小企业融资难题怎么解

方松海

　　近年来，受多种因素影响，一些地方特别是中西部贫困地区中小企业融资难问题比较突出，对地方经济发展带来制约。近期，我们在国务院研究室定点扶贫县河南省淅川县调研发现，只要地方政府主动作为、创新办法，破解企业融资困境仍大有空间。

　　淅川县是南水北调中线工程渠首所在地、国家扶贫开发工作重点县。县内中小企业居多，银行收缩银根、抽贷压贷惜贷，对中小企业的冲击最为直接，并由此产生连锁反应，影响县域经济发展。淅川某企业曾向银行贷款几千万元，由于资金周转困难，不得不在社会高息拆借资金垫还贷款。但银行收回贷款后不再放贷，造成企业资金链断裂，使企业互保圈贷款出现问题，影响扩大到本县近40家工业企业。汽车零部件产业集群占淅川县域经济总量的"半壁江山"。受信贷紧缩影响，不少汽车零部件骨干企业生产经营难以为继，出现经济效益断崖式下跌、企业关门、职工下岗等一系列连锁反应。面对这一严峻局面，淅川不等不靠，主动作为，推出若干解困之策，为企业摆脱融资困境找到了出路。

第一，壮大财政担保助解困。 针对企业融资担保难问题，县政府与建设银行合作推出了"助保贷"业务，财政拿出 1000 万元作为政府风险补偿金放入建设银行，企业缴纳一定的风险基金，保证财政资金安全，从而撬动银行按照 10 倍比例放大，为企业提供贷款。截至目前，已为 14 家企业发放"助保贷"资金 8500 万元。同时，增资壮大县担保公司。县财政在原有资本金 1.3 亿元的基础上，2016 年又注资 5000 万元，进一步增强县担保公司的担保实力。目前，在保企业达 58 家，担保贷款余额 3.6 亿元，较好发挥了财政资金的引领与杠杆作用。

第二，封闭运行"银团贷"助解困。 针对银行抽贷压贷惜贷、部分企业资金链断裂、银企关系紧张的问题，淅川县根据省银团贷工作意见，结合本县实际，一企一策，实行"银团贷 + 封闭运行"模式。在贷款企业与其发放贷款银行充分协商达成共识的基础上，政府搭建银团贷款协商平台，由债权比重大的银行发起作为主办银行，所有涉及银行跟进，并签订银行间银团贷款协议。银行间协议签订后，各银行再与贷款企业签订协议。各方协议签订完成后，协商每家银行第一批给贷款企业新增贷款额度，并限时放贷。该项贷款实行封闭运行，主办行监管，企业只能用于原材料购进、支付贷款利息等生产经营，银行不得抽贷。目前，已为 3 家企业贷款 1.6 亿元，其中新增贷款近 3000 万元。

第三，政策激励引导助解困。 一是存贷挂钩。出台金融机构存贷款挂钩奖励办法，每季度对银行放贷支持企业情况进行考核，并据此调整财政间歇资金存款银行。2016 年，已落实存贷挂钩 3 次，调整财政资金存款 3 亿元。二是奖励激励。出台对金融机构支持地方经济发展奖励办法，在年度工业金融会上，县财政拿出上百万元对做出贡献的金融机构进行奖励。

第四，促银企对接增信助解困。县里主动与南阳市金融部门对接，邀请市金融部门代表走进企业，深入了解企业生产经营状况，增进了解互信。2016 年以来，共召开银企协调会、恳谈会 15 次，促成南阳市 17 家银行与淅川县 48 家企业达成贷款意向 18 亿元，成功签约 4.5 亿元。

通过持续努力，淅川县银企间从相互不信任、不配合的怪圈中跳了出来，弥补了"信任赤字"，重建了互信协作关系；多数工业企业从停产或半停产中走了出来，重注了活力、重树了信心。据不完全统计，2016 年政府协调各类银行机构，通过担保、互保、抵押、还息等方式，为企业协调倒贷资金近 10 亿元，有效缓解了资金链断裂带来的压力和社会矛盾，解困成效持续显现，工业经济逆势上扬。全年规模以上工业产值 375 亿元，增长 7.8%；其中，汽车零部件行业总产值 100 亿元，增长 15%。今年一季度，扣除高耗能生产线关停因素，全县工业增加值增速为 10.1%。

从当地实践看，有以下几点启示：

一是政府主动作为是破解企业融资难的法宝。面对陷入困境中的企业，金融机构因为信息不对称、缺乏足够的识别能力等原因，只好采取惜贷抽贷这种简单的避险办法。这时政府这只"看得见的手"要及时担当、主动作为，促进企业和银行信息沟通，营造有利于企业转型升级、有利于金融机构降低信贷风险、有利于促进银企良性合作的政策环境。当地出台了《支持重点工业企业发展的意见》《金融机构存贷款挂钩奖励办法》等一系列政策，建立专门班子负责企业解困工作，制定了一企一策解困方案，设定解困时间表，扎实推进银企对接，这对帮助企业渡过难关发挥了关键作用。

二是合理创新是破解企业融资难的关键。当地之所以在企业解困方面取得比较明显的成效，得益于各方解放思想，突破藩篱，勇于创新。比如，通过体制机制创新，用存贷款挂钩等办法引导和激发金融机构帮助企业解困的主动性；通过与金融机构合力开展产品、服务创新，推出"助保贷""银团贷"等业务，有效化解了企业的融资担保难题。企业自身也通过技术创新，实现了转型升级，为更好的融资和长远的发展奠定了基础。

三是协同推进是破解企业融资难的保障。不管是企业、金融机构，还是政府，光靠某一方面用力难以解决融资困境。当地牢固树立"一荣俱荣、一损俱损"的理念，政府、银行和企业协同推进，通过政府引导、银企合作，充分发挥银行和企业的主观能动性，实现政银企三管齐下，合力攻坚，有力保障了企业解困工作的顺利开展。

小香菇变成扶贫大产业

方华

    产业扶贫是贫困人口脱贫致富的基础支撑，也是脱贫攻坚的重点和难点。中央扶贫开发工作会议以来，各地产业扶贫工作取得积极进展。但也有不少地方反映，扶贫产业选择难、发展难，贫困户参与难，龙头企业带动难。确保产业扶贫取得实实在在的成效，既需要从实际出发，科学选择产业，也需要精心组织实施，集中突破关键制约。前不久，我们到国务院研究室定点扶贫县河南省淅川县调研，发现当地依托香菇这一地方优势产业，大力推进产业扶贫，取得了较好脱贫效果，有些做法值得深入研究总结。

    淅川县地处豫鄂陕三省交界，是国家扶贫开发工作重点县和秦巴山片区县。全县现有贫困人口 6 万多人，贫困发生率接近 10%，贫困人口多、贫困程度深、脱贫任务重。同时，淅川还是南水北调中线工程的核心水源区和渠首所在地，丹江口水库一半在淅川，保水质、保生态的任务重，产业扶贫选择空间受到一定限制。近年来淅川立足自身特点和环境优势，将水质保护、绿色发展与脱贫攻坚结合起来，短、中、长统筹布局扶贫产业，短线大力发展香菇、蔬菜、光伏产业，争取尽快脱贫；中线以软籽石榴等特色林果业为主，巩固脱贫成果；长线发展生态旅游业等，开辟持续增收门路，为长远实现脱贫致富打下坚实的基础。

从目前看，香菇产业扶贫成效尤其明显。全县13个乡镇香菇种植3000万袋，预计产值2.5亿元，从事香菇种植的农户6000余户，其中贫困户近3000户。2016年淅川全县脱贫9752人，其中依靠发展香菇种植增收脱贫的近4000人，即有41%的脱贫人口依靠种植香菇增收脱贫。通过种植香菇，部分淅川贫困群众走上了快速脱贫、稳定脱贫道路。

淅川香菇产业扶贫之所以能取得较好成效，主要原因有以下几个方面。

（一）因地制宜选择优势扶贫产业。与淅川县相邻的西峡县是全国著名的"香菇之乡"、香菇出口第一大基地县，建有多个大型香菇交易市场，香菇加工、销售配套齐全，为淅川县发展香菇种植提供了稳定的销售市场。淅川农民较大规模地种植香菇已经有十几年的历史，经过长期实践，种植技术日益成熟，农民经纪人上门收购，形成分工细密的流通体系。尽管市场有波动，但区域化、规模化种植，降低了生产成本，形成了较强的竞争优势，成为地方发展的优势产业，十几年来香菇产业始终保持较好的盈利水平。随着居民消费升级，食用菌市场需求有不断扩大的趋势，特别是香菇，作为消费量最大的食用菌之一，国内年消费量已达700万—800万吨，出口外销市场也很广阔，产业发展潜力很大。因此，淅川县将香菇产业作为产业扶贫的重要着力点，专门成立了县香菇产业办公室，对香菇产业扶贫工作进行全面的规划指导和多方面的支持。

（二）推进贫困户参与优势扶贫产业发展。 贫困户要走上依靠产业脱贫致富的道路，最基本的是要立足自有资源。大多数贫困户的资源，一是耕地、林地、宅基地，二是自己的劳动力。而这些都是发展香菇产业所必需的。从土地资源看，淅川作为山区、库区，人均耕地少，靠生产粮食很难脱贫，农村的山地、宅基地又利用不充分。从劳动力看，贫困村青壮年劳动力多数外出打工，但留在农村的闲散劳动力数量也不少，只是很多年纪偏大或者家庭有老人、孩子、病人需要照顾，生产就业机会较少。香菇种植劳动强度不是特别大，但需要人工精心看护照料，最适合家庭经营。发展香菇产业，不仅使农户的土地得到充分利用，也为劳动力找到了既能照顾家庭又能发展生产的机会，使贫困户参与到产业发展中，分享产业发展带来的红利。从调查情况看，一袋菌棒成本 3.5 元左右，生产鲜菇 1 斤多，能够收入 7—9 元。一家贫困户两个劳动力可以种 3000—5000 袋香菇，一年即可实现纯收益上万元。目前淅川香菇种植有多种方式，既有贫困户利用房前屋后、田间地头的零散地块搭建香菇棚分散种植，也有企业、合作社建设大规模的香菇种植基地、贫困户入园集中生产。

（三）加强对优势扶贫产业资金支持。 过去，一些贫困户长期没有参与到香菇等产业发展中，一是发展意愿不强，二是缺少发展资金。为此，淅川县出台政策，凡发展香菇等产业的贫困户，每户政府给予 5000 元的产业扶贫引导资金。不参与产业发展的贫困户，得不到这项补助。这成为贫困户发展产业的重要激励因素，一些原先对产业发展没有想法的贫困户，看到无偿补助的产业引导资金，开始动心。与此配套，贫困户在发展产业中资金不足的，政府还帮助每户解决 3 万元的免息小额贷款。这两项政策基本解决了贫困户的香菇种植的启动资金，形成了产业扶贫的有力助推。

（四）驻村干部加强服务和指导。 对于产业扶贫来讲，有资金、有项目、有场地、有市场，并不一定能够成功。要素齐全了，每一种要素能不能正常发挥作用，很大程度上取决于能否有效地进行组织管理，而管理能力正是贫困户的一个短板。贫困户受自身能力的限制，其家庭经营项目的成功，往往需要一个外在力量帮扶和自己在实践中学习的过程。干部精准帮扶成为促进要素结合的重要力量。淅川县每个贫困村都有驻村工作队和第一书记，每个贫困户都有帮扶责任人，他们将干部精准扶贫的责任细化到产业项目上，要求干部帮扶不能停留在送钱送物、过节慰问上，而是落实到产业发展上，重视培养贫困户的自我发展能力。很多帮扶干部将主要精力用到帮助贫困户解决产业发展资金、联系技术人员进行指导、提供市场信息等方面，有的甚至对贫困户的生产过程进行直接督促、指导，这有力保障了贫困户生产经营的顺利进行，使贫困户在实践中学习，在产业发展中少走弯路。一些驻村干部和第一书记在此过程中也成长为香菇"土专家"，对香菇生产比贫困户还上心，比农户还懂技术，比香菇贩子还了解市场行情。

（五）营造优势扶贫产业发展良好环境。 为保持香菇产业发展优势与活力，淅川县多方面营造有利的环境和条件。在技术保障上，县农业局专门成立香菇产业技术服务组，聘请西峡县香菇专家作为技术顾问，根据产业发展需要深入香菇种植基地和农户开展现场技术培训、指导和服务。在市场开拓上，加大香菇产业领域的招商引资，一些香菇加工企业开始到淅川投资设厂，进一步拓宽了淅川香菇的销售渠道。在产业发展引领上，大力发展农民专业合作社、龙头企业等，建起 26 个香菇产业园，有力促进了产业水平的提升，形成了产业发展的引领力量。这些为产业的可持续发展和贫困人口的稳定脱贫致富，提供了重要支撑。

淅川的经验表明，产业扶贫说难也不难，关键是要用好地方特色优势产业，让贫困户参与并分享产业发展成果；用好贫困户的资源，找到产业发展与扶贫工作的契合点；用好扶贫政策，使外在的帮扶成为产业脱贫的助推器；用好帮扶干部，让干部成为各类产业扶贫要素结合的黏合剂、催化剂。

基层对"放管服"改革几个突出问题的反映

孙慧峰　邓林

最近，我们到国务院研究室定点扶贫县河南省淅川县调研，与县政府有关委（办、局）以及部分民营企业家代表进行了座谈，专题了解他们对"放管服"改革的感受和建议。现将主要情况报告如下：

一、企业对简政放权、减税降费"点赞"多，地方财政压力大

按照党中央、国务院部署和省里、市里的要求，淅川县扎实开展"放管服"改革，各项主要任务都得到较好落实。据了解，县所属 11 个委（办、局）、2 个工业园（区）的权责清单已经全部在政府门户网站公开；"五证合一、一照一码"改革基本完成，下一步将按照省里部署开展"35 证合一"；其他方面改革也都有条不紊推进。座谈中，基层政府和民营企业都对"放管服"改革给予高度评价。有的部门同志说，通过近几年的"放管服"改革，

政府部门办事流程更加规范透明、自律意识明显加强、工作作风有效转变,"门难进、脸难看、事难办"的现象明显减少。企业反映现在营商环境明显改善了、负担也减轻了、投资信心也增强了,这些都得益于"放管服"改革释放的政策红利。

企业家们感受最直接、最明显、谈得最多的是减税降费。丹江减振器公司说,省市县三级政府在税收、用水、用电、用地、社会保险等方面都出台了减税降费措施,加上对科技企业实行创新券和研发费用加计扣除、对高新技术企业所得税减免等政策,大大增强了企业"获得感"。淅减汽车减振器公司说,仅营改增一项,就使企业的税费成本率从5.15%降到4.62%,实实在在减轻了企业负担。

不过,县财政局的同志反映,减税降费虽然有力促进了实体经济企业发展,但县财政为此承受了较大压力。2015年以来,县财政每年因减税而减少收入2000多万,因降费减少非税收入3000多万;同时,一些原来靠收费来保运转的自收自支事业单位,现在需要财政增加办公经费和人员工资等补贴,又使财政多支出3000多万。里外加起来相当于多出近1亿元的支出缺口,得靠自己想办法解决。这对一个财政收入只有8.2亿元的贫困县来说,是难以承受的。他们希望有关部门考虑县里的实际情况,加大对贫困地区基层政府的转移支付力度。

二、基层事中事后监管责任重、能力弱,面临不少困难

座谈中大家普遍谈到,简政放权的同时,事中事后监管的责

任更重了，存在的困难和担忧主要有：

一是缺人员、缺经费。近两年县里共承接上级下放的行政审批47项，但没有相应的经费和人员编制保障，导致承接能力严重不足。不仅是在审批环节，事中事后监管也缺少相应的人员和经费安排。

二是"有照无证"企业增多。县工商局反映，实行"先照后证"改革后，新登记注册企业数迅速增加，这几年增速都在50%以上。尽管工商部门履行了"双告知"（将企业的登记信息告知相关审批部门，将需要后续办理的许可事项告知企业）职责，但由于种种原因，很多企业实际上最后拿不到相关的"证"。比如基层很多加油站就属于这种情况。办了营业执照就对外营业了，但由于后续油品经营、安全生产、消防等方面许可证办不下来，很多都是违规经营。对于这种情况，工商认为应该由相关职能部门去管，但职能部门认为我没有批、责任不在我，最后导致出现监管空白。

三是打着互联网金融旗号的非法金融活动隐患较多。县里同志反映，这两年许多新注册的公司，打着互联网金融名义，以承诺高额回报吸引老百姓进行理财和投资，很多属于非法集资。这种现象在基层比较普遍，但相关部门监管相对滞后。有的甚至认为，现在去叫停可能会遇到老百姓的阻力，不如等风险完全暴露了再去管。

四是社会信用体系建设进展缓慢。县发改委同志建议，应将社会信用体系建设的任务交给人民银行、工商局来具体实施。因为这两个部门直接面对的企业最多，获得企业信用信息量最大，而发改委要获取相关信息还得与上述单位联系协调，多出了迂回的环节，不利于工作效率提升。

三、企业和群众对改革政策知晓度不高，宣传解读力度还需加强

基层反映，"放管服"改革措施非常密集，虽然很多内容都通过互联网进行了政务公开，媒体也进行了报道，但相对来说政策宣传和解读工作还不充分，基层群众和企业对"放管服"改革和相关政策的认知度还不太高。比如县编办反映，在制定部门权责清单征求意见过程中，由于宣传不够，很多企业和群众对权责清单不了解、不关注，结果收到的意见和建议不多，没有达到预期目的。许多企业也反映，这几年中央和地方取消或下放的行政审批事项已经有好几批，但对于究竟哪些审批放了、哪些证取消了，社会上还不太了解。有时候看到一长串公布的取消或下放的审批事项清单，很多人也没有耐心看下去，缺少老百姓看得懂、记得住的解读。

针对这种情况，基层同志建议加大对"放管服"改革的宣传和解读力度，让群众更加了解"放管服"、积极参与"放管服"。对于已经出台的"放管服"改革举措，要认真抓落实、抓巩固、抓深化，让改革红利最大程度释放出来。

四、针对中小企业的金融服务不足，贷款难问题反映比较集中

座谈中所有企业一致反映，现在融资难、融资贵问题依然很突出，抵押、担保条件过高，而且银行抽贷压贷现象增加。现在

中小企业融资成本普遍在月息 1 分以上，1.5 分也算正常。辛辛苦苦一年下来，许多企业 80%—90% 的利润用于支付银行贷款利息，有的甚至相当于白干，完全给银行打工了。有几种情况现在比较普遍：

一是银行只愿意给企业放一年期以内的短期抵押贷款。这远远不能满足企业正常投资需求，不得不经常"倒贷"（将旧的贷款先还上，再向银行申请新一笔贷款），有时候还得借高利贷过渡，越倒成本越高。一旦中间哪个环节出了岔子，资金链就断了、企业就死了。很多企业就倒在"倒贷"的路上。而且抵押时效短、费用高，银行对抵押物价值每年都要重新进行评估，评估一次就要交一次费。资产抵押率原来可以达到 60% 左右，现在只有 45%。

二是有的银行不愿直接给企业贷款，而是为其办理承兑汇票（一般要求企业按承兑汇票面额的 30%—50% 先存入一笔保证金）。拿到承兑汇票后，如果企业急用现金，只能去办理贴现，由于多了一道手续，自然又增加了资金成本。比如一家企业想从银行贷款 100 万，如果是承兑汇票的形式，企业需先存入银行 50 万，拿到承兑汇票后去贴现还要再打个 9 折，最后拿到手的现金只有约 90 万，这样算下来，企业实际从银行得到的资金只有 40 万左右。每逢季末月底资金紧张的时候，想贴现却贴不出来，必须得托关系、找中介，再多出一笔不菲的手续费。

三是企业被银行逼得承担无限连带责任。有的民营企业说，我们现在真不敢自称"企业家"了，顶多算是中小民营"企业主"。我们本来成立的都是有限责任公司，但银行为了自身利益和风险控制，无限制地扩大企业法人的责任，几乎每笔借款都要求企业负责人的配偶、甚至子女签字进行连带担保，个人和家属名下所有的房产、车子都要被登记，作为贷款的担保；要求企业互相担保的情况也很多，而且也与企业负责人个人资产挂钩，严重影响了投资创业者的积极性。

大家感到，现在银行比较强势，具有很强的风险转嫁、成本转嫁能力，而实体企业则相对弱势，基本没有讨价还价的能力。有的企业家说，"希望几大国有银行能够体谅民营企业处境，给予更多支持"。还有的建议，希望银行创新信贷管理思路，扩大县级银行审批权限，因为他们在基层，对企业情况更了解。

马 老 三

方松海

2020年5月21日的北京，白昼如夜、电闪雷鸣、暴雨倾盆。那天的手机，被暴雨信息刷屏。微信忽然弹出瓦房联席会议群的一条消息，我不禁多看了一眼。瓦房是河南淅川丹江口水库库区深处一个小山村，也是我挂职扶贫时联系的贫困村，虽然结束挂职已有半年，但通过微信群牵挂着那里已成习惯。那是村医发的通知，让强直性脊柱炎患者到县医院参加健康筛查，后面缀了一句"马老三已去世，不用通知"。这几字有如窗外电闪，我鼻子一酸，赶忙打通村支书电话，才知马叔两个多月前就已去世。默默望着雨帘，眼眶阵阵温热。

马叔是河南省淅川县盛湾镇瓦房村人，1950年生，建档立卡贫困人口，家里兄弟排行第三，乡亲们叫他马老三。他患有严重强直性脊柱炎，常年弓着背，几乎成90度，属典型的因病致贫。2017年4月27日，我第一次到瓦房，与扶贫工作队、村干部见面，马叔也在其中。他特殊的体型让人印象深刻，也让人心酸。两年多的时间，我和马叔频繁互动，了解他的质朴也深知他的倔强，时常被他拖着病体一心服务乡亲所感动，有时也被他不听劝气得够呛。他是贫困山村一个真实而又丰满的存在。马叔去世时正值疫情防控关键期，丧葬一切从简。他悄无声息地离去，一如他在丹江边那个不起眼的村落里悄无声息地生活了 70 年。但马叔是幸运的，正如他多次跟我说，这辈子没想到能赶上这样的好政策，能看到这样的好光景。

瓦房村是淅川 59 个深度贫困村之一，位于丹江"小三峡"中间地带，小三峡大桥建成前，当地人说那里几乎"与世隔绝"。全村 148 户有 71 户是建档立卡贫困户，其中 37 户因病致贫，长期受着各种病痛困扰。村干部队伍很多人身体情况也不太好，老支书因患胃癌几乎切除了整个胃，5 个队长中有 3 个年近七旬且疾病缠身，马叔就是其中之一。他担任队长多年，深受乡亲们信赖。老支书说马老三做事公道，队里的人就服他。收医保等各种费用，他亲自登门，进度比别的队都快。2017 年，镇里给他们这些老队长颁发了荣誉证书，马叔高兴了好多天，把证书摆在客厅最显眼的位置，见到我就说这是政府对他工作的认可。2018 年村里曾动议换一下各队队长，让年轻一点的顶上来，各队自己选，结果他们队选出来的还是他。一个弓着背、直不起腰的老人，以他特有的倔强，服务着父老乡亲几十年，直到他去世的那一天。

马叔没法直立，不能长时间坐在凳子上，在村里开会，经常坐着坐着就改成蹲着。他药不离身，这几年还能时不时地住院理疗。马叔常跟我说，县里那家外地人开的医院可好了，看得起山里人，把你当亲人对待，真的是为老百姓服务。村里患强直性脊柱炎的村民有好几个，长期的弯腰劳作、潮湿的环境是重要诱因。因病致贫的群众，以前只能各家默默扛着，直到出了大事才成为这条沟那个庄的家长里短。健康扶贫让这些只属于各家各户的病痛浮出了水面，政府和社会各界通过多种方式助力解困。马叔说的那家私立医院，也是搭上了健康扶贫的班车。许多人不知道，为了让他们能更方便、更安心地看病，国家往医保基金里注入了多少资金，但乡亲们都知道，免费的健康体检每个贫困人口都破天荒地做了一遍，每个贫困户史无前例地有了签约家庭医生，村部旁边也盖起了崭新的卫生室。今年疫情形势好转后，县里统一组织强直性脊柱炎诊疗，村里好几个村民参加，马叔却享受不到了。

马叔好喝酒。这让他的老伴时阿姨很担心，"那烈酒喝着伤身体啊，方县长你劝劝他，你说话他听"。我几次试图跟他讲道理，可马叔说，有时骨头疼啊，喝酒就不疼了。酒是他止痛的麻醉剂，但喝起来可不限于疼痛的时候，心情不好喝、高兴也喝，喝完了就打电话，不管多晚、不管给谁。我有几次在晚上12点多的时候接到他的电话。其中一次是前年5月的大雨天，那时他的老房还没进行危房改造，马叔带着哭腔，说房子里下雨了、没法睡。我安慰几句，赶紧打电话给村干部和他的弟弟马老四，让他们马上去查看房子是否安全，若有危险迅速转移。后来双方都回电说，房子漏了点水没事，他喝酒了，一喝酒就来劲。我明白，马叔喝的是愁，酒后倾诉是无奈、也是信赖。

因为那次大雨，危房改造的事显得更加急迫。马叔的老房之前进行过一次C级改造，那时脱贫攻坚刚起步，缺乏现成经验，各乡镇只能自己摸索。不少C级危房是因为漏雨，但房子结构没问题，就在屋顶加盖彩钢瓦，一套几千元。后来危房改造政策下来了，彩钢瓦方案不被认可。再后来出了个折中方案，允许在此基础上接着修缮，加固改厨改厕改电改窗。经过 2018 年 2 月 9 日一次 4.3 级地震和 5 月 19 日一场 60 年一遇的大雨，很多进行过 C 级改造的房子包括马叔家的，又出现了结构性问题，于是又得申请 D 级改造。但村里不敢报，镇里不敢批，因为这属于重复改造，不被允许。马叔和其他乡亲一见到我就反映这事，激动时还抹眼泪。后来根据乡亲们的意见，全县对此类问题统一核查、重新鉴定，允许进行过 C 级改造后因灾又出问题的房子申报 D 级改造。

按照贫困户建档立卡信息和危房改造标准，马叔家可以盖一套 100 平方米的危改房，验收合格能拿到 7 万元补贴。盖新房那段时间，马叔和时阿姨心情格外好，我每次去他们都很高兴地跟我介绍新房的布局、下一步的想法。马叔总说，我救了他一命。刚开始我认为他不过是在说客套话，后来我逐渐明白为什么他把这件事看得那么重。原先 C 级改造补贴迟迟未批，他一直担心向别人借的几千元还不上，哪天突然撒手人寰，债务留给老妻怎么办？后来持续的暴雨又让房子变得弱不禁风，如果不能进行 D 级改造，自己又无力自建，房子突然塌了压着老两口怎么办？对他来说，这些都是天大的事，解决起来比登天还难。现在心上的大石头被搬开了，马叔笑逐颜开。可等到新房盖得差不多了，马叔却有了自己的小九九。他拉着我说，希望女儿女婿能回来住，他和女婿合不来，老房子别扒，老两口还住那。我耐着性子解释，盖新房扒老房，这是规定，新房是冲着老两口住房安全盖的，如果不给老两口住，天理不容，我这关也过不去。哪天搬新房，哪天拆旧房，没有商量余地。马叔沉默了。后来听村里说，拆旧房时，马老三很配合。马叔搬进新房后，我又去了几次，他说做梦都想不到能住这么好的房子，现在下再大的雨都不用怕了。我在易地扶贫搬迁安置点看望乔迁老人时，他们也都是由衷地感叹和感激，脸上洋溢着发自内心的幸福和喜悦。住房安全有保障，这是确保贫困群众安全生活的基础。我们投入了大量资金、下了很大功夫，可以说成效卓著。至少，经过本轮脱贫攻坚的易地扶贫搬迁和危房改造，消除了许多贫困家庭的住房安全隐患，遇到大风大雨天，睡觉可以更踏实更安稳。马叔的新房子留有一个大卧室，是为女儿女婿准备的。

马叔有个心病，就是工作队要取消他的五保户待遇。他只有一个女儿，虽说招了上门女婿，但一直没在一起生活。女儿一家靠着女婿在外打零工养着 3 个孩子，生活比较拮据，顾不上老两口。多年前，村里体谅他家里的实际困难，让他享受了五保户待遇，每月能领几百元，这成了他的主要生活来源。这次建档立卡精准识别，把问题暴露出来了。他的户口本含女儿一家，建档立卡时被认定为 7 人户，危房改造等扶贫政策也是按此标准执行，若再享受"五保"，逻辑上、政策上都行不通。但取消"五保"，马叔思想上转不过弯来，他不敢指望女儿女婿照顾，自己身体又不争气、不能干重活、每月都得买药，没了这几百元老两口日子不知道该怎么过。他很委屈，想不通就打电话，打我的电话、也打上访电话。我和工作队的同志几次专门就此事做他的思想工作，劝说老队长顾全大局，该他享受的政策，一个也不会少，动之以情、晓之以理，最后还是把他的"五保"取消，改为了低保。

马叔性格倔强，认定的东西他非理出个子丑寅卯来。村里每月 5 号晚上的联席会议，只要身体吃得消，他肯定参加，坐在角落里，有时一言不发，有时狠狠地批评一些村干部打小算盘、劲不往一起使。有时在家里，他跟我细细地唠叨这个村干部的优点、那个同志的不足，这个年轻人的潜力、那个小伙子的弱点。他打心眼里希望能够选出一个做事正派、能为乡亲们着想、有思路的好带头人，希望村的领导班子能够沿着定好的方向走下去，带领乡亲们改变山沟的面貌、共同致富。他会说哪个小伙子下雪天开着自己的铲车疏通了村里的主干道，哪个对自己的事想得多、对村里的发展想得少。他倔强，也会对他误以为正确的事持续地固执，比如他被取消了的"五保"。

2019 年 12 月 9 日，我刚离开淅川，瓦房村就被省里的脱贫摘帽验收评估组随机抽中，作为评估淅川工作的样本点之一，马叔是被普查的贫困户之一。验收评估结束后，驻村工作队同志给我打电话说，全村就马老三向评估组反映问题，对五保户被取消很不满。镇村同志都很紧张，生怕有不良影响，抹杀几年来的辛苦工作。我安慰他们，这件事我们没做错，不用担心。后来，镇里同志跟我说，瓦房村脱贫攻坚评估结果在全县名列前茅，给镇里和县里都争了光。

从 2016 年 11 月到 2019 年 12 月，我在淅川挂职扶贫 37 个月，这期间有 32 个月与瓦房紧密联系在一起。12 月 7 日上午，返京前我再回一趟瓦房，看看曾经一起并肩作战的工作队和乡亲们。到马叔家已是午后，他刚吃完午饭坐在客厅休息，看到我就高兴地扶着桌子站起来，还是那句经典的口头禅，"我的爷啊，方县长来了"，赶紧让时阿姨给我们搬凳子倒茶水。简单问问他身体情况，介绍了接替我的同事，跟他和阿姨亮明说，我今天就回北京了。看到两位老人家眼圈瞬间红了，我不敢多说，也不敢多待，生怕自己也控制不住，匆匆迈出大门，匆匆说句"保重"，匆匆上车，挥手道别，踏上了返京的行程。

一路上任由泪水飘洒，思绪万千。瓦房，这个地处水库深处、因南水北调中线工程而几乎与世隔绝的山村，若非脱贫攻坚，我可能一辈子都不会知道这里，更别说来过。因为脱贫攻坚，这里成了我的联系点和检验政策落地成效的试验田。多少个日日夜夜，与并肩作战的同事们为乡亲们脱贫摘帽跑遍每个山头、每条山沟、每家每户，与乡亲们共议瓦房发展之路，和大家一起挥洒汗水为瓦房添砖加瓦，也许这将成为我一辈子魂牵梦绕的牵挂。这两年多时间里，村里有4位老人先后离世。我们在扶贫，在努力地让山里的贫困群众能过上好一点的生活，但对于贫困老人，我不知道我们努力创造的好一点的日子，他们还能享受到几分。对他们而言，这不仅是一场脱贫攻坚的战役，更是一场生命与时间的赛跑。返京前的瓦房之行，同事陪我再次走访了几位年过七旬的老人。在我们眼中，他们都是为这片土地耕耘了一辈子的长者；在他们眼中，我们既是后生仔，更代表着党和政府的模样。马叔常说，"你是中央派来的，你说的话我信"。不知这次离开，何时再来，来时你们还在不在？

回京后我习惯了通过微信群了解村里大事小情，乡亲们也越来越习惯用这种新方式沟通。新冠肺炎疫情暴发后，联席会议微信群更是成了服务群众的重要平台。老队长马老三不会用微信，也没在群里。他知道我的联系方式是工作电话，不知道这期间他有没有试图给我打过电话，那电话春节后就已停机。村支书说，马老三是 3 月 9 日去世的，可能是酒精中毒，在睡梦中离开，比较安详。脱贫攻坚他家是直接受益者，盖了新房，享受了教育、健康、产业扶贫的各类补贴，虽然摘掉了"五保"，但有了名正言顺的低保。年初他家脱贫摘帽了，新房子很结实很亮堂，再也不用担心刮风下雨了。听说，最近女儿一家回来和母亲一起住了；弟弟马老四也成了新的队长。

马老三是贫困山区一个普通得不能再普通的农民。他耿直、执拗，爱为大伙操心，喜欢仗义执言，也有自己的喜怒哀乐和一点小私心，他是瓦房这个曾经与世隔绝的山村坚定的一员。脱贫攻坚激发了秀美山村的灵气，启动起来的村庄不会因为谁的离去而停下前进的步伐。下次回瓦房，那一方山水应该更美丽，父老乡亲生活应该更富足，瓦房星空应该更迷人。但那个弓着背、倔强的老马队长却再也见不到了。或许他已化身一只山雀，天天巡视着这个凝结了他一辈子汗水和情感的山村；或许他已变成天上某颗不起眼的星，闪着微光，看着"星空瓦房"一天天持续不停地改变。

在伟大时代见证和参与
脱贫攻坚伟大实践

　　党的十八大以来，以习近平同志为核心的党中央把脱贫攻坚摆到治国理政突出位置，以前所未有的决心和力度，全面打响脱贫攻坚战，成功走出了一条中国特色扶贫开发道路，取得了举世瞩目的伟大成就。在我们党领导人民进行的这场对于中华民族、对全人类都具有重大意义的宏伟实践中，国务院研究室始终以旗帜鲜明讲政治、带头做到"两个维护"的高度政治自觉，统筹抓好脱贫攻坚文稿起草、调查研究、决策咨询和定点扶贫工作，综合采取扶贫政策研究、集中调研督导、积极协调资源、选派帮扶干部等有效方式，全力跑好贯彻习近平总书记关于扶贫工作重要论述和党中央决策部署的"第一棒"，为打赢脱贫攻坚战作出了积极贡献。在各方面共同努力下，国研室定点扶贫县——河南省淅川县的脱贫攻坚工作取得了突出成效，是唯一一个连续4年脱贫攻坚综合评估居河南全省前5名的县，2020年2月正式实现脱贫摘帽。几年来，国研室主要做了以下几方面工作。

　　——坚持党组统抓、部门联动、全员行动的帮扶工作格局。室党组把定点扶贫作为重大政治责任抓紧抓实，汇全室之智、举全室之力，加强政策引导、业务指导、工作督导，把强有力组织领导贯穿定点扶贫全过程。室党组主要负责同志认真履行第一责任人责任，及时主持召开党组会议、扶贫开发领导小组会议、专题工作会议，传达学习贯彻习近平总书记关于扶贫工作的重要讲话、重要指示批示精神和党中央决策部署，研究加强和改进定点扶贫工作的思路和举措；连续三年带队赴淅川县开展集中调研督导，每年多次与淅川县委主要负责同志座谈交流、督导重点工作落实，亲自沟通协调解决了丹江湿地保护区完成调规并获国务院审批、淅川地方电力国有产权划转至国家电网公司、丹江湖环湖公路建设立项等一批事关淅川县脱贫攻坚和经济社会长远发展的重大问题。党组其他同志主动把定点帮扶责任扛在肩上，先后多次到淅川开展实地调研和督导，积极协调解决重点难点问题。组织各业务司利用对本领域政策制度熟、情况掌握深的优势，加强业务指导和政策落实把关，帮助优化脱贫攻坚政策举措，及时撰写调研报告反映淅川县特色经验做法。全室同志心里装着淅川、事事想着淅川，尽心尽力为淅川协调项目、引进资金，为淅川打赢脱贫攻坚战提供有力支持。

——坚持突出"两不愁三保障"，推动脱贫质量巩固提升。作为一个不管钱不管物、缺少资源调配手段的政策研究机构，国研室每年均超额完成帮扶资金投入、购买农产品、帮助销售农产品、动员社会力量投入帮扶资金、培训基层干部和技术人才等定点扶贫责任书明确的指标任务。我们履行工作督导职责，把握目标标准，突出兜底保障，促进民生改善与经济发展同步推进，重点督促抓好易地扶贫搬迁、健康扶贫、教育扶贫、消费扶贫等重点工作。淅川县贫困人口义务教育、基本医疗、住房有了明显改善，高考成绩连续4年刷新历史，圆满完成易地扶贫搬迁任务，成为全国易地扶贫搬迁工作现场会主要观摩点。尤其是面对突如其来的新冠肺炎疫情，我们帮助淅川县线上线下同向发力，深入开展消费扶贫行动，协调20余家线上平台销售和200多个机关、企事业单位集中采购淅川扶贫产品，指导做好中国农民丰收节河南省扶贫产品推介暨现场签约活动承办工作，较好解决了农特产品滞销问题。同时以淅川县线上线下消费平台为依托，跨区域联动开展消费扶贫，带动销售其他贫困地区农产品。

——坚持因地制宜长短结合，助力培育特色优势产业。针对淅川县贫困程度深、发展基础薄弱，在脱贫攻坚过程中又面临保护生态环境、守好首都"大水缸"压力等情况，我们与地方同志深入探讨发展高效生态脱贫产业的思路和办法。淅川县在探索中创造了"短中长"产业发展模式，成为水源区深度贫困县产业扶贫的典范，被评为"大国攻坚、聚力扶贫"全国十佳优秀扶贫案例，写入焦裕禄干部学院教材。积极帮助引进先进技术、动员社会力量参与，指导建成配套齐全的电商产业园，建成乡村两级电商服务网点，完善冷链物流基础设施，与各大电商平台形成长期合作，打造丹江湖生态旅游圈，推动乡村旅游扶贫试点村建设和合作社培育，建成环保扶贫产业园，成功走出了一条绿色脱贫致富、可持续发展之路。帮助挖掘当地历史文化资源，设计"淅有山川"区域公用品牌、"芈月山"农特产品牌，并通过媒体报道、举办展销活动等多种渠道予以宣传推广，不断提高淅川及其产品知名度。

——坚持选派优秀年轻干部挂职锻炼，一线帮扶解决实际问题。在人员编制紧张、工作任务繁重的情况下，我们选派3名同志到淅川县挂职和担任驻村第一书记。对挂职帮扶干部给予政策方面的引导、沟通协调方面的支持、家庭生活方面的关怀，让他们甩开膀子干工作。派出的挂职帮扶干部克服家庭困难，舍小家为大家，心无旁骛投入扶贫工作，得到当地干部群众一致好评。先后选派的两名挂职干部，充分发挥专业优势，在优化全县脱贫攻坚措施和开展电商扶贫、旅游扶贫、消费扶贫等方面发挥了重要作用。选派的驻村第一书记，以村集体参股创办6家绿色扶贫企业，牵头组织流转区域9个村4000亩土地，引导山区群众发展艾草、玫瑰和林果产业，按照生态旅游村标准改善群众居住条件，取得较好生态效益和经济效益。我室选派的挂职干部方松海同志和驻村第一书记王涛同志因工作表现突出，均获得"中央和国家机关脱贫攻坚优秀个人"称号。

——坚持推动以高质量党建引领脱贫攻坚。指导淅川县深入开展"不忘初心、牢记使命"主题教育，着力破解脱贫攻坚难题和群众反映突出问题。安排我室机关党支部与淅川县相关贫困村党支部建立联系帮扶机制。推动贫困村党的建设与产业发展融合，探索运用党干群联席会议、邻家支部、村院党建等党建工作形式，实现党组织在产业链和扶贫项目上全覆盖，着力提升基层党组织政治功能和组织力；引导大学生、复退军人、外出务工人员下乡返乡创业，优化贫困村班子学历和年龄结构，壮大党员队伍。指导在脱贫攻坚一线加强干部作风锤炼，坚决防止扶贫中的形式主义、官僚主义和腐败问题滋生。强化扶智扶志和活血造血，督促用好用足驻村第一书记和帮扶工作队这个"外脑",注重在发展村集体经济过程中加快培养村"两委"带头人和企业经营管理骨干,开展电商技能、乡村旅游运营、环保技术培训,发动全室干部职工为贫困村捐赠书籍、捐建书屋,加大对贫困群众市场观念、专业技能培育力度,促进加快掌握现代化的生产方式和经营方式,提高脱贫致富能力。

这其中,连续三年利用暑休时间,由室主要负责同志带队赴定点扶贫县开展集中调研督导,是全面履行国研室脱贫攻坚政策研究、决策咨询重要职责使命和充分履行定点扶贫重大政治责任的创新举措,以实际行动和显著成效赢得了各方面的认可。

连续三年的集中调研督导,始终聚焦深入学习贯彻习近平新时代中国特色社会主义思想特别是习近平总书记关于扶贫工作重要论述。坚持把国研室党组关于在文稿起草、决策咨询、调查研究中做到充分体现习近平新时代中国特色社会主义思想、充分体现党的十九大精神、充分体现习近平总书记重要指示批示精神和党中央决策部署这"三个充分体现"的基本要求贯穿调研督导全过程。每次集中调研督导开展前,都专门汇集梳理习近平总书记关于扶贫工作的重要论述和党中央、国务院出台的有关重要文件,汇总整理全国面上进展情况和淅川点上工作状况,多次召开调研组会议,组织学习讨论,在掌握思想理论武器的基础上,紧跟党中央年度脱贫攻坚工作全局和重大部署,坚持目标导向、问题导向,精心设计调研督导工作计划,确保了调研督导活动始终围绕创造性贯彻落实党中央决策部署来展开。

连续三年的集中调研督导，始终围绕脱贫攻坚全局，不断优化改进调研方式方法。坚持把充分履行国研室以文辅政职责使命和定点扶贫政治责任统一起来，研究确定"从全国看淅川、从淅川看全国"的调研督导思路并一以贯之践行，力图既从脱贫攻坚全国总体态势出发，对淅川县进行集中把脉会诊，又通过全方位解剖淅川这只"麻雀"提炼面上政策建议，为党中央、国务院提供决策参考。每次调研督导，都紧紧围绕党中央高度关注的重大问题、基层一线普遍关心的倾向问题，细化调研课题，成立若干专题小组，从不同层面、不同维度、不同视角，对淅川县全方位深入开展调研督导。每次调研督导，都与县乡村干部、驻村第一书记、企业负责人进行个别访谈，随机走访慰问贫困户，坚持实地察看，直奔一线看变化、找问题、听建议，座谈会直入主题开展问答式交流，反馈意见直面问题讲思路、提要求。调研督导期间，严格执行中央八项规定精神，坚持轻车简从、深入基层、了解实情，中午不休息，有的小组凌晨还在与当地党员干部个别交流，有的小组乘车数小时去最偏远最贫困的村考察。淅川县的同志表示，调研组同志身上展现出了过硬的工作作风和求真务实的工作态度。

连续三年的集中调研督导，始终突出推动脱贫攻坚政策举措落实和优化。在调研督导过程中，广泛听取市场主体、基层干部、贫困群众对党中央重大政策举措落实情况反映，掌握了大量第一手资料，在全面深入了解淅川县脱贫攻坚进展和面临的困难挑战的基础上，重点从面上对其他地区脱贫攻坚的经验做法和存在的苗头性问题进行了总结分析，形成系列调研报告。调研报告反映的问题和提出的政策建议，得到了党中央、国务院领导同志的高度重视并作出重要批示，对脱贫攻坚具体政策优化发挥了积极作用。同时，调研督导组同志利用政策情况熟的优势，通过集中交流、对口调研等方式，以会代训、以调研代训，向基层干部和群众当面宣讲习近平总书记关于扶贫工作的重要论述和党中央、国务院的决策部署及政策举措，介绍全国其他地区的好经验好做法，推动掌握政策、更新观念、拓宽思路、提升自我发展能力。

连续三年的集中调研督导，始终着眼帮助定点扶贫县打赢打好脱贫攻坚战。调研督导组着眼把定点帮扶工作抓到位、落到底，坚持把淅川县脱贫攻坚工作与党中央要求对标对表，系统梳理了存在的矛盾问题和薄弱环节，并与淅川县干部群众共谋发展思路、共商脱贫良策，逐一提出解决办法，力求对症下药、靶向治疗，帮助淅川县固强补弱，加快脱贫致富步伐。每次调研督导结束后，淅川县委、县政府都高度重视，召开专题会议贯彻调研督导反馈意见，全面查缺补漏，建立问题台账，能立即解决的立行立改，不能立即解决的限时整改，并以调研发现问题整改为契机，进一步压实各级责任，推动提升脱贫质量、巩固脱贫成果。淅川县干部群众普遍反映，集中调研督导形式活、实招多、效果好，使他们对习近平总书记关于扶贫工作的重要论述、对党中央扶贫大政方针和政策举措有了更为深刻的理解，解决了不少思想认识上的困惑和工作落实中的难题，进一步坚定了实现脱贫攻坚目标任务的信心和决心。

连续三年的集中调研督导，始终把党员干部政治历练、党

性教育和作风锻炼融入其中。在开展脱贫攻坚工作中，不仅坚持把淅川作为重点问题调研、扶贫政策研究基地，还作为重要的党员干部实践教育锻炼基地。在淅川县委、县政府大力支持下，国研室派驻的挂职干部在脱贫攻坚一线放手大胆开展工作，经受了磨砺摔打，得到了锻炼成长。特别是把调研督导作为严肃的政治课、生动的国情农情课和深刻作风教育课，国研室已有 2/3 以上的干部赴淅川实地调研学习，对干部队伍建设产生了积极影响。在集中调研督导中，党员干部真实感受了习近平总书记关于扶贫工作重要论述在贫困地区的生动实践，真实感受了贫困地区经济社会发展的巨大变化和贫困群众物质文化生活的显著改善，真实感受了广大基层干部长年累月在脱贫攻坚前线用心用情用力帮扶的优良作风，真实感受了人民群众的无穷智慧和力量，更加深刻认识到了党的领导和中国特色社会主义制度的显著优势，增进了对习近平新时代中国特色社会主义思想的理性认同和情感认同，提高了坚定维护以习近平同志为核心的党中央权威和集中统一领导的定力和能力。大家普遍反映，通过参加调研督导，砥砺了政治品格、树牢了群众观点、锤炼了工作作风，进一步增强了在新时代用"笔杆子"报效党和人民的使命感责任感。

在以习近平同志为核心的党中央坚强领导下，在各方面大力支持下，经过持之以恒的奋斗实干和努力，国研室的定点扶贫工作取得了阶段性重要成果。在此，向关心和支持国研室定点扶贫工作的有关方面，特别是淅川广大干部群众表示衷心的感谢！

脱贫攻坚战即将取得全面胜利，我国发展将进入新阶段。国研室将坚持以习近平新时代中国特色社会主义思想为指导，增强"四个意识"、坚定"四个自信"、做到"两个维护"，大力弘扬脱贫攻坚伟大精神和优良作风，总结运用脱贫攻坚有益经验和有效做法，创造性地做好各项工作、认真履行好各项职责，为开启全面建设社会主义现代化国家新征程、实现中华民族伟大复兴的中国梦作出新的贡献。

▲ 淅川是南水北调中线工程核心水源区和渠首所在地。图为渠首全貌。

◄ 脱贫户搬迁前后住房对比。

▼ 淅川县盛湾镇搬迁群众马林英一家三口喜笑颜开。

▲ 脱贫户除夕拍全家福。

▲ 健康扶贫暖人心。图为医护人员免费为脱贫群众体检。

▼ 扶贫车间帮助贫困劳动力就近就业。图为寺湾镇扶贫车间。

▲　依靠勤劳双手脱贫。图为淅川县马蹬镇特困户杨新娥务工增收。

▼　小香菇变成扶贫大产业。图为淅川脱贫群众在菇棚内劳动。

▲ 淅川县政法委驻村第一书记刘金霞（右一）和贫困群众一起筛选香菇。

▼ 淅川县农业农村局驻村第一书记寇少云（中）指导贫困户养蜂。

▲　国务院研究室选派驻村第一书记王涛（右）与贫困群众商讨脱贫策。

▼　帮扶干部把福字送到脱贫户家门口。

▲ 软籽石榴产业扶贫让贫困户走上了致富路。

▲ 国务院研究室调研组深入石榴种植基地调研。

▲　国务院研究室调研组在易地搬迁小区与搬迁群众亲切访谈。

▲ 国务院研究室党组书记、主任黄守宏（中）与贫困村党员访谈交流。

▲ 国务院研究室同志赴淅川脱贫攻坚调研。图为国务院研究室部分同志与当地党员、群众的合影。

后 记

本书是国务院研究室淅川脱贫攻坚调研成果集。2018年以来赴淅川开展集中调研督导的国务院研究室同志有：黄守宏、郭玮、孙国君、肖炎舜和牛发亮、张军立、张顺喜、乔尚奎、侯万军、姜秀谦、王汉章、李宏军、马志刚、潘国俊、贺达水、李攀辉、杨春悦、孙慧峰、包益红、方松海、王涛、王敏瑶、高振宇、方华、冯晓岚、梁希震、王存宝、王晓丹、张凯峻、李钊、徐紫光、杨诗宇、李传方、张伟宾、刘一宁、刘一鸣、邢建武、龚健健、邓林、王元、高强等。2016年以来，杨书兵、陈祖新等同志也赴淅川进行了实地调研。

三次集中调研督导中，淅川县委县政府高度重视、精心组织安排，县直相关部门、各乡镇负责同志以及贫困村干部做了大量工作，付出了辛勤努力。淅川县广大干部群众众志成城摆脱贫困体现出来的自强不息、艰苦奋斗精神，让调研组同志们深受教育、倍受感动。谨向淅川县广大干部群众致以衷心的感谢和崇高的敬意！

本书编写出版工作得到中国言实出版社的大力支持和密切配合。

实践永无止境，研究永无穷期。在全面打赢脱贫攻坚战的基础上，包括淅川在内的广大脱贫地区即将进入巩固拓展脱贫攻坚成果同乡村振兴有效衔接的新阶段，朝着逐步实现脱贫乡村全面振兴、脱贫群众过上更加美好生活的目标奋力前进。我们对脱贫地区、脱贫人口帮扶工作的认识体会与政策研究，也必将随着新阶段新实践的接续推进而不断深化拓展。为忠实记录调研时的见闻和感受体悟，本书基本保留调研成果原貌，除个别文字订正外，不作大的修改。由于水平有限，书中如有疏漏、不当或错误之处，诚恳欢迎广大读者提出宝贵批评意见。

2021 年 1 月

图书在版编目（CIP）数据

　　打赢脱贫攻坚战定点观察与政策建议：国务院研究
室三赴淅川扶贫调研成果集 / 黄守宏主编 .－－ 北京：
中国言实出版社，2021.1
　　ISBN 978-7-5171-3599-9

　　Ⅰ . ①打… Ⅱ . ①黄… Ⅲ . ①扶贫－调查研究－成果
－汇编－淅川县 Ⅳ . ① F127.614

　　中国版本图书馆 CIP 数据核字（2021）第 024025 号

出 版 人　王昕朋
责任编辑　曹庆臻
　　　　　李　岩
责任校对　张　丽

出版发行　**中国言实出版社**
　　　　　地　　址：北京市朝阳区北苑路 180 号加利大厦 5 号楼 105 室
　　　　　邮　　编：100101
　　　　　编辑部：北京市海淀区花园路 6 号院 B 座 6 层
　　　　　邮　　编：100088
　　　　　电　　话：64924853（总编室）　64924716（发行部）
　　　　　网　　址：www.zgyscbs.cn
　　　　　E-mail：zgyscbs@263.net
经　　销　新华书店
印　　刷　北京中科印刷有限公司
版　　次　2021 年 2 月第 1 版　　2021 年 2 月第 1 次印刷
规　　格　710 毫米 ×1000 毫米　1/16　22.5 印张　16 插页
字　　数　266 千字
定　　价　68.00 元　　ISBN 978-7-5171-3599-9